主編 ● 何峻峰

中國經濟概論

中華人民共和國成立後，通過有計劃地進行大規模的經濟建設，
中國已成為世界上最具有發展潛力的經濟大國之一，人民生活也整體達到小康水平。
1953—2000年，中國已陸續完成九個「五年計劃」，為國民經濟的發展打下了堅實的基礎。
而2001—2010年實施的第十個及第十一個「五年計劃」更是獲得極大成功。
現在正在實施的是第十二個「五年計劃」（2011—2015年）。
1979年以來的改革開放，則使中國經濟得到前所未有的快速增長。
進入21世紀後，中國經濟繼續保持穩步高速增長。
社會主義市場經濟體制已經初步建立，市場在資源配置中的基礎作用顯著增強，
宏觀調控體系日趨完善；以公有制經濟為主體、個體和
私營等非公有制經濟共同發展的格局基本形成，經濟增長方式逐步由粗放型向集約型轉變。

前 言

中華人民共和國成立後,通過有計劃地進行大規模的經濟建設,中國已成為世界上最具有發展潛力的經濟大國之一,人民生活也整體達到小康水平。1953—2000年,中國已陸續完成九個「五年計劃」,為國民經濟的發展打下了堅實的基礎。而2001—2010年實施的第十及第十一個「五年計劃」更是獲得極大成功。現在正在實施的是第十二個「五年計劃」(2011—2015年)。1979年以來的改革開放,則使中國經濟得到前所未有的快速增長。進入21世紀後,中國經濟繼續保持穩步高速增長。社會主義市場經濟體制已經初步建立,市場在資源配置中的基礎作用顯著增強,宏觀調控體系日趨完善;以公有制經濟為主體、個體和私營等非公有制經濟共同發展的格局基本形成,經濟增長方式逐步由粗放型向集約型轉變。

2010世界15個大國GDP及增長率

排名	國家或地區	GDP(百萬美元)
—	世界	61,963,429
1	美國	15,924,184
—	歐元區	16,106,896
2	中華人民共和國	7,426,090
3	日本	5,974,297
4	德國	3,309,669
5	法國	2,560,002
6	英國	2,246,079
7	巴西	2,087,890
8	義大利	2,051,412
9	印度	1,729,010
10	加拿大	1,574,052
11	俄羅斯	1,479,819
12	西班牙	1,407,405
13	墨西哥	1,039,662
14	韓國	1,014,483
15	澳大利亞	924,843

當然,這裡只是一個官方的有關GDP的統計表,我們不能看了這個表以後,就自

大地以為我們能在2021年超過美國。甲午戰爭前中國GDP是日本的7倍而以中國失敗而告終，單一地看GDP並不能說明任何問題。當然，中國自改革開放以來取得的成就是不容否定的，但生於憂患，死於安樂。所以，我們還是不能太過放鬆，認清現實才能求得更大的發展！

按照世界銀行的分類，人均國內生產總值在650美元以下屬於低收入國家，650～2,555美元屬於中等收入國家，2,555～7,911美元屬於中高收入國家，7,911美元以上屬於高收入國家。中國是在1996年超過了650美元，也就是說1996年，我們就開始告別低收入國家向中等收入國家邁進。

2003年我們開始突破1,000美元。人均GDP突破了1,000美元，那麼我們要實現的全面建成小康社會的目標，到那個時候我們要達到多少呢？就是人均3,000美元，那樣我們就可以由一個中等收入國家向中上等收入國家邁進。

從工業化的進程來看，我們也處在工業化的中期階段，我們人均國內生產總值是1,270美元，我們有可能達到1,400美元。按照匯率計算，我們按錢納里的模型，我們正處在一個工業化中期階段。各個國家的發展經歷表明，走出低收入國家向中等收入國家邁進的這麼一個時期，或者說工業化正處在中期的這麼一個階段，往往會出現一個黃金發展時期，同時這個時期也可能是矛盾凸顯時期。為什麼？它處在一個社會轉型之中，也就是說農業為主導的社會向以工業為主導的社會轉化，中國正處在這種大的社會轉型之中。

2008年以來在國際金融危機影響下，中國經濟依然保持了8%以上的增長。通過改革開放以來的持續、快速增長，截至2010年第二季度，中國經濟總量已躍升世界第二。

目前的中國經濟正處在快速發展過程中，其發展的速度已經超過了發達國家在相同時期的發展速度。隨著中國加入WTO，中國經濟正在融入世界經濟的大市場，並不斷地適應和改進自己的各個方面的制度。與此同時世界各國也在不斷地發展自己。區域之間的經濟政治和文化的交流不斷加強，區域之間的聯盟的性質也逐漸明顯。但就目前來看，中國仍然是一個「學生」，而且是一個好學生。中國目前的發展目標的提出，就似乎表明了它發展的是人民的發展，人民的經濟文化等各個方面的發展。學習和掌握中國的國情，使得中國人能知道自己在中國社會的地位和作用，瞭解自己在哪裡，應該做什麼，而且為制定自己的發展目標打下很好的基礎。

本書正是以當代中國正在發生的經濟體制轉型為背景，以相關理論介紹、改革和發展進程脈絡描述、現實問題揭示和分析、發展趨勢展望為寫作思路，對中國社會主義經濟發展、改革和開放進程中的基本理論和主要現實問題進行系統描述和分析。本書的特色在於：在理論深度上充分考慮了國內專、本科生的基礎；在內容安排上，注

重將中國經濟改革和發展的實踐進程與相關經濟學理論相結合，從理論和實踐兩方面把握中國經濟發展的內在邏輯。一方面盡可能系統地解釋中國改革開放以來經濟發展模式的特點和經驗；另一方面有重點地對新時期中國經濟發展中的主要熱點問題展開分析，並對解決現存問題提出相關措施建議，對今后進一步發展作出展望。本書在編寫體例上借鑑了中外優秀教材的編寫方法，廣泛吸納了中外經濟學界的研究成果，注重把最新資料和研究成果納入書中，並力求在系統、深入分析中國經濟現實問題和借鑑、總結國內外理論研究成果的基礎上，對傳統社會主義經濟理論有所創新。

這本《中國經濟概論》是由我執筆匯編修訂，但是我是在許多專家、同行的支持和幫助下完成這項任務的。本書中那些材料、數據是我在閱讀了一大批專家學者的相關論著和研究報告后吸收和借鑑而來，對於引用的資料，有些在書中做了註明，而有的由於過於分散未能一一註明，敬請諒解。

由於本書的各個章節帶有專題性，所以章節之間內在邏輯不是很強。再加上本人對一些問題的研究比較粗淺，難免有誤。懇請各位讀者批評指正！

何峻峰

2015 年 1 月

目　錄

第一章　緒論：經濟增長與制度變遷 …………………………………………（1）

第二章　中國古代近代經濟的歷史演變 ………………………………………（21）
　　第一節　中國古代經濟的演變 …………………………………………（21）
　　第二節　中國近代經濟的演變 …………………………………………（27）

第三章　中國由計劃經濟體制向市場經濟體制的轉型 ………………………（33）
　　第一節　中國的計劃經濟體制 …………………………………………（33）
　　第二節　中國經濟體制改革的過程 ……………………………………（37）
　　第三節　中國社會主義市場經濟體制 …………………………………（41）

第四章　影響經濟發展的基本因素 ……………………………………………（51）
　　第一節　經濟因素 ………………………………………………………（51）
　　第二節　非經濟因素 ……………………………………………………（55）
　　第三節　加快轉變經濟發展方式 ………………………………………（56）

第五章　中國的二元經濟與產業結構 …………………………………………（62）
　　第一節　中國的二元經濟結構 …………………………………………（62）
　　第二節　中國的產業結構 ………………………………………………（75）

第六章　中國農村經濟 …………………………………………………………（84）
　　第一節　中國農村經濟的基本狀況 ……………………………………（84）
　　第二節　中國農業的發展 ………………………………………………（91）

第七章　中國國有經濟的改革與發展 …………………………………………（97）
　　第一節　國有企業、國有資產和國有經濟的內涵及其相互關係 ……（97）
　　第二節　中國國有經濟改革的原因、進程和成效 ……………………（99）

第三節　中國國有經濟存在的矛盾和問題 …………………………（105）
　　第四節　中國國有經濟戰略性調整 …………………………………（107）

第八章　中國民營經濟的發展 …………………………………………（113）
　　第一節　中國民營經濟發展的階段和新特點 ………………………（113）
　　第二節　中國民營經濟的地位和作用 ………………………………（117）
　　第三節　中國民營經濟發展面臨的主要障礙 ………………………（120）
　　第四節　中國加快民營經濟發展的對策 ……………………………（122）

第九章　中國居民個人收入分配和消費 ………………………………（126）
　　第一節　中國居民個人收入的分配 …………………………………（126）
　　第二節　中國居民個人消費 …………………………………………（141）

第十章　中國財稅體制 …………………………………………………（148）
　　第一節　公共財政 ……………………………………………………（148）
　　第二節　財政收入與財政支出 ………………………………………（151）
　　第三節　財稅體制改革 ………………………………………………（160）

第十一章　中國金融體制 ………………………………………………（166）
　　第一節　金融體制由計劃經濟向市場經濟的轉軌 …………………（166）
　　第二節　加入WTO對中國金融業的影響 …………………………（172）
　　第三節　中國金融業改革面臨的新課題 ……………………………（174）

第十二章　中國政府的宏觀調控 ………………………………………（178）
　　第一節　政府實行宏觀調控的經濟學原理 …………………………（178）
　　第二節　中國政府宏觀調控的目標 …………………………………（185）
　　第三節　宏觀調控的基本手段 ………………………………………（188）
　　第四節　中國政府宏觀調控的分析 …………………………………（193）

參考文獻 …………………………………………………………………（202）

第一章　緒論：經濟增長與制度變遷

　　現代經濟增長最突出的特徵是人均產出水平的持續增長，旨在協調和規範人類社會分工協作的制度，對於促進社會進步有著重要影響。意識形態是減少「搭便車」行為和降低交易成本的最重要的一種制度安排，是一個社會政治經濟的制度基礎，是最優制度安排及其變遷過程的重要約束條件。對於政策所致力的制度變遷來說，以自發性變遷為基礎時，政府推動的強制性制度變遷才會最有效率。

一、前現代經濟增長與現代經濟增長

(一) 前現代經濟增長的特徵

　　中國未來經濟快速增長的潛力主要來自於中國與世界發達國家之間存在的巨大技術差距。在研究技術進步與經濟增長的關係上，最有名的學者是1971年諾貝爾經濟學獎獲得者西蒙·庫茲涅茨（Simon Kuznets）。他在研究中有一項非常有趣的發現：在前現代社會（工業革命前的社會）經濟增長的特徵是人口增加，經濟規模擴大，但是人均收入卻基本保持不變，這種增長屬於外延性的增長。

　　有眾多例子可以驗證庫茲涅茨的發現。例如，美國哈佛大學研究中國經濟的權威學者珀金斯（Dwight Perkins）所著的《中國農業的發展：1368—1968》一書研究了從明朝開始一直到20世紀60年代中國農業的發展情況。他從中國2,000多本縣志中把各種有關生產、人口的數據逐一統計，然後拼成一幅完整的圖畫。根據他的研究，在1368—1968年這600年當中，中國的人口增加了10倍，耕地面積增加了5倍，單產增加了2倍。由此算出，糧食增產10倍，但是人均糧食產量卻維持不變。在比較落後的農業經濟中，糧食生產是主要的生產活動和收入來源，因此人均糧食擁有量就代表著實際的收入水平。人均糧食擁有量基本不變，就反應出實際人均收入水平也基本沒有變化。這是典型的前現代社會的經濟增長特徵：人口增加但是人均產量並沒有增加；國家經濟規模的擴大主要依賴於人口的增加；技術進步非常緩慢，在經濟增長中的貢獻相對不大。

　　另一位具有相應研究貢獻的學者是麥迪遜（Angus Maddison），他研究的領域包括從公元元年一直到現在的長期經濟增長史。2003年我在哈佛大學參加了一個研討會，討論麥迪遜教授的一本新作《世界經濟千年史》（The World Economy：A Millennial Perspective）。按照他在這本書中的估算，公元1500年（中國的明朝時期）中國的人口約有1.3億。以1990年的國際貨幣單位國際元為基礎進行計算，1500年中國的人均收入是600單位國際元，而當時歐洲是450單位國際元，中國人均收入高於歐洲。到了公元

1820年（中國的清朝時期），中國的人口達到3.8億，而人均收入同樣是600單位國際元。這表明中國在前現代社會時期的經濟增長是一種依靠人口增加的外延性經濟增長。

(二) 現代經濟增長的特徵

現代經濟增長（modern economic growth）的一個特徵是人均國民收入會長期地持續地增加，當然人口數量也會有所增長。同樣以中國為例，改革開放之後的情形與明清或更早的古代相比完全不同。1978年改革開放剛開始的時候，中國的人口數是9.6億，2001年中國人口達到12.8億，增加了3億多。在1978年，中國人均收入以人民幣計算是379元。到2001年，不扣除通貨膨脹因素人均名義國民生產總值是7,081元；如果扣除通貨膨脹的因素，按照1978年不變價計算，人均收入是2,255元，個人生產的實際價值和產量相對於1978年增加了近6倍。在公元1500—1820年的300多年漫長時間中，中國的人均收入基本未發生任何改變；而在改革開放後的短短20年間，人均收入就增加了6倍。這就是現代社會和前現代社會經濟增長方式的顯著差別。

現代經濟增長不僅帶動了人均收入的增加，還使得人們的工作時間相應減少。經濟學的前提假設是人是理性的，理性人除了追求收入的最大化外，還會盡可能地爭取最多的休閒時間。收入增加會導致收入的邊際效用遞減，這樣就會促使人們不斷減少工作時間以換取更為有價值的休閒時間。具體的例子是在改革開放初期，每週有6個工作日，而現在減少到5個。薩繆爾森在其所著的大學本科通用課本《經濟學》一書中，提供了這樣一個關於工作時間變化的案例。在19世紀末20世紀初，美國的產業工人每星期工作6天，每天工作12個小時，一個星期的工作時間一共是60~70個小時；而現在美國工人一個星期只工作5天，每天只工作7個小時，一周的工作時間還不到40個小時。工作時間不斷減少的同時人均產出卻不斷增加，根本原因就是生產效率的提高。生產效率的提高是技術進步的結果，所以技術進步是現代經濟增長最重要的決定因素。

我們知道，投入的增加和技術的進步能夠促進經濟增長，產業結構的升級同樣也是經濟增長的重要決定因素，然而產業結構變化本身可以在技術變遷的過程中被誘導出來。自工業革命以來，技術變遷在某個時期通常會集中在某個產業上。在工業革命剛開始的時候，技術變遷集中於紡織業，然後轉移到鋼鐵產業和機械製造業。到19世紀末期以後，技術變遷主要集中在化工業，飛機發明以後就集中在航空、航天產業，到現在則是電子和IT產業。產業變化發展到現在，可以看到紡織業等傳統產業的技術變化速度已顯得較為遲緩，而相對的技術的發明創新最為活躍、最為集中的領域正是那些新興的產業部門。尤其是在技術領先的發達國家經濟發展過程中，不同的產業在不同的時期會有不同的技術變遷速度。技術不是一直沿著一個產業的發展路徑而不斷更新變化，而是會隨著技術變遷重點的變化引導產業的重點發生轉移。新的技術可能創造出新的高附加值的產業，從而帶來新的經濟增長點。也就是說，技術變遷可以通過影響產業結構的變化而作用於經濟增長。

此外，還可以從需求變化的角度分析現代的經濟增長。經濟學中討論收入變化與需求變化的關係中有一個非常重要的概念——收入彈性。人們對不同產品的收入彈性

是不同的。例如，對於休閒這一需求的收入彈性就非常高，當收入增加到一定程度，休閒的需求就會大幅上升。如果把消費產品分為農產品和工業產品，那麼農產品的收入彈性就會相對較小，而工業產品的收入彈性則相對較大。如果收入增加10%，正常情況下對農產品和工業產品的總需求也會增長10%，但其中對農產品的需求增長會低於10%，而對工業產品的需求一般會超過10%。在經濟增長過程中，因為農產品的需求收入彈性小，農業在經濟中所占的比重就會不斷下降，而製造業和服務業等產品收入彈性高的產業部門在經濟中所占的比重就會越來越大。

正是由於農業部門在現代經濟增長的過程中所占的比重不斷地下降，因而政府相對地不重視農業的發展也被視作理所當然。但是從以下幾個方面進行分析便能看出，在現代經濟增長的過程當中必須同時重視農業的發展。

首先，在現代經濟中，農業的相對比重會下降，但是對農產品需求的總量並不會下降，原因如下：①農產品的需求收入彈性只是小於1但並不是負數，所以對農產品的需求還會增加。②在現代社會，從一般的情況來看，雖然人口出生率和自然增長率都在下降，但各地的人口總量還是在不斷增加，對農產品的需求總量也一定會不斷增加。③收入增加以後，消費的食品結構會發生改變。通常在收入增加以後，對糧食的直接消費會減少，但對其他農產品的消費會增加。例如，人們對肉類的消費量會增加，而肉類的生產都是由糧食轉化而來的。根據經驗數字，糧食到肉類的轉化率是一斤（1斤＝500克。下同）牛肉需要八斤糧食，一斤豬肉需要四斤糧食，一斤雞肉需要兩斤糧食。因此，雖然直接的糧食消費減少，但是間接的糧食消費會增加，糧食的總消費量依然在不斷上升。

其次，在現代經濟增長過程中，農業部門所雇用的勞動力比重會逐步減少，勞動力的就業結構會隨著產業結構的變化而發生變動。任何國家在開始現代經濟增長之前，大部分生產活動都是農業生產活動，大部分勞動力也都集中在農業區。例如，美國在1870年，50%的勞動力是農民；而到1980年，農業勞動力只占勞動人口的2%；到了2000年，農業勞動力占總勞動力的比重低於2%。再如，日本在1870年明治維新時代，農業勞動力占總勞動力人口的70%；1950年，日本還有48%的農業勞動力；而到1990年則只有6%。韓國、中國大陸以及中國的臺灣地區也有同樣的趨勢。從世界銀行的統計數據看，1990年全世界低收入國家的農業勞動力占總勞動力的比重是69%，但高收入的經濟合作及發展組織國家的平均水平是5%。經濟合作及發展組織國家在前現代社會中與其他發展中國家一樣，主要的勞動力集中在農村，但隨著經濟增長和人均收入的提高，農業和農村勞動力的比重逐步地降低。這是經濟發展過程中的一個必然規律。

既然隨著現代經濟增長對農產品的需求會不斷增加，而農業和農村勞動力卻在急遽下降，這就需要農業的技術進步發揮超凡作用。從技術變遷的速度來講，農業的技術變遷速度一直不亞於工業的技術變遷速度。對於一些發展中國家而言，具有比較優勢的產業應該是農業部門，而不是在發達國家更具優勢的工業部門，但是不少發展中國家卻忽視了這一點，以致在農業發展中出現了一些問題。農業是國民經濟的命脈，對於基礎薄弱的發展中國家來說，農業方面的問題可能會給經濟帶來嚴重打擊，因此發展中國家在重視發展工業的同時一定要重視發展農業以及農業的技術進步。

二、制度變遷的內在機制

　　生產增長的潛力是否能夠被挖掘，除了是否發生技術變遷以外，還在於是否有配套的制度作保障。例如，把一個高新產品引入到一個非常落後的國家，農民可能因為市場、保險和金融等制度不完善而拒絕採用該技術。如果市場條件不好，增產的糧食賣不出去，糧食價格下跌，就會出現「谷賤傷農」的情形，造成增產不增收。此外，即使有有效的商品市場，如果缺乏好的金融制度，也會缺乏儲蓄的方式。當農業減產的時候，雖然農民預期將來能夠增產賺錢，但缺乏借貸的方法，農民的生活甚至生存就會因為金融保險市場的不完善而受到威脅，特別是當產量突然降低的時候，農民的收入水平會下降到生存水平以下。所以，為了使技術的潛力得到發揮，還必須深入瞭解當地的各種制度安排。另外還需注意的是，在經濟發展的過程中，制度會隨著經濟形勢的變化而不斷進行調整和完善，完善的制度可以有效地推動經濟增長，這也是制度變遷最重要的意義所在。

（一）原始人為什麼躲在樹后

　　現在被認為非常重要的市場制度，早在原始共產主義社會就已經有了雛形。按照一些人類學研究的描述，在原始社會和現代社會的某些原始部落，人們採用最原始的以物易物的方式進行交易。在那些原始的地方，交易時雙方通常不見面，如果人們生產有剩餘，就有可能拿出去和別人交換。他們把物品放在路邊的大樹旁，然後人躲在樹后，路過的人走過去，如果正好看到有他需要的東西，可能就會把它帶走，然後留下等價的物品。

　　原始社會的人在交易的時候為什麼躲在樹后？原始社會的人是理性的還是非理性的？這是一個經濟行為還是一個文化行為？一個通俗的講法是原始社會的人非常怕生、害羞，所以要躲在樹后不與人相見。但是，作為經濟學家應該提出更好的經濟解釋。如果原始人不躲在樹后，他就需要站在交易物品的旁邊，直到有恰好需要這個物品的人從旁經過，並找到合適的物品來與他進行交易，這個過程也許需要三個月或者半年。這就需要把勞動力長期綁在一個地方，大大增加了交易的成本。原始人躲在樹后有一個好處，那就是前來交換的人不知道他是否在旁邊，這是用一種隨機檢查的方式來節約原始人自己的勞動時間。還有一種情形是東西被拿走了，但留下的物品並不與原物等價。為了防止這種情形的出現，就產生一些懲罰嚴厲的制度安排。按照一些描述，在原始共產主義社會中，如果有人把東西帶走而沒有留下等價的物品，物主會選擇「千里追殺」。這有兩層含義：一是因為追到「凶手」的概率非常小，所以要一追「千里」毫不松懈；二是一旦追到就一定要把對方殺掉。之所以需要施以如此嚴酷的懲罰措施，就是為了增加「違規」的預期成本，減少「違規」的概率。在這一點上，原始社會的人和現代的人一樣聰明。其實這些方法在現代也有研究和應用。根據芝加哥大學諾貝爾經濟學獎獲得者加里·貝克爾（Gary Becker）的研究，政府如果要減少犯罪率，有這樣兩個辦法：一是增加警察的數量，這樣會使罪犯被抓到的概率增加，從而使得罪犯的預期收益減少；另外一個是處以重罰，這樣也能夠使犯罪減少，而且通過

加重處罰來減少犯罪的政府成本較低。

隨著原始社會生產力的提高和剩餘產品的增加，需要交換的東西也隨之越來越多，慢慢地就開始採用比較固定的、文明的交易方式。例如，許多地方都有廟會。在廟會期間，剩餘的產品就可以帶來進行交換，從而形成了一個集中的交易場所。隨著生產的進一步發展，交易活動也日漸頻繁，農村中每月一次的集市最終形成了固定的市場。固定的市場形成的前提是生產的發展和剩餘的增加；如果交易的產品非常少，設置一個固定市場就非常不經濟。例如1978年改革開放以後，許多地方政府紛紛設置商品交易市場，但是卻出現了交易者與交易量都不足的情況。當時依靠知識分子的設想和政府的推動所形成的市場並不成功，其中一個最主要的原因就是當時的經濟發展水平不高。同樣的市場交易制度，從交易者躲在樹後發展到廟會和集市，再到每天都有的固定市場，制度不斷地演化，但是變化背後的原因是能夠進行交換的剩餘在不斷增加。

(二) 制度的定義

制度在英語中是「institution」，它有眾多不同的定義，其中比較適用於這裡的一個是：「制度是一套由人制定出來的、用以規範人們互動行為的規則。」制度是由人們在共識的基礎上制定出來，用以規範人的行為的。它如同設計一副框架把自己禁錮在一定的範圍之內，以達到規範自己和他人的行為的目的，從而使社會更好地運轉。

早在原始社會就已經出現的市場制度有著多種內涵，包括交易的地點和時間等。在原始社會只要把東西擺在路邊就可以進行交易，交易者拿走路邊的物品，並留下自己的等價物品。但是，在現代社會如果隨便拿走路邊的物品，即使留下費用，也會被人認為是小偷。現代社會如果需要進行商品交易，就會去固定的百貨市場和超市，因為現代的市場制度中規定了明確的交易地點和方式。

中國最早的紙幣「交子」的出現除了為滿足當時市場交易日漸頻繁的需要，也與北宋雕版印刷技術的成熟與鼎盛有關。

另外，市場制度還需要規定交換的原則。最簡單的原則就是交換必須經由雙方同意；如果有一方不同意，交換就不能夠發生。另一個原則是等價交換。經由雙方同意之後，交易產品的價值還應該相當。此外，市場制度還規定了交換的仲介。例如在原始社會中是以物易物，后來就逐漸開始使用貝殼作為交換媒介，再后來慢慢地變為以貴金屬為交換媒介，現在則是以紙幣和信用卡為交換媒介。所有的交換仲介都包含在市場制度當中，這些制度都是為規範交易雙方的互動行為而產生和存在的。交易的行為、地點和原則都為社會所共同認定，並且都包含在交易的制度之中。

(三) 制度的分類

制度一般可分成兩種不同類型：一種是正式的制度，另一種是非正式的制度。正式的制度和非正式的制度的差別在於，正式的制度通常經過政府或者權威機構制定公布，例如法律和大學制度等。非正式的制度是由社會成員自發產生，並為大家所共同遵守，沒有經過政府的認定。常見的非正式制度有鄉規民俗、家庭責任、婚姻道德等，這些在法律中都沒有正式規定。

除正式與非正式的制度分類方法之外，還有一個非常重要的分類方法，就是單一

的制度安排和整個社會的制度結構。

單一的制度安排一般也稱為制度，但有的時候制度是指整個社會的各種單一制度安排的總和，即制度結構。婚姻制度便是典型的單一制度安排。婚姻制度有多種，在不同的歷史階段也有所不同。例如，歷史上有「一夫多妻」「一妻多夫」和「一夫一妻」等各種婚姻制度，它們是在逐漸變革的。單一的制度安排規範人在某一個方面的行為，規定出可接受與不可接受的範圍、權利與義務的範圍等。

制度結構是社會中各種單一制度安排的總和。例如，原始共產主義社會制度、奴隸社會制度、封建社會制度和資本主義社會制度，都是宏觀的制度結構，其中每一個都包含著眾多單一的制度安排。談到制度變遷的時候，首先需要明確的是單一的制度安排的變化還是整個制度結構的變化。只有眾多單一制度安排都發生變化，整個制度結構才會出現從量變到質變的飛躍。

(四) 制度產生的原因

人們要互相交往，利益就會產生衝突。如果每個人都一味地追求個人利益最大化而罔顧對他人的影響，那最終的結果就只有可能是魚死網破。如果是《魯濱遜漂流記》中的魯濱遜，在認識「星期五」之前就不需要與別人交往，即不需要規範自己的行為，也不用去規範別人的行為，因此制度安排也就不必要。制度是由人們制定出來、用以規範其自身行為的一套準則，這套準則雖然束縛著個人，但也能給個人帶來巨大的收益。人們互相交往，形成一個群體並在一起生活可以給群體中的每個人都帶來諸多好處。其中既有直接原因，也有間接原因。

直接原因中重要的有以下幾個：

第一，人一生當中生產與消費的時間不一致。人要到十幾歲以後才能夠參加勞動，一直到六十歲左右，當中有四十多年的工作時間。在十幾歲成年以前和六十多歲退休以後，還有幾十年的時間需要消費，但卻不參加工作，所以能夠賺錢的時間與生活的時間並不完全一致。在這種狀況之下，就必須有制度安排，使得人在不生產的時候也能夠消費，只有這樣人才能夠活下去，社會才能夠延續下去。

第二，不僅從生命週期的角度看每個人的生產和消費的時間不一致，在生產的過程當中也存在著一定的風險。例如，當一個青壯勞動力發生意外事故的時候，就需要有一個制度安排，使得青壯勞動力因意外事故喪失勞動能力的那段時間也能夠維持基本的生計。

第三，規模經濟。人與人在一起勞動的時候，經常會出現「1加1大於2」的情況，這就是規模經濟的結果。例如在原始部落，生產活動主要是狩獵，但是一個人只有一個大腦和兩只手，反應速度以及體力都遠不及野獸。即使原始人會使用一些簡單的工具和武器作為身體相比野獸不足的彌補，狩獵的難度依然大得超乎想像。一個人打獵困難，一群人就容易得多，因為相互的配合產生了規模經濟。所以單純從生產角度，人與人也需要生活在一起來提高共同的福利。

第四，人與人共同勞動形成專業分工。同樣是在狩獵這一項生產活動中，有的人變成武士，有的人變成工匠，有的人上場司職打獵，有的人在后方專門製造武器。進

行分工以後，效率就會大大提高。

綜上可知，一群人在一起生活與一個人獨自生活相比，不僅能夠提高生產和消費的總量和效用，而且能夠提高消費的人均量和效用。作為一個理性人，必然會追求更高的消費水平和效用。這就是為什麼原始人選擇群居、現代人選擇社會作為棲息之地的原因所在。

人們生活在一起固然可以得到規模經濟、克服風險等好處，但是人與人交往多了也會產生各種各樣的問題。首先是協調的問題。「日中為市」就是一個協調的例子，它規定了交易的時間與地點。其次是需要防止「搭便車」。與「1 加 1 大於 2」的規模經濟效應相反，利用群體生活偷懶、「搭便車」會使群體工作的效率低於個人努力相加之和。例如，在原始社會中，個人離開部落就無法生存。因為狩獵是非常危險和不確定的生產活動，所以在原始社會中，並不是整個部落的人一起狩獵，而是分成幾組人分別去打獵，這樣可以起到減少獲獵不確定性的作用。在狩獵的過程中，有的組有收穫，有的組卻兩手空空，打到獵物的一組就會與其他沒有收穫的人共同分享獵物。因為在當時生產力極端落後的情況下，很難預測何時能再捕到獵物，加上食物難以保存，與其自己吃不完讓剩下的食物很快腐爛，還不如分給別人吃，這樣當下次自己沒有收穫時還可以分享別人的勞動果實。但也會有一些人在打獵的時候偷懶，想在回去後不勞而獲，這就是「搭便車」的行為。為了防止這種行為的發生，在原始社會中，會出現一些迷信思想，例如認為如果部落成員打獵偷懶就會觸犯神靈等。雖然人們看不到神靈，但是神靈可以看到每個人並處罰他們的過失。通過以禁忌和鬼神為形式的制裁，能夠弱化「搭便車」的個人進行投機取巧的動機，所以在這裡迷信起到了制裁「搭便車」行為的作用。此外，原始人還會報復違背交易規則的人，例如前面提到的「千里追殺」，形式雖然危險，但卻能有效地制約別人把自己的東西拿走而不留下等價物品這一行徑，做到以儆效尤。因此報復行為也是一種減少「搭便車」的制度安排，它規範著人們的行為。

總而言之，規模經濟、專業分工等好處決定了人們在一起生活是必要的，它有助於克服生產消費時間不對稱、風險等方面的個人問題，然而群體生活所產生的協調問題與「搭便車」現象又有待於解決，這就需要有制度來制約這些行為的發生。

(五) 制度安排與意識形態

在制度經濟學中，減少「搭便車」行為和降低交易成本最重要的一種制度安排就是意識形態（ideology）。意識形態在任何社會都會存在。字典裡給出的意識形態定義是：一套反應一個人、一個群體、一個階級或一種文化的社會需要與意願的思想總和。另外一種定義是：意識形態是關於政治、經濟、社會以及其他制度基礎的一系列主義或信仰。既然意識形態是政治、經濟、社會以及其他制度的一個基礎，那它當然也同樣可以被看做是非常重要的制度安排。諾貝爾經濟學獎獲得者道格拉斯·諾斯（Douglas North）認為意識形態非常重要。根據他的研究，意識形態有幾個特性：首先，意識形態是一種世界觀，它描繪了理想社會的藍圖。其次，意識形態是一種非常強的價值判斷，告訴人好與壞的區別，而這種價值判斷本身就是一種信息節約的工具。通

常每個人都想當好人做好事，意識形態會告訴人們什麼是好人好事和理想社會。最後，意識形態雖然是社會制度的基礎，但是當價值判斷與經驗長期不一致的時候，意識形態會發生改變。例如學生在學校中會學會一套行為規範，但有時候學生在畢業後還將學校的行為規範應用在社會當中就會四處碰壁，久而久之，這些人的意識形態就會發生改變。

研究意識形態的學者通常認為意識形態不能通過理性來解釋。例如，在革命戰爭時期，社會主義是一種世界觀，為社會主義革命拋頭顱灑熱血被認為是好的行為。有些共產黨員為革命拋頭顱、灑熱血，獻出了生命，但是奉獻出生命似乎是非理性的行為。在資本主義社會中也有類似的被認為是非理性的行為。例如，民主制度是資本主義社會的制度基礎，在民主制度中，選舉是最重要的一項活動，在民主制度中，需要民眾投票來選舉國家領導人。某些研究意識形態的學者認為投票是非理性的行為，例如美國的總統選舉，通常會有1.3億人投票，兩大黨總統候選人的得票數都在6,500萬左右。每個公民的投票只是6,500萬分之一，對選舉的結果幾乎沒有影響，而參加投票卻需要花費時間和精力。經濟學家所認為的理性是邊際成本等於邊際效用，但是參加選舉的邊際效用近似於零，邊際成本卻不小，難以從理論上進行解釋。所以有眾多研究意識形態的學者認為選舉是非理性的。

然而，如果採用芝加哥大學諾貝爾經濟學獎獲得者加里·貝克爾（Gary Becker）的解釋，選舉就是一種理性的行為。因為一般人都有成為好人的願望，做好人就需要干好事。意識形態給定了好事的標準，在民主國家中，參加投票選舉既是權利也是義務，屬於應做的好事。一般人如果做了好事，心情就會變得舒暢；相反如果做了壞事，心裡就會覺得內疚。做好事會得到來自內心的無形收益，所以參加選舉從意識形態的角度看是理性的。

換句話說，意識形態可以解釋為一種人力資本。這種人力資本的形成過程有點像聽古典音樂——有些人非常喜歡古典音樂，因為他們熟悉這種音樂，已經培養出了一種欣賞古典音樂的素質，內心能與音樂產生共鳴。欣賞能力是一種人力資本，只有欣賞古典音樂的能力足夠強的人才會喜歡聽，享受聽的這樣一個過程。理性人追求個人效用最大化，聽音樂能夠增加效用，所以聽音樂是理性的行為。而隨著聽古典音樂的時間越來越長，對古典音樂的欣賞能力也會逐漸加強，欣賞的樂趣也會不斷加深。音樂的欣賞能力需要培養，意識形態也是如此。如果相信民主制度是一個理想的制度，並接受這種意識形態，那麼對意識形態越虔誠，投票後內心得到的滿足感就會越大，不去投票時內心受到的懲罰也會越大。意識形態並非與生俱來的，它需要花時間去學習、瞭解和接受。意識形態是一種投資，當意識形態被接受以後，就會保持相對穩定，具有類似於資本的特性。資本的特性就是相對穩定。例如，一個人投資建一個工廠，一旦建成後可以帶來多期的收益，這就是資本的相對穩定性。教育可以提高人力資本，因為接受教育的效益具有長期性。意識形態作為一種人力資本，其教育的效益也具有長期性。意識形態的教育越強，對這種意識形態的接受程度就會越高。有時候並不一定要有外在的獎勵才能誘導出某些行為，依靠內心的自我獎勵就可以決定是否做這些事情。

所謂「奴化教育」便是意識形態教育的一個極端例子，其目的是侵略者為了消除民眾仇恨，在較短的時間內取得其侵略統治的合法性。

把意識形態解釋為人力資本的理論，可以用幾種方式來進行檢驗。例如，可以從人力資本的角度解釋為什麼年輕人比較容易改變自己的意識形態，而上了年紀的人不容易改變自己的意識形態。這其中有以下兩個方面的原因：其一，年紀大的人往往已經接受了某種意識形態，如果要改變原有的意識形態，就需要把舊的意識形態替換掉。只有當許多累積的經驗與當前的意識形態不一致時，他才會有動力把舊有的意識形態替換掉。其二，建立新的意識形態需要進行學習和瞭解，這也可以算作一種投資。如果預期生命比較短，那麼享用一個新的意識形態這一投資回報的時間就比較短。對年輕人而言，舊的意識形態對他們的影響較小，而且年輕人的預期壽命還很長，新意識形態的回報就會比較高，所以年輕人比較容易替換掉舊的意識形態。

意識形態非常重要，它是一個社會政治經濟的制度基礎。意識形態最重要的功能是證明現有政治體制的合理性。在所有的國家，不管是社會主義國家還是資本主義國家，抑或是封建社會、奴隸社會中的國家，當權者都會花大量的時間和精力來進行意識形態的教育。因為意識形態是社會穩定的基礎，關係到民眾對統治者合法性的承認。

一個社會中還有其他的制度安排，雖然沒有上升為意識形態，但是與意識形態非常接近，例如道德、價值觀念等，它們在規範和協調人的行為中也發揮著非常重要的作用。意識形態中有很多的道德與價值觀念，有些與意識形態無關，例如博愛、互助、同情弱者等。這些道德和價值觀念同樣影響著人們的行為。例如在路上看到一個可憐的乞丐，就會不自覺地把錢掏出來給他，雖然從投入產出的角度看並沒有得到任何物質回報，卻因幫助了別人而得到內心的滿足。所以，道德與價值觀念有著與意識形態類似的性質，它們也是通過教育獲得的，也可以從人力資本的角度進行解釋。在任何社會中都需要強化道德教育，只有這樣，才能創造出一個和諧的、充滿人情味的社會。

（六）最優的制度安排

制度是發揮技術潛力和促進經濟增長的重要保障。當經濟持續發展，制度本身也會不斷地發生變化。這自然就引出了一個重要問題，即什麼是最優的制度安排以及什麼是最優的制度結構。

制度結構過於複雜，可以從單一的制度安排談起。關於最優制度安排，首先必須明白，最優的選擇不是唯一的，可能會有多種。制度有多種功能：它能夠帶來規模經濟；能夠減少「搭便車」的行為；能夠解決收入和支出的時間不對稱性問題；等等。這些都是制度能夠提供的服務。對於每種制度服務，都可以由多種制度安排來實現。例如，一個人工作的時間與消費的時間不完全一致，人老的時候不能工作卻要消費，社會就必須有養老的制度安排，以解決后顧之憂。養老的制度安排有多種形式，原始共產主義社會的保險制度就是一種群體保險（group insurance）的制度安排。在原始社會中，總有老人與年輕人一起生活。年輕人的收穫可以與小孩和老人共同分享，這可以被看做一種保險制度。分組打獵的形式也是一種減少風險的保險行為。人類進入農業社會以後，原始共產主義社會的制度已經瓦解，就改為採取養兒防老的形式。進

入現代社會，不再依靠子女養老，這時就需要社會保險為老年人提供保障。年輕的時候進行儲蓄，年老的時候再動用儲蓄來養老。同樣是以養老為目的，在不同的時期會有不同的制度選擇。

交易的方式也有多種制度安排。交易的進行可以躲在樹后，也可以採取廟會和集市的形式。交易的仲介，可以是以物易物，也可以是以貝殼、黃金、紙幣、信用卡作為媒介。制裁違反交易制度的方式，可以「千里追殺」，也可以進行起訴。在原始社會，交易的方式是以物易物，看起來非常落后。現代的紙幣制度就非常方便，只要口袋中有錢，即使沒有可供交換的產品，也可以進行交易。現代的交易方式似乎大大優於古代的方式。紙幣作為交換媒介看起來固然方便，但前提是必須有政府和中央銀行發揮作用，同時需要先進的印刷技術來防止假鈔。所以，使用紙幣這種交易方式需要支付一定的成本，如果交易的密度沒有達到一定程度，那麼高昂的交易費用就會使得紙幣交易得不償失。制度可以提供服務，各種不同的制度安排可以提供完全不同的服務，也可以通過不同的方式提供某一種相似的服務以滿足不同的情況需求。但是每種制度安排都有它存在和維持的成本。要確定最優的制度安排，自然要從能達到同一個目的的眾多制度安排中選擇出成本最低的那一個。在原始社會和農耕社會，交易的數量和頻率都較低，以物易物的制度安排比貴金屬和紙幣的制度安排更能以較低的成本完成同樣的交易數量，所以在當時的條件下，它是更好的制度選擇。判斷一種制度安排的好壞，必須將它放在當時的經濟發展階段、交易情形以及社會狀況等背景當中，權衡這種制度安排的成本與效益是否相等。制度經濟學研究中常用這樣一個例子來說明問題。在哥倫布發現美洲大陸之前，美洲的印第安人還處於原始共產主義社會階段，他們以狩獵為生，沒有產權的概念。歐洲人到達美洲以后，當地的印第安人開始把森林劃界，一個重要的原因是當時北美的森林中有一種野獸，這種野獸的毛皮在歐洲有著相當廣闊的市場，所以價值非常高。在與歐洲市場進行交易之前，印第安人並不重視這種毛皮。但是，當這種毛皮越來越值錢的時候，印第安人就開始把森林劃界，目的在於劃分森林中的獵物。森林劃界有成本——需要派出武士去守衛，未經允許就擅自出入其他部落的森林甚至會導致戰爭。願意付出成本去維護對森林的產權，是因為產權界定以后可以帶來更高的收益。歸根究柢，最優的制度安排取決於幾方面的因素：需求的密度、制度安排的效益與成本、交易的費用等。意識形態以及制度結構中其他的制度安排也會在某種程度上影響到最優的制度安排，例如法律制度、政府執法能力、法律的完備性等。

三、影響制度變遷的因素

制度不是某種自然資源，而是要人為地去進行創造和規範。當目前的制度因維護的成本增加或相對收益較小而不再能滿足需要，就會產生一種動力去改變和替代它。影響制度變遷與決定最優制度選擇的因素有著共通之處，之所以要改變一種制度安排是因為看到有更有效的制度安排方式可以帶來更大的收益。這種更有效的制度可以通過學習借鑑來獲得，也可以通過自己摸索找到最優的一種。

1. 交易技術的變化可以引起制度安排的變化

在18世紀至19世紀的時候，美國出現了西部大開發的熱潮。在開發的初期，市鎮周圍的土地一般都是公共土地，可以進行公共放牧，於是人們都會有過度放牧的傾向，由此出現了一個在經濟學中非常有名的現象——公地悲劇（Tragedy of the Commons）。比較好的解決方法是土地劃界，劃界以後再把土地租出去。在18世紀至19世紀之交的短暫時期內，美國大部分的公共地都變成了私人圈地，因為當時出現了一項非常重要的技術發明——帶刺鐵絲。過去劃地界需要建木圍欄，而木材的價格又非常貴，帶刺鐵絲的出現則極大地節省了劃界的成本，所以土地劃界的過程能夠在短期內迅速完成。從宏觀歷史看還有一個著名的例子。歐洲在羅馬帝國崩潰以後，就變成了封建社會。在封建城邦有眾多貴族，每個貴族都有一個城堡。到14、15世紀以後，歐洲封建社會逐步崩潰，形成了許多民族國家，一個非常重要的原因就是火藥進入了歐洲。在封建社會的時候，進攻的主力是騎兵，防禦的方式是城堡。騎兵難以攻破城堡，因此王室的力量也就很難強加於這些封建貴族之上。因為城堡易守難攻，在這種狀況下想要加強中央政府的力量，就非得勞民傷財大動干戈，花費高額的成本。所以在火藥傳入歐洲之前雖然維持著封建的君臣關係，但中央的權力非常小，地方有很大的自主權。火藥傳入歐洲以後，城堡便不再是堅不可摧，此時加強君權的成本大大縮小，民族國家（Nation State）也就應運而生。這種制度變遷與交易技術的變化大大降低了交易費用是密不可分的。

2. 意識形態的變化也會影響到一些制度的選擇

奴隸社會的基礎是奴隸所接受的意識形態。在電影《角鬥士》中，片中的主人公本來是一名將軍，戰敗後淪為奴隸。他很快接受了從將軍到奴隸這一身分的劇變，是因為當時戰敗後淪為奴隸是天經地義的事，所以他也接受這種制度的合理性。這就是奴隸社會的意識形態。在現代社會，戰爭中的俘虜必須按照《日內瓦國際公約》給予善待，不但不會淪為奴隸，一旦被虐待，還可以在戰後到軍事法庭上起訴，由此可見意識形態的變化所造成的影響。再如市場交換制度，在原始共產主義社會中，如果拿走放在路邊的物品卻不留下相應的等價交換物，可能會招致物品主人「千里追殺」的報復，但在現在這樣的報復卻是違法的行為，可以到法院進行起訴，但前提是必須存在法院和法律的保護。所以，最優的制度安排還取決於其他制度安排的存在。

3. 制度的選擇和採用還受到歷史、地域、文化等各種條件的限制

雖然同一個服務可以有眾多制度安排來實現，但是可以選擇的制度安排經常會受到認知能力和當時歷史環境的限制。有許多在現實世界中存在的制度安排，因為某些國家或地區不知道其存在或者沒有認識到其優越性，所以不在它們的可供選擇的範圍內。還有一些存在的制度安排，因為政府不允許，也不在可供選擇的範圍內。例如，1958—1978年中國農業的私營生產方式就不允許存在。另外，即使是最優越的制度也並不是放之四海而皆準的。在評判最優制度時我們必須考慮制度安排所能帶來的效用和維持這種制度安排所需的成本。最優的制度安排是在可選擇的範圍內實現同樣目的的成本最低的制度。對於外國的制度，例如信用制度等，雖然能夠擴大可以選擇制度的集合，但是只有在它的成本更低時才值得學習。在很多情況下，外國制度的成本並

不一定比國內制度的成本更低,所以需要進行仔細的甄別。先進國家的制度並不一定就是適合落後國家的最優制度。

4. 經濟發展的過程同時也是制度不斷變化的過程

一項最有效的制度安排是達到同一個目的或完成同一項服務的制度安排當中成本最低的那一種。制度變化最主要的原因是制度帶來的服務的總量、價值與成本發生了變化,這些變化導致原來的制度不再是最優制度。諾貝爾經濟學獎獲得者道格拉斯‧諾斯的主要貢獻在於他對長期歷史發展的制度變化的研究。他認為:奴隸社會最重要的制度是對人的擁有;封建社會最重要的制度是對土地的擁有。關於從對人所有的制度到對土地所有的制度的轉變,他提出一個可驗證的假說:土地的面積基本固定,短期內不會增加,但是人口數量會不斷增加。當人口非常稀少的時候,獲得財富的最終途徑是佔有人,擁有了人就擁有了財富,因為土地基本上是無限的,只要擁有勞動力就可以隨時開墾土地。在這種狀況下,財富主要來源於對勞動力的佔有,所以社會形態是奴隸社會。隨著人口增加,可供開墾的土地越來越少,財富數量的決定因素從對人的擁有轉移到對土地的擁有。只要擁有土地,勞動力可以隨時雇用。貴族作為一個強勢群體,從自身利益最大化的角度考慮,選擇佔有土地而把人釋放出去。這種制度變化的根本原因在於人口增長導致各種生產要素的相對價格和財富的主要來源或者說是主要的資源約束發生了變化。

5. 經濟增長也是導致社會制度變遷的重要原因

隨著經濟的增長,人均收入高於維持個人基本需要的部分越來越多,人們的風險承擔能力也就越來越強。例如,原始社會的人過著群體生活,是因為在當時狀況下個人的生產力非常低,人越多就越有保障;當生產力提高以後,就轉變為以家庭為單位進行生產勞動。在狩獵社會中,獵獲的野獸是不能夠儲存的,而農耕比打獵有更明確的預期,只要播種就會有收穫,風險大大減小,而且收成好的時候,剩餘的食物還可以留下來以作儲備。在狩獵社會中雖然有各種禁忌來防止成員偷懶,卻總有人仍舊不願勞動;而當轉變為家庭生產的時候,每個人對自己負責,「搭便車」的行為可以大大減少。個人承擔風險能力的變化導致原始共產主義社會逐步走向瓦解,變成後來的農耕社會。再如,就養老制度而言,由於農業社會中基本沒有社會保險,所以以養兒的方式充當保險;而現代社會有一些家庭選擇不生育,成為丁克(DINK, double income and no kids)家庭,是因為現在已經不需要用養兒的方式來養老。因為制度需求是變動的,有了新的制度服務,原來那些能夠提供服務的舊制度的價值就變小了。

6. 制度的變化有時候來自制度集合的變動

首先,制度集合的變動有一部分可能是政府政策的變動。例如,從20世紀50年代中期以後一直到1978年,中國農村的個體經營一直被壓制著,並不是農民不會進行個體生產,而是因為政府政策的限制。1978年政府的政策改變后,農民在短短幾年之內就變成了向個體經營的轉變。另外,與外界的接觸也可以導致制度集合的擴大。在研究一些非洲國家和東南亞國家的制度變遷過程中,學者們發現商販(traders)起的作用非常重要。在社會經濟比較落后的時期,不斷流動的商販對外部世界有更多的瞭解,他們到各地行商的時候會瞭解到許多有關外界的信息,當地人通過跟商販的接觸也可

以知道外面的世界還有眾多不同的選擇，從而擴大了他們自身可能的選擇集合。所以，有些保守者對商販非常反感，認為他們會「傷風敗俗」，因為他們改變了許多原有的制度安排。

中國唐代開放的環境與當時繁榮的通商關係有關，傳說大詩人李白祖上就是絲綢之路上的商旅。

四、制度變遷的方式

(一) 制度變遷的兩種方式

當一個社會的制度出現不均衡的時候，制度變遷可以促進效率的提高、社會財富的增加以及個人福利的增進。制度變遷分為兩種方式：第一種方式是自發性變遷（Spontaneous Changes）。自發性變遷的發生是因為出現了制度不均衡，制度變動可以帶來整個社會效率的提高。在研究自發性制度變遷的學者中，最著名的是諾貝爾經濟學獎得主道格拉斯·諾斯。他在研究歐洲歷史上的制度變遷及其原因的過程中，提出了效率假說的理論，即當一種制度的不均衡會導致效率損失的時候，制度變遷中會有自發的力量來提高效率，從而恢復到一個新的高效率的均衡水平。另外，日本學者速水佑次郎和美國經濟學家拉坦提出了誘致性制度變遷（Induced Institutional Innovation）的理論，用來解釋制度變遷的過程。第二種方式是強制性制度變遷。強制性制度變遷依賴於政府的強制力，即政府可以運用政治力量進行制度變革。

(二) 自發性制度變遷的案例

有一些案例可以用來說明上述自發性制度變遷的過程。

例如，速水佑次郎（1981）研究了一個制度變遷的著名案例。亞洲許多地區以生產稻子為主，土地歸地主所有。在泰國、菲律賓、印度尼西亞等亞洲國家都曾經有過一個關於水稻收割的制度傳統。當水稻播種和收割的時候需要大量的勞動力，而平時對勞動力的需求則相對較少。地主在水稻播種和收割時候通常會臨時雇用一些勞動力幫忙。按照傳統的分配體制，被雇用來割稻子的農民在完成工作後可以拿走所割水稻的 1/6 作為勞動報酬。這樣的傳統分配制度維持了相當長的時間。但是，當 20 世紀 60 年代「綠色革命」出現以後，這項傳統的制度安排發生了改變。隨著「綠色革命」的到來，農田單位面積的產量大幅增加，而勞動力的增長速度也非常快。在這種情況下，勞動力的工資本應下降，因為如果勞動力繼續取走收割水稻的 1/6，對地主來說就很不合算。這時出現了一些新的制度安排，主要表現為兩種形式。第一種形式是：勞動力可以繼續取走收穫的 1/6，但必須付出額外的勞動，例如在水稻插秧後還要進行除草的工作。速水佑次郎的研究發現，如果把除草的勞動投入加到總勞動中，獲得收割水稻的 1/6 作為工資報酬就與原來的分配方式基本相同，接近於市場的均衡工資水平。第二種形式是：地主將收割水稻的工作轉包出去，承包者再以市場價格雇用勞動力進行勞動，不再遵守傳統的 1/6 的規則。研究表明，這兩種情況下，地主所付的工資水平基本相同。在這個案例中，技術和經濟因素的變動導致了制度的相應變動，因此這種工資制度的變動方式屬於誘致性制度變遷。

在非洲也有一個例子可以用來進行說明。非洲有很多部落在近代仍保留著比較接近於傳統的原始公社的組織方式。因為非洲氣候干旱，耕作的產量不穩定，所以大部分部落都有集體生產的習慣，個人財產沒有明確的界定，類似於原始共產主義的生產方式。在非洲國家紛紛淪為西方國家的殖民地以後，殖民地政權雇用了一些當地人在政府機關工作。這些當地黑人變成了領工資的白領後，收入開始趨於穩定。在這種情況下，這些成為白領階層的當地黑人就不願再與原有部落裡的人共享自己的財產。由於這些白領黑人很難再回到部落裡與其他人共享財產，這就導致了原有的原始公社組織方式逐漸解體。原始共產主義社會是財產共享的組織方式，在防止風險上有其存在的必要性，所以沒有明確的財產界定；但當其成員獲得固定的收入後，這種制度安排就不再適用。

另一個值得關注的案例是中國1978年後的制度變遷過程。1958—1978年的20年間，中國農村唯一的生產組織方式是集體生產。集體生產的生產隊制度是在當時的社會主義意識形態下唯一被政府接受的制度安排。集體生產時人的生產積極性比較低，用當時的順口溜來形容就是「上工一條龍，到地一窩蜂，干活磨洋工」，幾乎沒有人願意積極勞動。不積極勞動產量就會下降，到最後每個人的收入都減少，所有人生活都非常貧困。比較有效率的組織方式是單家單戶的經營。家庭聯產承包責任制不是政府設計出來的，而是當時安徽鳳陽縣小崗村的村民自發創造出來的。1978年年底開始改革開放，意識形態有點兒鬆動。這給他們進行這種提高生產、增加每個家庭福利的制度變遷提供了一個機會，於是就率先行動起來。

按照小平同志的說法，中國的改革過程中有兩個意想不到：一個是家庭聯產責任制；一個是鄉鎮企業的異軍突起。鄉鎮企業是有點兒「三不像」——它不是私有制，也不是國有制，而是集體所有制。這種方式同樣不是政府設計出來的。20世紀80年代初農民看到城裡的很多生活必需品都非常短缺，有很多獲利機會，儘管當時不允許私有制，但集體所有制是能夠被接受的，所以他們就創造了以集體經濟為組織方式的工業組織形式，即鄉鎮企業。這也是一種很重要的制度變遷。雖然這種制度是一個過渡的形態，但即使是一個過渡的形態，它也是一種制度變遷，而且在當時的條件下推動了經濟的發展。

在經濟發展的過程當中，有很多制度變遷是自發的。看到一個獲利機會後，行為主體創造一個新的制度來推動經濟的發展，以獲得更大的經濟利益。但是一般來說，僅僅依靠自發的制度變遷很難實現最優的制度變遷，因為制度是人與人的互動，它不是一個人就可以決定的行為，而是一群人的行為。個人率先推動制度變遷要付出成本（這裡的成本包括組織成本，即說服其他人接受這樣一個組織安排的成本），而且還可能要冒點風險。這裡所說的「冒點風險」，可以用舉過的非洲白領階層的例子來講。非洲白領階層如果不讓他原來部落的人進城來與他分享財富，部落的人就有可能會說他進城之後道德敗壞了，原來那種共享的美德沒有了。當很多「道德敗壞」了的白領階層的人都這樣做了以後，大概就不會再有什麼風險。但是第一個這樣做的人，風險是相當大的，部落的人對他產生怨恨，並且有可能對他採取致命的報復性措施。倒霉的是第一個人，所以最好讓別人去當第一個人，讓別人去吃第一隻螃蟹，這就是制度變

遷上「搭便車」為什麼產生的原因。

在安徽小崗村的例子中，當時農民推動家庭聯產承包責任制的制度變遷也冒了相當大的風險。據安徽小崗村的一位生產隊長說，小崗村一直非常窮——自從出了朱（元璋）皇帝以後，十年倒有九年荒，一年當中有半年或三個月到外面去行乞。在20世紀七八十年代，姑娘們一般都不願意嫁給安徽出來的人，在部隊裡如果說是從安徽來的也會被人瞧不起。70年代的時候由於小崗太窮了，縣裡曾經派幹部到村子裡來幫助他們。村裡一共18戶人，縣裡派了17個幹部蹲點半年，結果半年以後縣裡的幹部也放棄了，因為他們感覺沒有希望。1978年秋，安徽鳳陽地區遇到了旱災，農民眼看收成要減少，估計按照這樣的收成狀況第二年春天會有饑荒，可能要出去行乞相當長的時間。在集體制度下，這些農民已經努力了二十多年，但生活狀況還是沒有改善，於是乾脆就單幹，把土地分到各家各戶，交給集體的提留和公糧也全都分到各家各戶。在「文革」期間單幹是資本主義尾巴，是要被割掉的，誰倡導單幹誰就是反革命，所以當時他們這樣做冒了相當大的風險。儘管1978年年底的十一屆三中全會承認搞了30年的社會主義沒有解決農村貧困的問題，也承認農村生產隊的集體生產方式效率不高，從某種意義上說這樣的承認為新的制度變遷提供了一個機會，但在當時的意識形態下人們對單幹還是有著恐懼心理的。當時農民寫有一份血書，血書上說，如果單幹被政府發現，生產隊長被抓去關起來槍斃，其他17戶就負責把他的孩子養大成人。血書現在已經成為歷史文件放到歷史博物館。

那一年鳳陽縣普遍減產30%以上，但小崗村在單幹以後不僅沒有減產反而增產了30%。一個增加30%而一個普遍減產30%，效果非常明顯。故事傳到當時的安徽省委書記萬里那裡，萬里感到奇怪，就到當地考察，問了幾句以後，生產隊長不得不老實招認自己犯了一個錯誤，即把地包到各家各戶。萬里同志是一個真正的社會主義革命家，他說社會主義革命就是要增加生產改善人民的生活，也就是后來小平同志所說的三個「有利於」。萬里告訴他們，只要能夠增加生產的就是社會主義。后來，萬里向小平同志匯報說，小崗村把地分到各家各戶後效果非常好，應該給予肯定。1980年，中央表示允許那些「吃糧依靠返銷、生產依靠貸款、生活依靠救濟」的「三靠隊」以及那些非常貧困的地區把地包到各家各戶，使得農民自發的制度變遷通過政策的支持得以固定下來。

(三) 政府與制度變遷

安徽小崗村的制度變遷是一個先出自自發，然后政府事后追認的過程。大部分人都是理性的，由於第一個來推動制度變遷的人至少要付出可能的成本，所以大家都不想去當第一個吃螃蟹的人。這樣一來，自發的制度變遷很難在速度上達到最優，以致在機會到來的時候沒有辦法把握住。因為制度是一種集體行動（Collective Action），是集體行為的決策過程，所以自發的制度變遷要想成功，通常必須有所謂制度企業家——一個社會裡的積極分子來推動。積極分子看到機會，然后花時間來說服其他人，或是自己冒一定的風險率先這樣做。制度企業家通常會付出一些成本甚至要冒一定的風險，因此往往需要有一定的報償。比如說他在政治上有所企圖，他做了好事，獲得

了一定的聲望,下次選舉或是下次政治變動的時候,他就會變成一個領袖。但是制度企業家是否會出現並沒有一定的規律。既然制度變遷本身是一個集體行為,就有可能出現所謂「搭便車」問題,那麼政府就可以發揮一定作用來克服這個問題。政府本身就是一個制度,但政府作為制度有它比較特殊的地方——它可以合法地使用暴力。政府可以規定哪種制度或是組織形態可以存在,社會中的單個人很難去反對政府的規定。當一個社會出現制度不均衡的時候,政府有可能會干預制度變遷的過程,從而推動某種制度的產生。但重要的問題是,政府到底有沒有這樣的積極性以及有沒有這樣的能力讓一個處於不均衡的制度安排恢復均衡。要弄清楚這個問題就必須研究政府到底是什麼,政府有沒有這樣的能力以及政府有沒有這樣的激勵。

對於政府的研究,傳統政治學者主要提出了兩種觀點:一種是政府主體說;另一種是利益集團說。這兩種觀點雖然有一些貢獻,但也有一定的局限性,尤其在研究發展中國家政府的時候常常會不適用。個人認為,研究發展中國家政府最適合的一種方式是領袖加上委託代理的理論。

政府主體說把政府看做一個主體,認為政府有自己的意志,可以像一個人指揮自己的手腳一樣指揮政府的各個機構按照它的意志來運行。這在傳統上一般是把政府作為一個人來研究,尤其認為政府有自己獨立的思想,假定政府認為它該怎樣做它就會怎樣做。因為政府作為一個有機體,理應有一個思想者來推動整個政府的各個機構運行。這種理論經常在政治學裡被採用。

利益集團說是由一些經濟學家提出來的。從 20 世紀 50 年代開始,公共選擇(Public Choice)學派的一些經濟學家,包括芝加哥大學教授加里‧貝克爾(1983)等,認為在一個社會中有各種利益集團,政府的行為是各種利益集團角逐以後的一種均衡。各種利益集團在政治的決策過程當中都有一定的聲音並能發揮一定的影響,這些聲音和影響相互之間可能會有衝突,最後達到一個均衡。公共選擇學派的這種說法與主體論的說法正好相反,它基本上假定政府沒有一個主導的意識決定要往哪邊走,政府決策只不過是各個利益集團間的相互制衡。他們把政府看做是一個黑盒子,黑盒子是利益均衡的結果。

這兩個極端學說對研究發展中國家都不適合。主體論對一些獨裁的國家也許還適合,比如說希特勒有非常大的個人魅力,納粹德國基本上完全是按照他的個人意志來運作的。公共選擇理論主要適合於研究美國、英國這樣的發達國家的政治過程。這些發達國家的政治過程確實存在所謂利益集團,比如議員參加選舉一般是依靠各個利益集團的支持,因此被選上的議員也只能代表利益集團的利益。

正如剛才所說,研究發展中國家最適合的理論應該是領袖加上委託代理的理論。不管在發展中國家,還是在發達國家,一般來說每個社會都有一個最高領導人。比如說,美國的最高領導人是總統。最高領導人一般都有一定的決策自由度,例如美國的政治制度雖然是三權分立,但是美國總統還是有一定的決策自由度,因此才會說克林頓總統的政策方向與布什總統的政策方向大有不同。要研究一個政府的行為,首先必須瞭解政府領導人的行為是怎麼樣的。但這與所謂主體論不太一樣,因為最高領導人需要很多官僚來執行他的命令,而官僚的利益和最高領導人的利益可能不完全一致。

比如說，最高領導人可能希望青史留名，但官僚一般不會有這種「奢望」，所以歷史如何評價並不會進入官僚的目標函數，或者即使存在目標函數但在當中也不是主要的目標。所以我們認為，要研究一個政府的行為，就必須從最高領導人的目標以及政府中多層委託代理的信息和激勵安排入手。

當一個社會出現制度不均衡的時候，照理說政府作為一個可以合法使用暴力的組織應該可以通過干預來使制度恢復均衡。從理論上講，政府確實有這個功能，但現實中看到的更多的是兩種情形：一種情形是原來的制度比較落後，而政府並沒有改進這種落後的制度；另外一種情形是政府超越了社會的制度變遷或是經濟發展階段來干預社會經濟。這兩種情形都屬於政府的失敗。大多數政府干預都是不成功的，在此引用諾貝爾經濟學獎獲得者阿瑟·劉易斯（Lewis, 1955）在《經濟增長理論》裡的一段話：「任何一個經濟發展非常成功的國家背後都有一個非常明智的政府，但更多的可以長篇累牘來寫的是，那些不明智的政府對經濟干預的失敗造成的整個經濟發展的停滯或衰敗。」

（四）政府干預失敗的原因

從領袖加上官僚的委託代理的理論體系出發，可以把政府干預失敗歸結以下原因：

（1）統治者個人的效用與社會的效用不一致。我們這裡的討論基本上是從一個社會經濟發展的角度來看制度變遷。有變化、有增長才會有發展。技術變遷了就要改變組織形態，讓技術變遷的效率得以發揮；收入增加了就要改變收入分配的方式，讓收入得到更好地分配。這才是最優的制度變遷，所謂有效的制度變遷指的也正是這樣。但領導者個人並不一定追求社會財富的增加。首先，任何一個國家的領導人，即使是非洲窮國的領導人，他的生活大概也都非常好，所以國家財富的增加並不會導致領導人個人財富增加很多。其次，領導人首要的目標是鞏固自己的政治權力。領導人為了不失掉權力而維護社會穩定，為了維護社會穩定而推動經濟發展，這是一種好的情形；但領導人為了鞏固和加強權力也可能導致社會發展的失敗，這是一種壞的情形。最後，領導人還有可能關注的一個主要目標是「名垂青史」，而這一目標也可能與社會福利最大化的目標不一致。

以一個具體的例子來說明。菲律賓原是美國的殖民地，第二次世界大戰之后取得了獨立。在20世紀五六十年代，菲律賓被認為是亞洲地區除了日本之外最有希望的一個國家，菲律賓的貨幣比索是亞洲的硬貨幣，僅次於日元。在馬科斯總統之前沒有人連任過菲律賓的總統，馬科斯上臺之后為了鞏固自己的政治地位，就在70年代初開始建立自己的利益集團。他壟斷了很多產業，然後把壟斷利潤分給他的親友以及在政治上支持他的人，最終形成了一個經濟實力非常強大的利益集團。競選總統需要高昂的花費，而馬科斯控製了國家的經濟命脈，最終成為菲律賓歷史上第一個連任的總統。按照當時憲法總統只能連任兩次，因此他就在1978年以共產黨叛亂為名，宣布戒嚴，戒嚴后憲法廢止，這樣他就前后當了17年的總統。也就是在這17年當中，菲律賓變成了亞洲最落后的國家之一。

另外，如果領導人關心個人的歷史地位和國際地位，他就很可能強化軍事力量去支持其他國家或是干預其他國家內政。從某種程度上說，當時的伊拉克總統是為了追求歷史上的地位，才加強軍備力量吞並了科威特。但是加強軍備力量的大部分投資並不能增加財富，所以這種行為妨礙了經濟發展。因此，政府的政策固然會有一定的自由度，但是自由度不一定用來真正地推動社會的制度變遷以及經濟發展，因為領導人自己的利益與整個社會的利益並不完全一致。

（2）政府領導人希望進行推動社會進步的改革，但是迫於政治生存的壓力不能施行。一個領導人需要面對統治正當性（legitimacy）的問題。統治正當性指社會大眾接受統治者，認為統治者的統治是合理的。在發展中國家，正當性並不完全依靠法制來規定，而是更多地依靠領導人的威信，依靠他的決策方向能否得到社會大眾的普遍認可。通常領導人為了樹立威信用一套意識形態來強化他的領導地位，但他所倡導的意識形態不一定適應社會進步的需要。而即使他所倡導的意識形態不適合社會需要，通常在他的執政時期也很難改變，因為改變意識形態就等於放棄其統治的合法性。領導人明明知道意識形態要改，但為了自己的政治生存也不能去改。意識形態不改，很多制度安排也就改不了。

（3）政府最高層的決議有時還會與官僚階層的利益相違背。政府是一個多層的委託代理，即使領導人的利益與社會進步的利益是一致的，領導人所倡導的意識形態也適應社會進步的要求，他也必須依靠官僚階層來推行社會變革。官僚階層都有自己的利益。例如原來的計劃經濟給了官僚很多權力，包括在物質分配上的權力、在定價上的權力、在市場准入上的權力等。這些權力都可以通過尋租變成官僚的金錢收入。如果往市場方向變革，儘管對社會來講肯定是進步的，但這些官僚的利益則會受損。因此從計劃向市場的過渡從全國的角度來講是好的，從最高領導人的角度來講也是好的，卻不一定會得到官僚的真心擁護而得以順利推行。這是政府為什麼在發生制度不均衡的時候可能不一定會真地按照社會最優的方式來推動制度變遷的第三個原因。

（4）按照公共選擇學派對政府行為的解釋，政府政策完全是利益集團角逐的結果。越是在發展中國家政府的領導人的自由度越大，領導人在發揮這些自由度的時候也就越要依靠一些利益集團的支持。

前面都假設領導人作為最高領導者基本上清楚地知道社會需要什麼樣的制度變遷，但現實中的領導人並不完全理性，有時候他們並不能清楚地認識到什麼樣的社會制度安排最有效。畢竟，即使是最高領導人，他的社會科學知識也可能相當有限。在這種情況下，如果領導人的決策是正確的，那毫無疑問是好事情；一旦領導人決策發生失誤，就會由於他個人的原因給國家和社會帶來比較大的損失。這一點在集權國家更容易出現。

社會科學在相當大的程度上是可以分析出什麼樣的制度安排是比較有效的。舒爾茨在研究了工業革命以後歐洲的重大社會變革後發現，巨大社會變革的背後通常有社會思潮的推動，但是多數的社會思潮並不正確。這在蘇聯和東歐的改革中可以看得很清楚。當時國際學術界的共識以及蘇聯與東歐內部的共識是使用「休克療法」，但是這樣的共識推行起來的效果卻很差，原因是現代社會科學知識本身是有局限的。新古典

經濟學對市場經濟發達的國家的現象有相當強的解釋力，但是對轉型國家的解釋力就比較差。轉型國家經濟中出現的問題與發達國家的問題雖然在表面上看有類似的地方，但實際上背後的機制並不完全一樣。由於社會科學知識的限制，最高領導人有可能一心想做好事結果卻南轅北轍。就葉利欽而言，相信他是希望俄羅斯變好的，但他推行「休克療法」的結果是把俄國的 GDP 在很短的時間內減少一半。根據經濟學家斯蒂格利茨的研究，1989 年俄羅斯的經濟規模比中國高出 1/3，但是到了 1997 年至 1998 年，中國的經濟規模反而比俄羅斯高了 1/3。葉利欽絕不是有意要推行「休克療法」把俄羅斯搞垮，而是在有限的社會科學知識條件下懷抱好的願望卻得到了壞的結果。歷史的經驗證明，主流的、有共識的思潮未必是完全正確的。

制度本身有兩個層次：一個是組織的層次；另一個是價值和精神的層次。比如，在組織層次上，政治上的三權分立是一種用憲法規定下來的正式的組織形式，但是其他國家採取三權分立的組織形式是不是能像美國和英國那樣發揮三權分立的效果，還取決於社會的每個參與者有沒有民主和法治的精神，取決於這個社會中的個人是否能夠很好地理解並遵守民主和法治的遊戲規則。比如，誰當選上總統我就主動遵從誰的行政力量；司法部門判定總統違法，總統就得下臺。

民主和法治的精神在不同的國家是不一樣的。根據諾斯的研究，如果從正式的組織層次，比如從三權分立的組織層次來看，憲法在北美與南美是一樣的，沒有什麼差別。但是南美的某些國家沒有民主和法治的精神，其軍隊不一定服從民選的總統，所以很可能發生政變。而軍隊領導人政變上臺以後一般老百姓也並不反對他，他可以慢慢坐穩那個位子直到當上總統。而美國的一個將軍如果要政變，就沒有人會跟隨他，他即使可以把總統暗殺掉自己也絕對不能當上總統。所以，在這裡民主與法治的精神就不相同。

既然民主和法治的精神不同，相同的組織不一定發揮相同的作用，那麼哪種組織最有效率、最能推動整個的社會發展進步就不太清楚。在一個社會裡有效率的組織在另外一個社會裡不一定有效率。政府能改變正式的組織，例如推行民主選舉、三權分立，但是對於精神層次的東西政府則只能倡導，沒有辦法硬性規定每個人都必須從心底接受政府倡導的這種精神。打個比方，倡導民主是好事，但是如果倡導民主的人對任何異議都堅決不予接受，那麼他自己首先就不一定那麼民主。倡導民主精神是很困難的事情，不是說政府有這樣的意願或是社會精英有這樣的意願就能夠實行。

總之，自發的制度變遷可能不是最優的，政府可以扮演一定的角色，但是由於以上種種原因，政府在干預的時候失敗的概率會很高，好心干壞事的情況時有發生。政府是由人組成的，這是研究政府的任何學說都無法否認的事實。人非聖賢，做錯事也就在所難免。現實世界的事情千頭萬緒，經濟社會的利益千差萬別，行錯一步就可能滿盤皆輸。雖然不能完全否定政府干預的作用，但至少可以確定的是政府干預絕不是包治百病的良藥，領導人在作出干預決策之前，必須考慮到多種因素。

（五）小結：自發性與政府強制性制度變遷的結合

一種有效的政府強制性制度變遷方式是以自發性的制度變遷作為基礎，這樣的制

度推行的過程會更加順利。家庭聯產承包責任制的推行就是這樣一個過程。它是安徽小崗村的老百姓最先創造出來的，農民看到制度存在不均衡，發現個體生產能夠提高產量以及增加每個人的福利。政府剛開始是反對這樣的自發制度變遷的，后來看到變遷在實際中行之有效，按照小平同志后來講的三個「有利於」標準，才予以肯定，允許在全國各地推動這項改革。如果沒有自發性的基礎，僅僅由政府和社會精英來推動，那麼通常只能是以行政命令的方式，而不是用法律的手段把組織層面建立起來，即使在組織層面建立起來，如果沒有配套的價值觀和意識形態，也很難發揮應有的作用，結果往往會以失敗告終。

第二章　中國古代近代經濟的歷史演變

第一節　中國古代經濟的演變

中國經濟歷史時期的劃分，在理論界不盡一致。史學界一般把中國原始社會到封建社會后期這一漫長經濟階段劃分為遠古時期中國經濟、封建社會前期中國經濟和封建社會后期中國經濟這三個不同的經濟時期。為敘述方便，我們暫且把鴉片戰爭前的中國經濟統稱為中國古代經濟。我們的重點是分析研究中國歷史上建立第一個奴隸制王朝的夏朝（公元前21世紀—公元前6世紀）到清朝中后期（公元1644—1840年）這一歷史時期的經濟狀況和特點。其間經歷奴隸社會形態和封建社會形態，延續了3,500多年。這是一個大跨度的古代經濟發展階段。

在這一漫長的中國古代經濟時期，儘管其中發生過無數次大大小小的戰爭和動亂，特別是戰國時期的長期戰爭和秦末農民大起義，經濟發展也經歷不少挫折和曲折，但總體上是處於經濟發展的上升態勢。在農業、工商業及政治、軍事、教育、科技等各個領域取得了突破性成就，出現幾個盛世時期，並長期處於世界領先地位。

一、中國在古代就成為世界上的農業大國

農業的出現是人類改造自然的一個巨大成就。中國古代農業的起源有很多傳說，諸如神農發明了農業、黃帝發明了農業、烈山氏（或厲山氏）發明了農業等，這些傳說都表明農業在中國歷史悠久，是中國人民發明了農業。據考古資料顯示，在距今6,000~7,000年時期，中國古代農業已形成北方與南方兩個起源區。在北方起源區，有以中原地區為核心的旱地農業；在南方起源區，有以長江中下游地區為核心的水稻栽培農業。生活在這兩大區域的氏族部落都適應了當地的自然條件，在漫長的勞動過程中，逐步形成古代農業生產體系。在漢代，傳統農業以精耕細作為特徵，並初步構建了中國古代傳統農業社會的經濟體系。大量歷史資料表明，中國在很久的古代就已成為世界上的農業大國。

（一）土地制度的發展過程

在傳統農業社會中，「土地是財富之母」。因而，土地就成為傳統農業乃至整個經濟的核心問題。中國古代土地制度有一個發展過程。在夏代，沿襲原始社會解體后殘存於奴隸社會的氏族公社所有制。氏族公社的土地分為「份地」和「共有地」。「份地」是氏族成員獨立耕種的土地，「共有地」是氏族成員共同耕種的土地。「共有地」

收穫以貢納的形式繳納給酋長，此稱為貢賦制度。這個「份地」和「共有地」是其后實行的井田制的雛形。在商代，奴隸主把土地畫成「井」字形，分為「私田」和「公田」，這是由夏代的「份地」和「共有地」演化而來的。「公田」收穫全歸奴隸主，這種土地制度稱為井田制。井田制是奴隸社會的土地制度，促進了農業的發展。在公元前 300 年的春秋戰國時期，隨著奴隸制的瓦解，封建社會逐步建立，建立地主土地所有制取代井田制，土地私有權開始形成。到公元前 216 年，秦朝（秦始皇三十一年）頒布命令，承認土地私有權。在漢代，國家將「公田」賞賜給貴族官僚，分配給貧民，加速土地私有化進程。漢代以后，土地產權完整性受到國家的干預，但在不同朝代對地權干預形式和強度是不同的。西漢至六朝的統治者對地權干預較弱；北魏創建「均田制」，對土地佔有規模及其買賣實行比較嚴格的控製。唐朝中葉以后，隨著「均田制」的崩潰，統治者採取「不立田制」「不抑兼併」的政策，使土地私有產權更趨完整。粗略地說，土地私有權成熟後，在大部分時期內，全國耕地的一半為地主階級所有，另一半為自耕的小農家族所有，地權分佈相當集中。到鴉片戰爭前夕，土地集中程度有所提高，地主佔有耕地高於一半，自耕農擁有的土地則不足一半。地主土地和自耕農土地兩者的比例此消彼長，反應了私有土地在傳統農業社會中由於豪紳的巧取豪奪、土地買賣典當、土地的繼承和戰亂及戰亂后國家政權對土地的重新分配等機制作用而造成的平均程度或集中程度。

（二）土地經營

土地是農業生產經營的重要條件。在中國傳統農業社會中，農業生產經營一直以家族或農戶為基本單位，經營規模很小。一般每個農戶僅經營 10～20 畝（1 畝 = 666.667 平方米，下同）土地。在農民與地主的關係上，在東漢至六朝時期是大量佃農依附於地主。除此之外，到鴉片戰爭前夕，絕大部分農民都有人身自由，農民與地主的關係主要是佃農關係，具有人身依附關係的農奴制以及接近現代社會經濟關係的雇傭制較少。佃農與地主之間經常有鬥爭，其結果在一些地方出現了永佃制。佃農租種地主的土地，需要向地主繳納地租。在中國傳統農業社會中，地租有勞役地租、實物地租和貨幣地租三種形態，但以實物地租為主，地租率較高，有些地區地租率高達 70% 以上，這是中國傳統社會的一個突出特點。雖然中國傳統農業以家庭為單位經營，即為小農經濟，但農民家庭之間也開展某種交往和合作。儘管交往與合作的頻率、程度及規模很小，但對現代化過程中超出家庭規模的組織形成及其形式的選擇具有重要意義。

（三）人口與耕地矛盾

在傳統農業社會中，人口與耕地矛盾也是存在的。在明代以前由於朝代更換、災荒戰亂等因素作用，對於人口實際狀況難以統計，但到 16 世紀的明萬歷年間，多方估計中國人口約有 1.5 億。明末由於遭受內亂天災、戰爭殺掠等破壞，人口銳減。在清初，官方統計全國人口為 5,000 萬，實際為 1 億左右。后經過半個多世紀的「休養生息」，特別是在康熙五十一年（1712 年）實行「滋生人丁，永不增賦」以及雍正年間實行「攤丁入地」等改革後，人口有所增加。根據清代官方統計，到乾隆二十七年

（1762 年）人口已突破 2 億（20,047 萬人），到乾隆五十年（1790 年）人口已突破 3 億（30,148 萬人），到道光二十年（1839 年）人口已突破 4 億（41,281 萬人）。與此同時，中國在歷史上由於改朝換代以致耕地荒蕪，官方土地統計漏失較多。據歷史記載，明萬曆年間全國耕地約有 7.4 億畝，到清初僅為 5 億多畝（近 6 億畝）。此後清政策採取各種措施，鼓勵開墾荒地，全國耕地一直保持 7 億～8 億畝。據估計到鴉片戰爭前夕，全國實際耕地面積約為 10 億畝。可見，從清初到鴉片戰爭前夕，人口大體從 1 億增加到 4 億，而耕地面積從 6 億畝增加到 10 億畝，人均耕地從 5 畝～6 畝下降到 2 畝多，耕地增長速度大大慢於人口增長的速度，人口與耕地的矛盾非常突出。

(四) 提高農業生產技術水平

在傳統農業社會中，解決人多地少的矛盾，在很大程度上得益於農業生產技術水平的提高。農業生產技術水平提高，主要表現在工具的改進上。大約在 5,000 年前，中國人結束石器時代，出現煉銅技術。大約距今 3,000 年前的西週末年和春秋早期，中國就出現了鐵制工具，並用於農業生產。考古發現，春秋早期的黃河流域就有銅柄鐵劍，長江流域就有小鐵鍤。這些鐵器既有鍛鐵，也有鑄鐵。到春秋末年，冶煉技術有進一步提高，戰國時期發現和開採的鐵礦也不少。由於鐵礦出現，冶煉技術發展，鐵制工具使用越來越多，推動了農業技術的進步。中國古代農業的一個劃時代變化，就是牛耕的出現。史料證實，大約在公元前六七世紀之間，鐵制工具使用不久，牛就被廣泛地用作耕田的畜力，使中國古代農業告別「刀耕火種」時代。在漢代，以精耕細作為特徵的生產技術已相當成熟。當時農具方面已發明使用類似於近代的犁，並出現了最早的條播機——耬車。在清代，雖然繼續採用古時的單畜輕犁的工具，但已有改進。如熟鐵製造、生鐵淋口的鋤、鐮等農具已很普及。在農作技術上，漢代已出現合理利用土地肥力的代田法和區田法，施肥、保墒、除蟲和選種技術已相當先進。到了清代，生產集約化有了發展，平均每個勞動力耕地面積縮小，在早已形成耕、耙、耖、滾的基礎上更多地採用間種、復種、套種、轉耕等方式，肥料種類有所增加，單位耕地施肥量和投入種量也有所增加。隨著公元 9 世紀（唐代）之後經濟重心從北方向南方水稻種植區的轉移，農業技術有進一步提高。在 11 世紀初（宋代）已引進新的水稻品種，耕作制度進一步改進。在 13 世紀中國開始廣泛應用科學保護農業方法，比英國還早 5 個世紀左右。同時，鐵制工具的使用和其他工具的發展，也給興修水利、改善灌溉、排澇等提供了便利。農業水利工程建設進展很快。據記載，在春秋時期就興建了不少水利工程，到 18 世紀，水利工程就達 800 多項，並形成北方鑿井灌田，南方採用水車灌田的情景。清政府主持修建大規模水利工程，特別是治理黃河、淮河，在很大程度上減少了水患。到鴉片戰爭前夕，全國農業灌溉面積已達 2 億畝。

由於歷史上土地制度的變遷、農業生產經營的變化、生產技術和生產水平的提高，以及農業賦稅負擔的減輕等多種措施的實行，中國農業於 11 世紀在世界上就佔有重要地位；到 13 世紀，農業生產力水平是世界上最高的。從清初到鴉片戰爭前夕，全國糧食總產量由 600 多億斤增長到 2,000 多億斤，平均畝產由 100 斤左右增長到 200 多斤，基本維持了人均 500 斤，以有限的土地解決迅速增長的人口生存問題，在世界上也是

不多見的。

二、工業有了迅速發展

馬克思說：「超過勞動者個人需要的農業勞動生產率，是一切社會的基礎。」這就告訴人們，能夠提供剩余產品的農業勞動生產力是一切剩余勞動的基礎，也是國民經濟各部門賴以建立的基礎。

農業生產工具的改進，使農業生產力獲得很大提高，促進了手工業的發展。春秋時期的手工業分為官府手工業和民間手工業兩大體系。官府手工業規模大，掌握了禮器、兵器、樂器等重要鐵銅製品的生產，各國設有工匠、工師、工尹等官吏，從事手工業管理，並羅列出具有一定技術專長的庶民，工藝分工也很細，有土工、金工、石工、木工、獸工和草工等。社會生產的發展對鐵製工具和生活用品的需求擴大，使民間手工業也悄然興起。民間手工業者從事日常生活及生產工具的製造，自產自銷，市場興旺。同時，在春秋時期，由於各地的資源、人才、技術及工藝等不同，手工業也形成明顯的地區分工格局。《考工記》上就記述了這種分工情況：「鄭之刀，宋之斤，魯之削，吳越之劍，遷乎其地……」表明這些國家在某種產品上具有優勢，非常出名。

鐵的使用是工業發展的基礎。在商朝，中國古人對鐵就有認識，當時人開始使用隕石制成的鐵器（隕鐵）。中國古代勞動人民早就發明冶煉鐵的技術，到春秋末期，冶鐵業已形成一定規模。在戰國時期，冶鑄生鐵的技術進一步提高，鐵器使用更為廣泛，鐵製工具在戰國中期已占農業生產的主導地位。在三國時期，西晉末年北方人南徙增多，一方面補充了南方的勞動力，另一方面又帶來比較先進的生產工具和生產技術，促進了南方經濟尤其是紡織業的發展。他們習慣於絲織服飾，使江南絲綢織造業迅速興起，南京生產的黑綢直到近代仍馳名中外。在隋唐五代時期，手工業規模擴大，不僅絲織、染色業在發展，而且造船、制瓷、水力磨粉、印刷、造紙、制糖業等都有發展，在較大城市都有相當種類的手工業作坊。在唐代，已出現獨立的機織業者。在宋元時代，紡織、制瓷、造紙、印刷、礦冶等手工業有了顯著進步，絲綢機織業者比唐代發展更多，瓷器工藝提高，使用普及，印刷相當精美並發明膠泥活字版、鉛制活字版和木刻活字版。印刷技術水平提高，促進了文化傳播和造紙、出版業的發展，甚至為紙幣的產生提供了條件。活字印刷和造紙技術是中國四大發明的內容，對世界具有巨大影響。

到明清時期（清朝早期），手工業的生產技術更加進步，分工更細。在各種手工業品中，最重要的是各種紡織品。棉紡織業在明代已成為普遍的家庭副業，並脫離農業而獨立。與以前朝代相比，明清兩代手工業有很大發展，它的商品化程度比農產品也有一定提高。甚至在一些地方，出現紡紗與織布的分離，有的只紡不織，專門賣紗，有的則只織不紡，專門賣布。江南一帶棉紡織業成為當地主業。

中國古代工農業生產技術水平提高，表明中國科學技術的發展。據研究中國科技史的著名美國學者及其合作者研究證實，除近兩三個世紀外，歷史上中國絕大多數的主要科學技術一直領先於西方國家。中國的火藥、指南針、造紙術和印刷術這四大發明也令西方學者嘆為觀止。

三、商業的迅速發展

農業、手工業的發展，促進了商業的興起和發展。古代中國在神農氏時就已有商品交換，商代的商業已有一定發展。史家認為商業的「商」源於商族的「商」，說明商族人善於經商。這表明距今4,000多年前中國就有商業活動了。

西周時期，雖然重農，但沒有抑制工商業發展。《史記·貨殖列傳》引《周書》中「商不出則三寶絕」一句話，肯定了商業是社會必需的。周文王曾「告四方旅遊」，這裡「旅遊」包括商人，要對商人提供交易方便。西周時期存在民間交易活動，相互交換一些日用品。

春秋戰國時期，隨著社會生產力的發展、冶煉技術的提高以及鐵制工具的使用，商品交換日益普遍，出現從商的職業。為了發展商業，春秋時期的一些國王實行「通商惠工」「通商寬衣」政策，突出通商。為了通商，還保護商人利益。儘管當時商人地位低下，但因為社會需要和有利可圖，不僅出現一些大商人，而且一些身居顯位的卿相也開始經商。據《史記·貨殖列傳》記載，曾擔任越國大夫的範蠡，在越來吳後就棄官經商，到其子孫，已達到了「富世萬」。又據《戰國策·秦策五》記載，秦國的呂不韋，原是一個做珠寶生意的商人，他認為做珠寶生意盈利只能「百倍」，而「立國家之主」可盈利「無數」，於是他靠經濟實力，進行政治投機，出任秦之相國，封為文信侯，一度掌握秦國大權。商業興盛，使市場擴大，商品繁多，城市也相應發展。春秋前期都城不大，國都方圓900丈（1丈＝3.333,3米。下同），卿大夫的都邑大的300丈，小的也有百余丈，而到春秋后期特別是戰國期間城市擴大，人稱「三里之城，七里之郭」，成為商賈之集、貿易繁盛的商品交換中心。

在春秋戰國時期，還開創了中國與西部地區貿易往來的歷史。當時秦始皇修通了從京城咸陽到西部地區的馳道，既軍用又進行貿易。為解決西北邊陲之憂，漢武帝當時決定開展一場攻打匈奴的戰爭。作為戰爭的準備，漢武帝兩次派遣他的侍從官張騫出使西域。張騫第一次出使西域，雖未能實現聯合西域大國大月氏共同參與對匈奴的計劃，但瞭解到西域諸國的不少情況。第二次出使西域，張騫順利到達西域的烏孫國，並派副使到西域的諸旁國，宣傳中原與西域各國友好相處、互通有無的必要性，取得巨大成效。西域諸國紛紛派遣使團回訪漢朝，回國后向國王宣傳長安的繁榮和西漢的強大，要求與漢朝發展友好往來和貿易關係。中西貿易由此發展起來。張騫兩次出使西域，開闢了中國古代中原地區與西域（包括新疆、中亞和古希臘、羅馬）的陸上貿易通道。由於養蠶繅絲、織造絲綢是中國勞動人民的發明創造，久負盛名，古羅馬貴族又十分喜好中國的絲綢，稱中國為「絲國」，中國對西域貿易的商品又以絲綢為主，所以張騫通西域開闢中西交往的貿易通道，也被稱為「絲綢之路」。絲綢之路是中國古代規模最大的陸上對外通道，它對中國與西域地區的文化交流和商業貿易做出了巨大的貢獻。

從東漢末年起，由於社會處於動亂、分裂狀態，中國古代經濟出現總體上下降的歷史趨勢，但在某些地區也有新的發展。東晉統治的東南地區沒有受到戰火破壞，有利於經濟發展。特別是「永嘉之亂」后，北方移民帶來了中原地區的先進文化和生產

技術，大大加快了江南地區的經濟開發，使江南地區經濟趕上和超過中原地區，商業隨之蓬勃發展，一批商業都市在各地出現。當時的建康（今南京）成為江南地區政治經濟文化中心，刺激這裡商業繁榮。許多都市店鋪連毗，成為大大小小的商業中心。中國同南海之間的商業貿易也在興起和發展，廣州成為南海貿易的大港口。

在唐朝，特別是在「貞觀之治」后，出現了一個多世紀的社會穩定、經濟發展。這一時期，農業、手工業的發展和人口的增加，促進了商業繁榮，全國出現都市經濟。其中，長安、洛陽、揚州和益州（今成都）均為著名的大都市。如長安在唐朝中期成為中世紀世界第一大都市，富商大賈雲集，商業十分繁榮，全國各地絲綢商品在長安集散，不僅沿絲綢之路到西亞、歐洲開展貿易，而且中亞、西亞、歐洲等商人到長安來，形成頗具規模的國際貿易中心。

史料表明，中國資本主義萌芽開始於明代中后期（15世紀后）。資本主義萌芽的一種顯著表現，是江南地區商業活躍，處理生意越做越大，商業資本進入生產領域。鄭和（1371—1434年）下西洋推動了海外貿易的發展。明朝初年，國勢強盛，明成祖朱棣決定派遣鄭和出使西洋。1405—1433年鄭和先後七次下西洋，歷經28年，大大加強了中國與南洋的經濟貿易和文化聯繫，暢通了海洋航路，對中國經濟發展做出了重要貢獻。

在清朝康乾時期，商業貿易空前繁榮。與明代相比，出現了穩定的商人階層、中小城市和農村集鎮、商業資本進一步滲透生產領域以及對外貿易等新發展。

商業的發展促進了貨幣的發展。春秋時期的貨幣有銅、金、銀、布帛等，生產銅鑄幣。到戰國時期，不僅沿用春秋時期的貨幣，而且黃金的使用量大增，出現金版貨幣，珠玉、龜貝、銀錫等也具有貨幣性。秦統一國家后，秦始皇統一幣制，將貨幣分成黃金（為上幣）、銅錢（為下幣）兩等，珠玉、龜貝、銀錫屬為器飾寶藏，不再為幣。唐代改革錢幣的名稱，改錢文為「開元通寶」；絹帛仍起貨幣作用，白銀的貨幣性加強，雜貨也可用作交換媒介。五代十國期間，錢幣流通十分混亂。在宋、金、元各朝代，貨幣除用銅、鐵錢外，還使用紙幣。最早的紙幣是四川交子，產生於北宋。宋、金、元的紙幣都有過穩定流通的時期，后來由於用它來彌補財政赤字，造成通貨嚴重膨脹，以失敗而告終。到明清時期，實行以白銀為主幣、以銅錢為輔幣的貨幣制度。自明后期起，隨著對外貿易的發展，歐美國家用銀來平衡與中國的貿易逆差，使外國銀元流入中國並加入流通。在清朝，除使用銀元外，小額支付和交易還使用銅錢。

四、中國古代出現的「四個盛世」

繼秦始皇統一中國建立第一個中央集權的封建王朝后，劉邦於公元前202年建立中國第二個中央集權的封建王朝，史稱西漢。西漢初期，對北方匈奴採取「和親」政策，在全國推行「與民休息」的經濟政策，加快了經濟發展。特別是在西漢前期的「文景之治」，即漢文帝和漢景帝統治時期，先後貫徹和發展了漢高祖劉邦制定「重農、輕賦、以儉治國」的三大政策，促進經濟進一步發展。西漢經濟、社會發展出現近200年的穩定、繁榮景象，被稱為「西漢盛世」，也是中國歷史上出現的第一個「盛世」時期。

中國古代經濟在隋唐、五代十國、北宋和南宋等朝代，雖然發展跌宕起伏，但也出現過盛世時期。公元618年，隋唐李淵（唐高祖）起兵在長安建立唐朝后，在中國古代延存288年，傳位23個皇帝，是中國社會處於「盛世」的一個王朝。特別是第二代皇帝唐太宗李世民的「貞觀之治」，是被史學界倍加稱讚的時期。李世民「以史為鑒」，注意調整和改善君民、君臣之間的關係，收到很好的效果。在他統治的23年中，經濟繁榮、社會安定，把中國經濟推向一個新的高峰。當時國民生產總值居世界第一位，是歷代王朝最強盛的一個朝代，世界許多國家派人到中國留學。這一時期，被人們稱為中國歷史上第二個「盛世」，被列寧稱為「中國具有中世紀的文明與輝煌」時期。

從元朝到清朝中后期的鴉片戰爭（1840年）前為止，中國歷史又出現長達600多年的經濟發展時期。公元1368年朱元璋建立明朝，在朱元璋及其子朱棣領導的永樂時期，由於獎勵墾荒、實行屯田、進行水利建設，還提倡以紡織為原料的生產，加上社會穩定，明初的農業發展很快，工商業市鎮繁榮，出現了資本主義萌芽。太祖、惠帝、成祖、仁宗、宣宗統治的60多年間，明朝政權比較鞏固，經濟比較發達，人們稱這一時期是中國歷史上第三個「盛世」。

在1636年建立的清朝統治前期，國家統一，各民族交流加強，為經濟發展提供了條件。特別是在康熙（1662-1722年）、雍正（1723-1735年）、乾隆（1736-1795年）三代皇帝統治的130多年間，經濟社會發展到極盛。到乾隆末年，人口達3.1億，占世界人口的1/3；農業、手工業、貿易和城市等方面發展很快，經濟總量超過了英國，居世界第一；對外貿易長期順暢。這一時期，形成中國歷史上第四個輝煌盛世，被人們稱為「康乾盛世」。

第二節　中國近代經濟的演變

從1840—1949年中華人民共和國成立前的110年間，中國經濟在經歷「康乾盛世」后出現了總體上下降的態勢。這是西方列強侵入給中國造成半殖民地、半封建社會所帶來的結果。

一、西方列強侵略改變了中國在世界格局的地位

在中國古代經濟發展中曾幾次出現經濟發展的盛況，並長期處於世界領先地位，還出現資本主義萌芽。但是，中國的資本主義萌芽在傳統農業社會內長不大。而西方於14~15世紀出現的資本主義萌芽卻逐步發展，16-18世紀開始從封建制度向資本主義制度轉變，18世紀后半期確立資本主義制度，並開始產業革命。正當「康乾盛世」把中國封建帝國大廈建設得輝煌極致的時候，西方國家的產業革命迅速發展，生產力水平有很大提高。正如馬克思、恩格斯指出：「資本主義在它不到一百年的階級統治中所創造的生產力，比過去一切時代所創造的全部生產力還要多、還要大。」生產力發展把西方資本主義推向帝國主義的歷史發展階段。同時，西方列強不擇手段地向外擴張，

到20世紀初，它們已將世界瓜分完畢，處在殖民地統治下的落後國家和民族只能任其宰割。

中國是深受其害的國家。從1840年開始，英國等帝國主義利用堅船利炮打開了中國大門，同中國簽訂許多不平等條約，使中國陷入半殖民地、半封建國家。中國在百年前曾是世界經濟強國，但到清朝後期，由於清政府腐敗無能，經濟下滑，同西方相比，經濟實力已出現很大懸殊。1840年，英國人口約2,000萬，年產生鐵140多萬噸，人均約53公斤（1公斤=1千克，下同），煤產量達3,500萬噸，修建鐵路1,350公里，擁有年消耗5.28億磅（1磅=0.453,6千克，下同）（合480萬擔）（1擔=50千克。下同）機器生產的原棉紡織工業。而中國當時有4億多人口，全國鐵產量只有2萬噸左右，人均0.05公斤，煤只有少量開採，鐵路沒有，紡織業以家庭手工業生產為主。1840年後西方列強的侵入，使中國經濟更是一落千丈，走向衰退，中國成為世界上貧窮落後的國家。

（一）近代工業發展緩慢

這一時期工業發展直接受西方衝擊。到1911年，全國共有近代工廠615家，資本總額為23,258萬元。其中，中國人辦的工廠為521家，資本為13,232萬元，占資本總額的56.89%；民營工廠419家，資本為8,855餘萬元，占資本總額的38.07%；官辦或官商合辦的工廠66家，資本為4,377萬元，占資本總額的18.82%；外資工礦94家，資本為7,247萬元，占資本總額的31.2%；中外合資工廠36家，資本為2,753萬元，占資本總額的11.84%。就是由中國人興辦的工業企業也是在西方直接影響下創辦經營。

（二）交通郵電發展艱難

至1911年，中國共修築鐵路21條，總長度為9,618.4公里。其中，由清政府借用外資技術和設備、由中國人經營的鐵路有13條，長度為5,192.78公里，占總長度的53%；由中國民間集資或由私人投資興建、自主經營的鐵路有4條，長度為666公里，占總長度的7%；完全由外國人直接投資經營的鐵路有4條，長度為3,759.70公里，占總長度的39%。對貸款修建的鐵路、外國開辦的採礦業和棉紡業等企業，外國人經常找借口，爭奪控制權。

公路運輸在中國非常落後。1907年德商在山東青島開辦由市區到嶗山的短途客運，中國商人自己經營的公路運輸業直到1911年才開始。當時使用的汽車，都是從外國購進的，運輸路程也很短。內河航運基本上被西方列強控制，外國輪船在長江等內河任意航行。

（三）對外貿易殖民化

鴉片戰爭前，外國船只到達廣州。鴉片戰爭後，以英國為首的西方列強船只可任意進出中國港口，控制海關權和關稅稅率，控制沿海貿易，把持交通建設與營運大權。從19世紀40年代到90年代，中國被迫向西方開放通商口岸共計36個，約有25家外國遠洋輪船公司、近200艘輪船進入中國。同時通過不平等條約還在華獲得鐵路建築

權。這樣，他們牢牢控制對外貿易權，加深對外貿易殖民地化的程度。

(四) 農村經濟逐漸衰落

鴉片戰爭後，由於中國半殖民地半封建社會程度加深，帝國主義、官僚資本主義和封建主義三座大山沉重地壓在農民身上，致使農村經濟逐漸衰退：①由於封建軍閥、官僚、地主長期兼併土地，地權日益集中，使大批農民喪失土地，淪為租種地主階級土地的佃農、半佃農，與土地使用分散的矛盾尖銳，嚴重阻礙了農業生產力的發展；②清政府把入不敷出的財政和戰爭賠款轉嫁到農民身上，徵收苛捐雜稅；封建地主對佃農的地租和超經濟的剝削又十分殘酷，使農村經濟備受破壞；③西方列強憑藉不平等條約向中國大量輸出棉紗、棉布，使中國農村以棉紡織業為主的經濟結構受到嚴重衝擊，家庭手工棉紡織業很快衰落，農村自然經濟逐漸解體；④天災人禍，社會動亂，嚴重破壞了農村正常秩序，農村社會生產力遭受空前浩劫。

鴉片戰爭後，由於西方列強的侵略、掠奪、宰割，而當時清政府又腐敗無能、封建勢力殘酷剝削，擁有燦爛文明的古老中國變得政治黑暗、經濟凋敝、民族災難深重。

二、辛亥革命對中國經濟發展產生積極影響

面對西方列強的侵略、凌辱，中國不少仁人志士試圖尋求救國救民的真理，探尋自主自強的道路。他們先後提出「立憲救國」「共私救國」「實業救國」「教育救國」等經世致用的良方，展現出中國社會不同階級、不同階層創業自立、報國惠民的勇氣和激情。其中最為傑出的代表就是中國民主革命的偉大先行者孫中山先生。

1911年辛亥革命發生後，特別是以孫中山為首的南京臨時政府建立後，頒布了不少有利於民族資本主義經濟發展的法令。孫中山認為，中國要振興實業、實現經濟現代化，首先要發展交通，指出：「交通為實業之母，鐵道又為交通之母」「國家之貧富，可以鐵道之多寡定之，地方之苦樂，可以鐵道之遠近計之。」計劃在10年內建成10萬公里鐵路。他在《實業計劃》中規劃建海港、修鐵路、公路，組建沿海和遠洋商船隊，治理、改良內河水系。為了搞好如此宏大的基礎建設，他還提出利用外資、實行開放政策，主張「利用外國資本主義在中國建立社會主義」。為了能從西方國家獲得資金，他提出請外國人承包築路、出租路權、期滿後再贖回的設想。他還提出節制資本、平均地權、公平分配、吸引外國人才等系列促進經濟發展的思想。然而，由於當時中國處在內憂外患的環境下，孫中山的宏圖大略、政策建議無法得到實現。但是，辛亥革命影響巨大，在辛亥革命推動下中國經濟出現許多引人注目的新變化：

(一) 中國農村經濟的新變化

第一，封建土地關係出現新變化。官田、公產私有化日益普遍；土地買賣突破了宗法關係的束縛，開展自由買賣，受到法律保護；雖然實物地租仍占優勢，但貨幣地租有增長的趨勢。

第二，農產品和手工業品出現商品化。1910—1919年，糧食商品量、經濟作物商品均有較快增長。隨著農產品商品量增長，商品率也在提高。糧食、棉花的商品率分別從辛亥革命前的16%、33%增長到1919年的22%和42%。

第三，專業化生產的農墾公司顯著增加。在南京臨時政府關於「振興實業」「墾殖荒地」的提倡下，專業化生產的農墾公司在十年間建立 300 多個。這種公司的出現，表明農業資本主義在中國有一定程度的發展。

（二）民族工業進一步發展

中國從 19 世紀 70 年代開始出現民族工業，到 1911 年辛亥革命發生為止，開辦資本在萬元以上的廠礦約有 700 個，資本總額僅 1.3 億多元。在辛亥革命的推動下，中國民族資本主義工業得到較大發展，1912—1919 年，中國新建的廠礦企業達 470 多家，投資近 1 億元，加上原有企業的擴建，新增資本達到 1.3 億元以上，相當於辛亥革命前 50 年的投資總額。

在辛亥革命後開辦的工廠企業中，輕紡工業發展最快。①紡織業：1913 年前全國有 231 家工廠，資本 3,254.7 萬元，到 1920 年已增加到 475 家工廠，資本 8,275 萬元。②麵粉業：從 1896 年到 1912 年的 17 年間，民族資本開辦的工廠只有 47 家，而從 1913 年到 1921 年的 9 年間，全國建立的民族資本經營的工廠就達 105 家。③火柴業：1916 年全國只有 30 家左右，到 1919 年就增加了 43 家，1920 年又增加了 23 家。除此之外，針織、印刷、罐頭、蛋粉、皮革、製紙、卷菸、玻璃、陶瓷、榨油、肥皂等輕工業也有相當發展。

隨著輕紡工業的發展，鋼鐵冶煉、採煤、電力、運輸等重工業均有發展。例如，1913 年全國電力工業有 30 家，到 1918 年增至 81 家，5 年增加 51 家，占全國電廠總數的 62%。

（三）金融業新發展

1913 年全國共有銀行 15 家，資本為 1.148,8 億元；到 1919 年 6 年間新增銀行 42 家，資本約為 2 億元。

（四）對外貿易入超現象有所緩解

鴉片戰爭爆發和一系列不平等條約的簽訂，使中國主權淪喪，外國商人可自由進入中國做生意，中國對外貿易迅速由出超變為入超。到 1911 年，出口總值為 37,733.8 萬海關兩，進口總值為 47,150.4 萬海關兩，入超 9,416.6 萬海關兩。自 1901 年起，每年入超數均在 1 億海關兩左右。但是，自辛亥革命後，南京政府宣傳「振興實業」，提倡國貨，抵制日貨，有力地推動了民族工業的發展。同時，由於歐美列強忙於第一次世界大戰，交戰國又急需中國商品，它們對中國傾銷商品有所放鬆，這樣，中國多年來入超嚴重情況也有所緩解。據海關統計，由 1911 年入超近 1 億海關兩減少到 1918 年的 3,000 多萬海關兩。

儘管辛亥革命對中國經濟發展起了一定的積極作用，但是在一個半殖民地半封建的國家裡，資產階級革命不能解決根本出路，中國經濟在「三座大山」的沉重壓迫下無法得到發展。要使中國經濟獲得解放和發展，必須進行新的探索。

三、新民主主義革命為中國經濟發展指明了方向

1917 年俄國十月革命勝利后，中國先進分子看到了中華民族解放的希望。一大批

具有初步共產主義思想的知識分子探索中華民族解放和富強的道路，確立了社會主義的奮鬥目標和科學社會主義經濟觀，並在這一過程中完成了自身共產主義者的轉變。1921年7月1日中國共產黨成立，標誌著中國人民對社會主義道路的正確選擇。

根據中國共產黨人對當時中國社會經濟性質及基本國情的科學判斷，中國革命將分兩步走，即第一步搞新民主主義革命，第二步搞社會主義革命。從1921年7月到1949年10月，我們黨領導人民主要進行新民主主義革命。在經濟方面，為實現自己的奮鬥目標主要開展新民主主義經濟工作。在長達28年的艱苦奮鬥中，整個經濟為戰爭服務，大致分四個階段：

（一）新民主主義經濟工作的起步階段

1921—1927年我們黨的經濟工作的主要內容是領導工農群眾進行經濟鬥爭。通過工會、農會和統一戰線來進行，要求提高工人工資、改善待遇；領導農民減租、抗捐，進行平糶阻禁直至土地革命。

（二）新民主主義經濟工作的初步展開階段

1927年大革命失敗、國共合作破裂後，我們黨開闢農村包圍城市的「工農武裝割據」的革命新道路。從1928年到1936年這一時期主要是領導根據地人民初步開展以土地革命為主要內容的新民主主義經濟實踐。與此同時，創建國營工業，扶持手工業生產合作社，發展公營和私營商業，拓展根據地對外貿易等。這一時期黨的經濟工作探索出的經驗對後來戰時經濟工作和新中國成立後的經濟工作均產生了直接而深遠的影響。

（三）新民主主義經濟工作的全面展開階段

1937—1945年，中國共產黨在抗日戰爭期間全面展開新民主主義經濟工作。在邊區、解放區和抗日根據地，為克服經濟困難，提出「自己動手、豐衣足食」「發展經濟、保障供給」的工作方針，發展農業生產、探索農業合作化；發展公營工業，鼓勵私人資本主義企業發展；發展商業，加強財政金融業的領導，使這些地區經濟發生巨大變化。

（四）新民主主義經濟工作的拓展階段

1945年8月—1949年10月，我們黨的經濟工作進入一個新的歷史時期，主題是經濟拓展和力爭和平建立新中國。在全面內戰爆發後，黨的經濟工作由和平建立新中國轉變為戰時經濟，將原在解放區實行減租減息改為沒收地主土地政策。隨著解放戰爭勝利進行，黨的經濟工作重心由農村轉向城市，在不放鬆農村工作的同時，接管城市。整個解放戰爭時期，黨的經濟工作是和戰爭的需要聯繫在一起的，以生產支援前線，適應戰爭的需要。

四、國民黨反動統治給中國經濟發展帶來深重災難

自1912年元旦中華民國臨時政府在南京成立後，清朝從此滅亡，中國進入民國時期。從1912年到1949年的37年間，尤其是1927年後，國民黨統治的南京政府控制了

大部分土地，經濟形勢極為複雜。儘管其中有中國共產黨在邊區、解放區和根據地積極開展新民主主義經濟工作，但由於整個政權不在中國人民手裡，南京政府以中央政府的面目存在，在經濟上和政治上殘酷欺壓人民，同時又掀起大規模內戰，使十分薄弱的經濟雪上加霜、一蹶不振，逐步趨於癱瘓，走向崩潰。

　　到1949年，中國的工農業總產值只有466.1億元（人民幣），人均只有86元（約合27美元）；鋼只有15.8萬噸，只相當於英國1870年的產量；煤只有3,243萬噸，只相當於美國1870年的產量；石油只有12萬噸，不及美國1850年到1861年平均產量的一半；發電量只有43.1億度，只接近美國1902年的水平；糧食只有11,320萬噸，比美國1876年的產量還少4,000萬噸；棉布18.9億米，不到美國1737年產量的1/4。中國總體上處於貧窮落后狀態

第三章　中國由計劃經濟體制向市場經濟體制的轉型

第一節　中國的計劃經濟體制

一、經濟體制

（一）經濟體制的定義

經濟體制是指在一定的社會經濟制度下組織經濟運行的具體形式和具體制度。

當今世界，在社會化大生產的基礎上，存在著資本主義、社會主義兩大經濟制度。不同的制度有不同的體制，相同的制度也可能有不同的體制，即每一種制度下都有許多不同的體制。例如：

資本主義經濟制度：①自由競爭的市場經濟體制；②政府干預的市場經濟體制。

社會主義經濟制度：①計劃經濟體制；②市場經濟體制。

（二）計劃經濟體制和市場經濟體制的比較

計劃經濟體制和市場經濟體制是兩種從資源配置到經濟運行機理截然不同的體制。

1. 資源配置的定義

資源配置指經濟主體為生產產品和勞務而在社會各部門之間分配各種生產要素的行為。

2. 資源配置的方式

人類發展的歷史證明，迄今為止，在社會化大生產的條件下，人類的資源配置方式只有兩種：

（1）計劃經濟的資源配置方式，即國家通過行政權威發布經濟命令而完成的資源配置。

計劃經濟中的生產者在配置資源時，生產面向計劃，只有計劃的變動才會引起企業生產投資行為的變化，決定資源配置方向和數量。價格和市場供求的變動對企業不產生直接影響。

（2）市場經濟的資源配置方式，即各經濟主體從自身利益出發，根據市場信號的變化自發地配置資源。

市場經濟中的生產者在配置資源時，生產面向市場。追求利潤是他們的本能衝動和直接生產目的，市場價格和利潤的變動靈敏地調節其生產和投資行為，決定其資源

配置方向和數量。

可見，在市場經濟中，生產者接受的是市場信號，他們根據自身利益對市場信號作出反應。而在計劃經濟中，生產者接受的是政府的指令，他們不是根據自身的利益，而是根據政府的命令對計劃信號作出反應。兩者的活動主體、動力機制、信息系統、傳導機制都是完全不同的。相比之下，市場經濟是能夠把激勵與約束協調起來的最有效的資源配置方式。

計劃經濟和市場經濟所要解決的經濟問題以及所要面對的資源條件是相同的，都是要使有限的資源用於最大限度地滿足無限的需求上，都是希望用最少的投入獲得最大的產出。但二者在資源配置的機制原理上卻是根本不同的，正是這種不同導致了不同的結果。

3. 計劃經濟和市場經濟的不同

（1）假定前提不同。計劃經濟以自覺的社會人假定為前提，認為公有制的建立形成了共同的社會利益，個人勞動可以被當做社會總勞動的一部分看待；而市場經濟以經濟人假定為前提，認為個人和廠商都是獨立的經濟主體，都存在不同的經濟利益，對經濟利益的追求決定了他們的行為。

（2）決策方式不同。計劃經濟是用統一的社會計劃去調節和安排生產與需求的比例，來自政府部門的決策代替了個人和廠商的決策；而市場經濟則通過市場機制調節生產和需求，個人和廠商都是決策主體，他們受自身利益驅動進行決策。

（3）信息傳遞方式不同。計劃經濟以指令性計劃作為驅動經濟主體從事經濟活動的基本信號，因此在資源配置過程中，計劃調節起基礎性作用；而市場經濟以市場調節為基礎，由市場競爭形成的價格、供求、利率、匯率等信號決定消費者和廠商的決策。

可見，計劃經濟和市場經濟是兩套完全不同的經濟模式，兩者在資源配置效率上存在巨大差異。市場經濟由於能充分發揮與社會需求直接相聯繫的價格機制的作用，通過價格波動和經濟主體之間在利用稀缺資源方面的競爭，通過市場的等價交換，促進了社會分工、地區分工、國際分工，使經濟主體各得其所，趨利避害，因而比計劃經濟能更好地滿足人們各種不同需求。國際上對兩種資源配置方式比較研究的結果也表明，只有市場經濟才能更有效地配置資源，「看不見的手」比「看得見的手」更聰明。

二、計劃經濟體制

（一）計劃經濟體制的定義

計劃經濟體制，是改革前在中國經濟中占據統治地位的經濟體制，是一種國家有計劃地安排、控製經濟運行的調節方式和管理制度。

改革前的中國是一個典型的計劃經濟國家。計劃經濟是以生產資料公有制為基礎的有計劃發展國民經濟的社會經濟制度。具體說，就是政府作為社會經濟管理中心，在生產資料公有制基礎上，從國民經濟實際情況出發，按照經濟發展過程中客觀要求

的比例預先制訂計劃，對國民經濟的運行進行調控和管理，以保持重大比例關係的協調，實現社會生產和需要的基本平衡。

中國的計劃經濟體制是在「一五」計劃時期開始逐步形成的。這種體制的形成有其客觀必然性和歷史原因。在當時的歷史條件下，中國不可能重走發達國家實現工業化的經典道路，耐心等待自然經濟的緩慢瓦解和現代市場經濟的自發形成，而是必須借助國家力量集中調配資源，迅速完成原始累積和實現國家工業化的發展目標，為生產力的發展打下物質基礎。而計劃經濟正是實現這一目標的有效手段。

中國為了實現趕超的目標，當時的國家領導人在20世紀50年代初期改變了原來要經過一個很長的新民主主義歷史時期過渡到社會主義的設想，把實現對個體農業和資本主義工商業的社會主義改造作為近期的任務。通過1955—1956年的社會主義改造運動，幾乎消滅了一切非社會主義經濟成分，使以國有制和準國有的集體所有制為主要形式的公有制成為國民經濟的唯一基礎。在這一基礎上，全面建立了蘇聯式的集中計劃經濟體制。

(二) 計劃經濟體制的特徵

計劃經濟體制最主要的特徵是經濟活動的主體是政府而不是企業和個人。

(1) 經濟決策高度集中於政府手中。宏觀調控目標微觀化，政府成為微觀活動的主體。生產什麼？生產多少？怎麼生產？為誰生產？這些決策都由政府作出。

(2) 經濟運行依靠行政命令來調節和推動，政府對社會生產的各個環節，從計劃制訂，到投資、採購、生產、流通、消費以及人、財、物等實行直接控製。

(三) 中國計劃經濟體制的長處和短處

1. 長處

(1) 有利於迅速動員和集中全國的人力、物力、財力等資源，用國家有限的經濟力量保證重點項目建設和滿足國防需要。

(2) 可以在短時期內迅速調整國民經濟結構，集中發展基礎工業和新興工業，特別是重工業，改變生產力佈局。這對於所有后起的發展中國家來說都有著至關重要的意義，它可以大大加速工業化進程。蘇聯由於採用了這種模式，到二戰前夕，已在一個原來小農經濟占優勢、工業基礎薄弱的落後國家裡，建立起了強大的重工業基礎，迅速實現了工業化，一躍而成為當時的世界強國，為贏得反法西斯戰爭的最后勝利奠定了基礎。這種計劃經濟體制在中國工業化初期也的確起過重要作用，像長春第一汽車製造廠、鞍鋼等156項重點工程，如果沒有這種集中制，是難以迅速完成的。

一般說來，這種以集中計劃管理為核心的經濟體制，對於那些處在發展目標單一、經濟結構簡單、生產經營以粗放式外延發展為主階段的國家是適宜的。國家進行集中計劃，有利於將農業剩餘轉化為工業累積；政府直接組織投資，也有利於獲得規模經濟的效益。

但是，隨著經濟的發展、工業基礎的建立和社會秩序的正常化，計劃經濟體制在工業化初期靠拼資源、粗放式外延發展所顯示的優越性開始逐漸消失，而其自身潛伏的矛盾與弊病卻日益突出並表面化了。

2. 短處

（1）政企職責不分，國家權力過分集中，統得過多過死，限制了地方和企業的積極性；

（2）條塊分割，部門壟斷，地區封鎖，國民經濟缺乏橫向聯繫；

（3）忽視商品生產、價值規律和市場的作用；

（4）分配中平均主義嚴重，造成企業吃國家「大鍋飯」，職工吃企業「大鍋飯」的局面。

3. 計劃經濟體制失敗的原因

計劃經濟的實質，是把整個社會組織成為單一的大工廠，由中央計劃機關用行政手段配置資源。這種配置方式的要點是：用一套預先編製的計劃來配置資源。主觀編製的計劃能否反應客觀實際，達到資源優化配置的要求以及計劃能否嚴格準確地執行，決定了這一配置方式的成敗。因此，它能夠有效運轉的隱含前提是：①中央計劃機關對全社會的一切經濟活動，包括物質資源和人力資源的狀況、技術可行性、需求結構等擁有全部信息（完全信息假定）；②全社會利益一體化，不存在相互分離的利益主體和不同的價值判斷（單一利益主體假定）。不具備這兩個條件，集中計劃制度就會由於信息成本和激勵成本過高而難以有效地運轉。問題在於，在現實的經濟生活中，這兩個前提條件是難以具備的。因此，採取這種資源配置方式，在作出決策和執行決策時，會遇到難以克服的困難。

具體說，計劃經濟體制失敗的原因是：

（1）計劃經濟缺乏經濟性的動力和壓力機制。因為計劃經濟強調國家、社會的整體性、全局性利益，否定企業和個人的利益差異，消除了人們追求自身經濟利益的動機，不存在利用人們的利己心推動經濟發展的動力。計劃經濟下的激勵機制建立在人們對非經濟利益的追求上，使完成計劃任務最大化。超額完成計劃任務，企業領導者可以獲得行政職位的提升，勞動者可以成為勞動模範，獲得社會榮譽，這是激勵機制發揮作用的主要途徑。約束機制則體現在行政撤職、調換崗位等措施上，由於企業一般無權決定員工收入的多少，也無權解雇員工，所以約束機制的力度較弱。這種依靠非經濟約束和非經濟激勵來實現經濟活動目標的做法，其結果往往難如人意。

（2）決策部門無法獲得制訂計劃必不可少的全面準確的信息。在自上而下的信息收集過程中，下級部門為了獲得經濟利益以外的利益，如行政升遷、社會榮譽等，常常誇大已取得的成就，虛報經濟增長指標，這使得中央決策部門收集到的信息嚴重偏離正常值，據此制訂的計劃難以反應客觀現實的真實要求。退一步說，即使中央決策部門制定的決策是正確的，在由上而下的層層傳遞中，也會發生不可避免的信息丟失或人為扭曲。人們為了自身的利益，獲得行政提升、社會榮譽或更高的社會地位，在分解上級政府下達的經濟任務時，往往層層加碼，追求超額完成上級部門的任務，結果使決策的執行產生偏差，造成資源配置失誤，資源配置效率下降。

（3）計劃經濟高度集中的決策無法適應和匹配個人需求的多樣性及永不停歇的動態性變化，因此無論是資本品（生產資料）還是消費品，計劃生產都無法滿足豐富的社會需求，結果必然導致生產與消費脫節，資源配置效率低下。

顯然，改革前中國的這種計劃經濟不是由有生命力的細胞組成的生動活潑的有機體，而是由沒有生命的磚石堆砌成的不能自我生長的建築物。中國現階段的生產力水平決定了如果否定經濟單位和勞動者個人獨立的經濟利益，也就否定了他們在經濟利益的激勵和約束下才能產生的動力，同時，行政命令取代自由競爭的結果，勢必從外部消除經濟單位之間的競爭壓力，而一個既缺乏動力又缺乏壓力的經濟是很難不陷入停滯的。

因此可以說，正是計劃經濟的低效率導致了改革和對中國經濟體制的重新選擇，這是中國放棄計劃經濟和選擇市場經濟的直接原因。

第二節　中國經濟體制改革的過程

一、中國建立社會主義市場經濟體制目標的提出

中國在1978年12月召開的黨的十一屆三中全會上作出了進行經濟體制改革的決定，提出了對內改革、對外開放的國策。這對於中國是一個劃時代的轉折，揭開了中國經濟發展史上嶄新的一頁。

中國從改革開放之初，就開始從理論和實踐的結合上探索如何建立符合中國國情的社會主義新體制。以行政手段為基礎的計劃體制和以競爭機制為基礎的市場體制兩者之間的效率差異，引發了中國從國家領導人到普通百姓的思考。改革實踐，使人們對市場機制作用的認識不斷進步、不斷深化。

改革初期，首先清除了把社會主義與市場調節對立起來、把指令性計劃等同於計劃經濟的觀念；黨的十二大提出以計劃經濟為主、市場調節為輔的原則並在實踐中付諸實施；黨的十二屆三中全會提出社會主義經濟是建立在公有制基礎上的有計劃的商品經濟，並隨之提出中國經濟改革的重要任務之一就是逐步完善市場體系；黨的十三大在總結改革開放經驗的基礎上，明確提出了在社會主義經濟體制中，計劃與市場都是覆蓋全社會的論斷，還特別提出社會主義有計劃的商品經濟體制應該是計劃與市場內在統一的體制，使市場機制在社會主義經濟中的功能大大增強。

進入20世紀90年代，黨的十四大提出了中國經濟體制改革的目標是建立社會主義市場經濟體制。這一目標的確立對於中國經濟發展的意義，無論如何估價也不過分。黨的十六大又進一步提出要「完善社會主義市場經濟體制」的目標。

社會主義經濟究竟應當採取計劃經濟體制還是市場經濟體制，近百年的實踐伴隨著近百年的爭論，經歷了一個歷史選擇過程。中國社會主義市場經濟改革目標的確立，標誌著中國共產黨領導全國人民終於作出了符合歷史發展方向的選擇，也表明市場經濟確實是人類經濟進步過程中不可逾越的階段。

二、經濟體制改革的發展階段

改革的實質就是要改變實行了幾十年的計劃經濟體制模式。改革開放的過程，實

際上就是傳統的高度集中的計劃經濟體制不斷弱化、縮小，直至最後解體的過程，同時也是社會主義市場經濟不斷強化、擴大、發展的過程；是國家的直接計劃作用逐步減少的過程，同時又是市場機制作用不斷加強的過程。這場改革涉及整個社會生活的各個領域，牽動國民經濟體系的所有環節，是一場在社會主義制度下進行的解放生產力的革命。改革要把超越社會主義發展階段的計劃經濟體制改造成為符合社會主義初級階段特點的市場經濟體制，從而使中國經濟走上持續發展的坦途。

中國經濟體制改革，是有計劃、有步驟、有秩序推進的。從 1978 年年底開始，大體經歷了四個階段。

(一) 改革初始階段 (1978 年年底—1984 年 10 月)

該階段從 1978 年 12 月中國共產黨十一屆三中全會到 1984 年 10 月黨的十二屆三中全會。黨的十一屆三中全會確定把全黨工作的重點轉移到社會主義現代化建設上來，拉開了這場偉大變革的序幕。這一階段改革的重點在農村，大範圍地推行了家庭聯產承包責任制，極大地調動了億萬農民的生產積極性，促進了農村商品生產和商品交換的發展。

城市經濟體制改革則基本處於探索試驗階段。主要從擴大工業、交通運輸企業自主權起步，改革側重於分配領域，在一些企業實行了廠長基金、利潤分成、包干和獎金制度，並在全國實行了利改稅的改革探索。從 1980 年年底開始，又先後在湖北沙市、江蘇常州和重慶等幾個大中型城市進行了經濟體制改革綜合試點。1984 年年底，綜合改革試點城市發展到 58 個。企業擴權和城市改革試點，調動了企業和職工的積極性，增強了企業活力，為全面推進城市經濟體制改革探索了路徑。

(二) 改革全面發展階段 (1984 年年底—1987 年 10 月)

該階段從 1984 年 10 月到 1987 年 10 月黨的十三大召開。1984 年 10 月中共中央發布了關於經濟體制改革的決定，標誌著中國經濟體制改革進入了一個新階段。這一階段改革的重點從農村轉向城市，從改革微觀經濟機制發展到了改革宏觀管理體制，從經濟領域擴展到科技、教育、政治領域。黨的十二大以後，加快了對外開放的步伐，沿海地區從南到北形成了綿延幾千公里的開放地帶，改革進入了全面發展階段。一是在城市工業、商業、建築業、交通運輸業，逐步推行了廠長負責制和多種形式的承包經營責任制。二是初步改革了價格體系和價格管理體制，先後放開了大中城市肉、蛋、菜等農副產品市場，放開了小商品價格和絕大多數機電產品價格。三是初步改革了工資分配和勞動制度。四是經濟管理部門進行了配套性改革，計劃、財政、金融、稅收改革取得明顯成效。這一階段改革，儘管剛剛起步，各方面改革相互之間也不夠協調、配套，一度曾出現過這樣或那樣的問題，但卻為進一步完善深化改革累積了寶貴的經驗。

(三) 深化改革階段 (1987 年 10 月—1991 年)

這一階段是從 1987 年 10 月黨的十三大到 1991 年黨的十三屆七中全會。十三大系統總結了 9 年來城鄉改革的基本經驗，闡明了中國社會正處在社會主義初級階段，提

出了建立社會主義有計劃商品經濟新體制和改革政治體制的基本構想。黨的十三大以後，國務院又制定了沿海經濟發展戰略，進一步加快了對外開放的步伐。

這一階段內，1988年下半年出現了明顯的通貨膨脹，帶來一系列社會問題，因而中國實行了兩年多的治理整頓。整頓有效地控製了通貨膨脹，使經濟秩序混亂的狀況有了很大改觀，為全面深化改革創造了一個較好的宏觀環境，使中國經濟體制改革從前一時期以放權讓利和物質刺激為主走向以轉換經濟運行機制為主的軌道。

（四）建立社會主義市場經濟階段（1992年至今）

以1992年鄧小平同志南方談話的發表為契機，中國經濟體制改革進入了一個全新階段。同年召開的中國共產黨第十四次全國代表大會明確提出建立社會主義市場經濟體制的目標，從而開始構建社會主義市場經濟體制的基本框架。

綜上可知，中國改革是從單項試點開始，逐步發展到全面推開和綜合配套；從淺層次的放權讓利發展到向深層次的利益調整和經濟運行機制的轉換。

三、計劃經濟體制向市場經濟體制的轉變

（一）中國經濟體制改革的目標

中國經濟體制改革的目標是：建立社會主義市場經濟體制，用以取代傳統的計劃經濟體制。

由計劃經濟體制轉向市場經濟體制，是從根本上把社會經濟關係由以過去的行政隸屬關係為主變為以市場契約關係為主。獨立、自主、平等是人與人或企業與企業之間市場關係的基本構成因素。它反應市場競爭主體的獨立身分和平等地位，體現當事人在平等基礎上的經濟關係；它意味著市場交易雙方在利益上是對等的，每一當事人都為實現自身利益而活動，創造財富和提供勞務的耗費要通過等價交易原則取得補償；它還意味著借助於契約形式來規範當事人行為，既有助於克服計劃經濟體制中那種命令—執行、強制—服從的弊端，充分發揮個人和企業的積極性、主動性和創造性，又有助於建立起以契約為基礎的自律式法律調整體系，把經濟運行納入市場化軌道。

但任何一種經濟體制的形成和發展都不可能一蹴而就，更何況市場經濟與中國傳統計劃經濟是完全不同的兩種經濟體制，兩者的運行機制、作用原理毫無共同之處。顯然這兩種制度無法直接對接，中國由計劃經濟體制向市場經濟體制的轉型是借助於雙軌制來完成的。

（二）雙軌制

1. 雙軌制定義

雙軌制是指在國民經濟運行過程中，計劃經濟體制和市場經濟體制同時並存、共同發揮作用的一種過渡性經濟體制。

雙軌制是從舊體制通向新體制的橋樑，是在計劃經濟體制向市場經濟體制轉軌時期出現的一種特殊現象。從計劃經濟過渡到市場經濟，這是經濟體制的一種徹底轉軌。這個轉軌的過程大致是：首先將市場機制部分地引入到大一統的計劃經濟體制下來，

在其內部培育起一個新的市場經濟體制的生長點；然后隨著它的成長壯大，逐漸成為與計劃經濟並立的另一極，從而使計劃經濟與市場經濟雙軌並存、共同調節經濟運行；最后，市場經濟體制取代計劃經濟體制占據調節國民經濟運行的主導地位，經濟轉軌過程宣告完成。

因此，雙軌制是中國政府為了保證非國有經濟能夠在計劃配置資源的體系還沒有完全打破的條件下生存和發展而作出的一種特殊的制度安排。

2. 雙軌制現象

在雙軌制條件下，計劃體制與市場體制並行，全社會各個經濟領域中，都實行計劃調節與市場調節共同作用的機制，整個社會經濟生活分成計劃經濟板塊和市場經濟板塊兩大部分。中國經濟學家將這些雙軌制現象歸納為以下幾個方面：

（1）調節手段雙軌。由於市場體系尚未完全建立起來，計劃體系尚未退出經濟生活，因此市場與計劃同時並存。企業部分生產由計劃安排，部分生產由市場調節，兩種調節手段共同發揮作用。

（2）價格雙軌。這一方面體現在價格形成上——部分商品由國家定價，部分商品由市場定價；另一方面體現在一物兩價上，同一種商品，特別是主要原材料有國家規定的牌價和市場供求決定的市價這兩種價格，部分消費品價格也分為配給的平價和超額消費的議價兩種價格。企業計劃內生產的產品和計劃供應的物資按牌價調撥、買賣和分配；計劃外部分則按市場價銷售和購買。

（3）決策行為雙軌。國有企業由其國有性質和商品生產經營主體地位所決定，其經營決策行為具有兩重性，既有接受和服從上級部門領導與控製的一面，又有按市場狀況追逐利潤進行決策的另一面。「一只眼睛看市長，一只眼睛看市場」，是國有企業決策者心態的形象寫照。非國有企業則多根據市場狀況決策。

（4）政策雙軌。在改革開放過程中，部分地區和企業享有優惠政策，部分則沒有，享受不同政策的地區和企業，在經濟利益和經濟發展水平等方面出現了差別，並相互影響。

從宏觀經濟全局看，國家在資源配置、投資、資金來源和供應、商品供應、糧食收購、價格管理等方面，都不同程度地實行了雙軌制。推行雙軌制以來（20世紀80年代中期—90年代中期前後），在中國經濟中出現了兩個並存的部分：一個部分極富生機和活力，它主要由在改革中成長起來的非國有經濟和在「市場軌」中活動的那一部分國有經濟組成；另一部分則由在「計劃軌」中活動的以國有經濟為主的單位組成。后者處在行政主管機關的層層控製之下，經營機制尚未根本改變，因而效率不高，機制僵化，顯得缺乏活力。

3. 雙軌制的優點

雙軌制的正式確定，為非國有經濟的存在和發展準備了基本的經營環境。因此，這種制度安排對改革前期非國有經濟和整個中國經濟的迅速發展起到了良好的作用。雙軌制使改革從「體制內」和「體制外」兩個方向展開。雙軌制中的計劃經濟這一軌，保障了人民生活、社會生產的基本穩定；市場經濟這一軌，促進了經濟的活躍和增長。這正是雙軌制的最大優點，也是漸進式改革的長處。

採取雙軌制后，改革能夠趨易避難，較快地發展起一批經濟上具有活力的企業和地區，使人民群眾和廣大幹部從切身利益中直接感受到改革的成效，認識到只有改革才能擺脫困境，走向振興；同時在改革過程中日益活躍起來的非國有經濟，是減緩改革中不可避免的經濟震盪、保持經濟繁榮和政治穩定的支撐力量；市場軌顯示出來的示範效應和競爭壓力，有力地促進了原國有部門的改革。

4. 雙軌制存在的問題

推行雙軌制意味著在一個經濟整體內部並存著兩套作用機理完全不同的運行規則，違反了市場公正交易的要求，使雙軌之間的矛盾、摩擦、衝突越來越激烈。行政權力同市場經濟中的買賣行為結合在一起，破壞了市場機制，造成經濟生活的混亂無序和尋租腐敗。儘管這是過渡時期不得不付出的改革成本，但它帶來的嚴重後果惡化了改革的社會環境，帶來一系列社會、經濟乃至政治方面的問題。

進入20世紀90年代后，隨著改革的深化和市場經濟的發育壯大，政府控制的許多市場、領域都已放開，以1996年國內買方市場基本形成為標誌，大多數領域中雙軌制都已轉變為單軌制。

中國從第一個「五年計劃」開始建立社會主義計劃經濟體制，到1992年黨的十四大宣布要建立社會主義市場經濟體制，再到2002年黨的十六大宣布初步建成社會主義市場經濟體制，經歷了計劃經濟由盛到衰的歷史過程。計劃經濟由最初占統治地位到最後逐步退出歷史舞臺，反應了中國經濟的深刻變化，揭示了中國由計劃經濟國家逐步轉變為市場經濟國家的過程。

第三節　中國社會主義市場經濟體制

市場活動，或者說商品交換活動，在人類發展的遠古時代就出現了。但是，市場經濟的形成卻經歷了漫長的歷史過程。幾千年來，雖然市場活動從無到有，逐漸繁衍發達，市場卻始終不是支配社會資源配置的主要力量。直到15～18世紀，隨著歐洲商業的繁榮，才為歐洲擺脫封建統治走向市場經濟制度提供了歷史契機。

一、市場經濟的一般理論

（一）市場經濟的定義

市場經濟是指市場機制在資源配置中起基礎性作用的經濟體系。

市場經濟制度的建立，成為生產力發展的強大動力，市場成為支配整個社會經濟運行的樞紐，成為社會資源配置的中心。社會再生產過程的生產、交換、分配及消費等環節的變化，都不是根據政府的行政命令而是以市場為軸心進行的。

（二）市場經濟建立的三個基本前提條件

1. 市場主體都是經濟人

經濟人指由經濟理性驅策的人，即會計算、有創造性、能尋求自身利益最大化的

人。所謂經濟理性，是指人們在面臨未來風險和不確定性的前提下，能夠通過成本收益分析或趨利避害原則，作出對自己最有利的選擇。換句話說，理性意味著每個人都會在給定的約束條件下爭取自身的最大利益。亞當·斯密認為，在現實經濟生活中，每個人考慮問題的出發點都是自身的利益，都是為爭取自己的最大利益而努力。追求個人利益最大化被認為是人唯一理性的決策。

經濟人是亞當·斯密對商品經濟中從事經濟活動的人的概括，也是《國富論》研究的出發點和基礎。亞當·斯密在《國富論》中指出：「我們的晚餐並非來自屠宰商、釀酒師和麵包師的恩惠，而是來自他們對自身利益的關切。」法國啓蒙派哲學家愛爾維修（Claude Adrien Helvétius）曾把利己主義解釋為人類的自然特徵和社會進步的因素。斯密發展了這一思想，認為利己是人的本性，人們從事經濟活動無不以追求自己最大的經濟利益為動機和目的。由於人們只有在為別人提供服務、願以自己的勞動去交換別人的勞動時才能達到這一目的，這就引出了勞動分工和其他一系列經濟範疇。市場經濟的一切理論都是基於這一前提而成立的，市場經濟正是建立在人們的利己心基礎之上的。

2. 人類可利用的資源具有稀缺性

資源指用於生產產品和勞務的各種生產要素。資源的稀缺性是指：無論人們如何努力，所能獲取的資源總不能完全滿足他們的需要。實際上，對整個人類的生存和繁衍來說，物質資源的稀缺性很可能是不存在的。因為人類可以從太陽和地球那裡得到滿足個體生存及種族維持的足夠的資源和能量。但人類天生有一種不斷改善自身生存條件的衝動，所以人類生產活動的特徵是：不斷地提高生產能力以滿足越來越複雜、越來越多樣化的需求，不斷地追求越來越高的生活質量。由於人類的需求和慾望是沒有止境的，這就注定了稀缺性的存在。

稀缺性不僅表現為大多數國家都不得不面對的貧困問題，而且也表現為已經解決了生存問題的人們面臨追求更便捷、安全、閒暇的更高生活質量卻遠未得到滿足的問題。如果資源是無限的，即人類擁有無限的資本、技術、信息、知識、勞動力、土地等，那麼滿足人類多種需求是不成問題的。正是資源的稀缺性構成了對人類需求滿足程度的約束。也正是資源的稀缺性，才會使人成為經濟人，節約才成為必要，才產生了如何有效配置和利用資源這個基本的經濟問題，市場經濟作為一種能夠實現資源最優配置的經濟制度才得以發展起來。

3. 國家保護私有財產不受侵犯

財產權是公民最基本的權利之一，是公民享有自由和其他權利的保障，一無所有的人只能被命運擺布或受他人支配。市場經濟是以交換為特徵的經濟，所有的市場主體都要求按照價值規律等價交換，任何人都不能通過非經濟的方式和手段侵占他人的勞動成果。因此國家有責任保護市場參與者的利益不受侵犯，有責任建立和維持市場秩序。如果人們的財產不能得到切實有效的保護，就不會有人努力生產、創造財富，人類的發展就只會停留在弱肉強食的社會中，市場經濟也就根本不可能建立起來。所以市場經濟只有在法治的基礎上才能建立起來，市場經濟必須是法治經濟。國家保護公民合法的私有財產不受侵犯，是市場經濟得以建立和發展的基石。請參看資料連

結3-1。

資料連結 3-1

德國皇帝和磨房主

　　這個故事發生在已有些久遠的 18 世紀的德國。當時，號稱「軍人國王」的弗里德里希‧威廉一世在波茨坦修建了一座行宮。一日，威廉一世入住行宮，興致勃勃地登高遠眺，卻發現宮牆外不遠處聳立著一座古老的磨房，遮擋視線且影響觀景，遂令身邊的大臣去問磨房的主人願不願意出賣磨房，他打算買下這座磨房並把它拆掉。大臣找到磨房主並進行交涉，不料磨房主堅決不賣：「這磨房是我祖上傳下來的產業，乃無價之寶，我必須把它一代一代傳下去。」大臣只得如實回稟。威廉一世執意要買磨房，開出了高價，可磨房主還是不賣。威廉一世大怒，命令衛隊強行拆掉了磨房。拆除磨房時，磨房主站在一邊冷眼旁觀，口中念念有詞：「為帝王者或可為此事，然吾德國尚有法律在。此不平事我必訴之法庭。」不久，磨房主就此事一紙訴狀將威廉一世告到法院，結果法院判決皇帝重建磨房並恢復原狀，還判決皇帝賠償磨房主人的損失。威廉一世看了判決書后苦笑著說：「我做皇帝有時也會不冷靜，以至於認為自己可以無所不為，幸虧中國有這樣的好法官，如此公正辦案，乃吾國可喜之事也。」於是令人又將磨房在原地重新建了起來。

　　數年后，威廉一世去世了，威廉二世登基；老磨房主也去世了，小磨房主繼承了磨房。

　　后來，小磨房主手頭拮據又急需用錢，想賣掉磨房。他想起了父親和威廉一世的那段往事，於是他給威廉二世寫了一封信，在信中委婉地陳述了那段往事，表明現在急需用錢想把磨房賣給威廉二世。很快，威廉二世給他回了信。信中說：「親愛的鄰居，你說要把磨房賣給我，這可事關國家大事，我以為萬萬不可，因為這座磨房已成為中國司法獨立和裁判公正的象徵。我怎麼能忍心讓你丟掉這份產業呢？你應當竭力保住這份產業並傳之子孫，使其世世代代保留在你家名下。你現在經濟困難，我十分同情，派人送去 3,000 馬克，以解燃眉之急。」信末署名是「你的鄰居威廉」。小磨房主收到威廉二世的信以後，打消了出售磨房的念頭，並且教育其子孫要珍惜這份祖傳遺產。直到現在，這座象徵司法獨立和裁判公正的古老磨房還屹立在波茨坦的土地上。

　　法律之所以要保護產權，原因在於：明晰的財產權是有效激勵機制（效率）和交易的基礎，是經濟繁榮的關鍵。市場經濟的好處來自自由貿易，這種貿易使買賣雙方增加了利益，從而是雙贏的。自由貿易實質上是產權的轉讓。人們能出賣的只能是屬於自己的東西（擁有這種東西的產權），人們買到的是某種東西的完整產權。財產正是在這種交易之中增值，並帶來財富的。因此財產權是市場經濟的核心，保護財產權是市場經濟發展的必備前提條件。

（資料來源：根據崔克亮發表於《中國經濟時報》2004-04-02 的文章改寫）

　　以上三點，是市場經濟建立的基本前提條件。

(三) 市場經濟的基本特徵

1. 趨利性

追求盡可能多的價值增值，獲取最大化利潤，是市場經濟產生、發展的根本原因和內在動力，是所有市場主體的共同行為特徵，也是市場經濟最基本的特徵。所有市場活動都是圍繞著這一點展開的。追求自身的利益是市場經濟發展的內在動力，因此在市場經濟中，利大利小，決定了生產要素與社會資源的流向，決定了勞動量投入的多少，像一隻無形的手，指揮著市場經濟的全部活動。

2. 自主性

市場經濟主體是參與市場活動的當事人，即商品的生產者、經營者、購買者。他們都有自己獨立的產權、獨立的物質利益和獨立的決策權，能夠按照自己的意志作出決策並承擔自己決策的後果。

3. 開放性

自給自足的自然經濟和高度集中的計劃經濟，都具有系統內部循環的封閉性特徵。與此不同，市場經濟是一種開放型經濟。建立在社會分工和協作基礎上的市場經濟，市場不斷擴大是它生存和發展的條件。不僅要積極開拓國內市場，而且要拓展國際市場。市場的開放性和市場容量提高的相對無限性是推動生產發展的強大動力。

4. 競爭性

競爭是市場經濟的突出特點，是市場經濟發展的外在壓力。在自然經濟占統治地位的社會，技術歷經幾十年、數百年甚至上千年其變化也不大，社會經濟像蝸牛爬行般緩慢發展。可在市場經濟中，日新月異的技術進步、激烈緊張的市場競爭，使商品生產者絲毫不敢懈怠，必須全力以赴參與拼搏。商品生產者不僅要積極地滿足各種新的社會需求，而且還必須把各種產品加以比較，對自己從事生產所取得的成果加以衡量。其成本只有低於或達到社會平均水平才能被認為是有競爭力的。因此市場經濟迫使每一個參與者都最大限度地挖掘自身的潛能。所以市場經濟是人類有史以來社會進步、經濟發展最快的一種經濟形式。

5. 分化性

市場競爭嚴酷無情，適者生存、優勝劣汰是不以人們意志為轉移的客觀必然。商品生產者之間不僅存在著生產條件不同而導致的成本差別，而且還存在著市場條件不同而導致的商品實現程度的差異。因而有些企業在競爭中利用優勢發展起來，另一些企業則在競爭中遭到破產淘汰的厄運，這是市場競爭的必然結果。這種分化性有利於企業素質的提高，保證整個經濟機體充滿活力。

市場經濟的這些特徵沒有制度屬性的差異，是所有社會制度下的市場經濟都共同具備的特徵。

(四) 市場經濟的功能

1. 促進社會資源的優化配置

任何社會都面臨著資源稀缺性問題。在特定的時間和特定的技術條件下，社會擁有的可以現實利用的資源總是有限的。如何把這些有限的稀缺資源配置適當，使其產

生最佳經濟效益，是每個社會都必須解決的問題。這一問題解決的好壞程度決定了這個社會經濟效率的高低。從人類迄今為止的歷史看，市場經濟是有效配置資源的最佳形式。

在市場上，一切經濟活動都是由買與賣兩個基本方面構成的。買賣雙方有著不同的經濟利益：賣方的利益在於實現商品的價值，把商品變換成盡可能多的貨幣；買方的利益則在於獲得商品的使用價值，用盡可能少的貨幣換取盡可能多的商品。雙方在市場上展開激烈競爭。可見，在市場經濟中，通過市場建立了社會生產和社會需求之間的緊密聯繫，雙方的競爭不斷促進社會經濟資源的優化配置。絕大多數發達國家的經驗證明，這種資源配置的優化和產業結構的合理化，是促進整體經濟發展的最重要的因素。

2. 通過追求自身利益來增進社會利益

市場經濟主體各自利益的實現程度，取決於市場狀況和自己的努力程度。因為投入市場的商品，只有在符合社會有支付能力的需求時，才能順利實現其價值。這就約束著企業和個人在追求自身利益時，必須考慮社會需求和公眾利益。從一般意義上說，市場主體對自身特殊經濟利益的追求，最終會促進社會利益的實現。

3. 提供價值評估的客觀標準

評價一種商品的價值、一個企業的業績乃至評價一個產業的前途，最公正、最準確的標準就是市場。一種產品如果適銷對路，價廉物美，就會成為搶手貨，生產這種產品的廠家就會獲得較高的經濟效益，企業就有發展前途。與行政評估不同，市場評估不是靜態評估而是動態評估。它不掺雜評估機構的主觀偏好或情感因素，完全是客觀事實的反應。這種動態評估有助於宏觀管理部門、企業管理人員和社會公眾對企業作出正確的判斷。

4. 提供獎優罰劣的強制手段

競爭激烈的市場經濟迫使每一個市場主體都要面臨成功與失敗的雙重結果。作為一種開放性經濟，在生產者和消費者之間存在一種傳遞效應。某個領域內某種新的生產能力一經出現，就有可能迅速地傳遞到其他生產者手中；消費者新的消費需求也總是無止境地產生。這就會在市場競爭中產生一種迫使商品生產者拼命努力的強制力。市場用高額利潤來褒獎成功者，用破產倒閉來懲罰失敗者。市場經濟逼迫每一個生產者必須採用先進技術，降低產品成本，提高產品質量，改善服務態度，按照市場需求組織生產。

(五) 市場經濟的缺陷 (失靈)

市場經濟的確是一臺非常精巧的機器，它能夠有效地解決微觀層次上的資源配置問題。可是市場經濟雖有諸多優點，但並非十全十美。市場作為「看不見的手」調節經濟時，由於市場機制達到最優狀態的前提條件在現實的經濟運動中難以滿足，因而會導致市場的失敗。市場失敗又叫市場失靈。市場失靈，是指由各種原因引起的市場機制在資源配置的某些領域運作不靈。

1. 宏觀性失靈

宏觀性失靈是指市場經濟不能自發地實現宏觀總量平衡，必然造成經濟的週期震盪。

一個社會如果能夠實現總供給和總需求的基本平衡，並在結構上不出現大的失調，那就意味著整個經濟生活進入了一種良性循環的狀態。但是完全靠價值規律的自發調節是無法實現這種平衡的。市場經濟發展的歷史已充分證明，價值規律自發調節的結果只能是周而復始的週期震盪和經濟危機的頻繁爆發。因為市場調節本身具有滯後性、盲目性、週期性，它是一種事後調節，從價格形成、信息反饋到產品生產之間有一定時滯。生產者的趨利性和信息的不完全性決定了微觀決策的盲目性和被動性。這在那些生產週期較長的部門表現得尤為明顯，極易造成資源的大量浪費，破壞經濟的穩定增長，造成經濟生活的週期性震盪。市場經濟的這一缺陷，是導致市場經濟國家出現週期性經濟衰退及其他社會經濟矛盾的重要原因。為此，政府不得不用「看得見的手」來彌補這一缺陷，採取宏觀調節的政策措施干預經濟。

2. 信息性失靈

信息性失靈是指出現逆向選擇並使社會資源無法實現最優配置。

信息性失靈表現在交易過程中交易雙方對商品質量、性能等信息的瞭解程度不同，出現信息不完全或信息不對等的現象。這種現象在市場持續一段時間后，就會破壞市場機制的優勝劣汰作用，以致出現「劣勝優汰」「劣幣驅逐良幣」的現象。這種現象西方經濟學稱為「道德風險」。道德風險造成逆向選擇，使社會資源無法實現最優配置。

3. 公共性失靈

公共性失靈是指市場無法自發地提供公共物品。

公共物品是指那些在消費或利用方面不具有排他性和競爭性的商品和服務。典型的公共物品有國防、法律、警察、消防、道路、路燈、橋樑、基礎教育、環境保護、城市衛生、電視廣播（有線除外）、氣象服務等。公共物品有兩個基本特點：一是難以限制不付費的消費者消費該產品（非排他性）；二是新增消費者對原有消費者的利益並不構成影響（非競爭性）。這就決定了消費者都想「逃票乘車」「搭便車」。搭便車指的是享受好處而不支付成本的行為。這就會造成無人願意提供公共物品的困難，所以社會必不可少的公共物品由於收費困難而不可能由個別廠商按照市場交易規則提供，只能由政府通過徵稅的方式籌集資金來組織提供。

4. 壟斷性失靈

壟斷性失靈是指壟斷廠商通過操縱價格牟取暴利，破壞市場機制作用。

認為市場能夠完全保證合理競爭的說法是一個神話。即使是在自由競爭資本主義時期也不能保證實現完全充分的自由競爭。因為市場的規律是大魚吃小魚，如果沒有外部干預，市場競爭必然走向生產集中，最終形成壟斷。在壟斷的情況下，單一的賣方可以對其銷售的商品或要素的價格實行絕對控制，從而可以通過提高價格和限制產量等辦法獲取利潤。這種壟斷反過來又會破壞市場機制，排斥競爭，從而導致效率的損失。壟斷還阻礙技術進步。因此，壟斷的存在會造成市場競爭的失靈，阻礙社會資

源實現優化配置。

5. 外部性失靈

外部性失靈是指市場主體的活動給外部帶來經濟損失時，無法通過市場機制的自發作用來矯正。

外部性失靈又叫做「外部不經濟」，此時經濟主體的活動會對外部造成不利影響。任何經濟主體在從事經濟活動的過程中都會對外部產生影響，這種影響有正有負，從而會造成私人成本與社會成本之間或私人得益與社會得益之間的不一致。某些經濟主體的活動從企業內部看是有利的，但從企業外部看卻破壞了生態平衡，造成水、空氣污染等外部不經濟現象。如一個廠家為了節約自己的費用而將污染物（廢氣、污水、廢棄物、噪音等）排放出去，對公眾造成損害。這類外部影響一般不可能通過市場價格表現出來，當然也就難以通過市場機制的自發作用得到補償和糾正。而這種行為會危害社會利益甚至人類的生存，以至於今天全世界的各個角落都發出了「拯救地球」的呼聲。

6. 分配性失靈

市場經濟的自發作用會造成貧富懸殊，兩極分化。

市場交易在原則上是平等的、等價的。但由於人們的資源稟賦不同，競爭條件不一樣，各人擁有的機遇也不一樣，因而人們的收入水平往往相差很大。單純依靠市場機制的自發作用不可能實現公正的收入分配，因為價值規律自發調節必然造成兩極分化，收入差距懸殊，這已為大量史實所證實。即市場機制的自發作用會造成一些人富可敵國，另一些人則連基本需求都無法保障，甚至餓死街頭。這極易激化社會矛盾，引起社會環境不穩定。

市場經濟儘管存在缺陷，但從總體上說，它仍是一種有效的資源配置方式，是一種比計劃經濟效率更高的資源配置方式。

二、中國發展市場經濟的客觀必然性

中國的改革前無古人，在「摸著石頭過河」的探索過程中，最初引入的市場因素在原有的計劃經濟的「縫隙」和「邊緣地帶」茁壯成長起來，很快就使市場走向的改革越過了臨界點，成為不可逆轉的趨勢。為什麼市場經濟在中國有如此旺盛的生命力？這表明中國確實存在發展市場經濟的必然性。

(一) 中國市場經濟存在的前提是社會分工

社會分工是所有市場經濟存在的前提性條件，不論哪一種社會制度下的市場經濟都是如此。由於社會分工的日益擴大和日臻複雜，所有的商品生產者都面臨著生產的單一性與需求的多樣性之間的矛盾，因而存在著廣泛的分工和協作關係。它們之間必須通過交換才能建立起彼此間的聯繫。因此，必然存在著相互交換勞動產品的必要性，存在著市場經濟產生的客觀要求。

(二) 中國存在大量具有獨立經濟利益的經濟實體

如果僅有社會分工而沒有具有獨立經濟利益的經濟實體，不存在個別勞動和社會

勞動的矛盾,那就只會有同一經濟實體內部的產品交換,而不會有不同商品生產者之間的商品交換。然而中國經濟生活的現實已經證明,中國絕大部分企業都是具有獨立經濟利益的經濟實體。尤其在現階段,國有企業、集體企業、個體企業、三資企業、鄉鎮企業、股份制企業等,都是獨立的經濟實體,都有自己獨立的經濟利益。它們相互之間在經濟關係上都要求採取以等價交換為基礎的商品經濟關係。

(三) 勞動者的勞動力依然是商品

對於中國勞動者來說,與世界各國的勞動者一樣,勞動依然是謀生的手段,勞動力還是商品。勞動力作為商品交換,是勞動者勞動能力的讓渡,這種讓渡只能一次一次地進行,而不能一次性讓渡。因此勞動者與企業的關係、勞動者之間的經濟關係,也必然是等價交換的商品經濟關係。

正由於中國經濟生活中,不僅存在著日趨複雜和細緻的社會分工,而且各個經濟組織和勞動者都具有獨立的經濟利益,所以中國在社會主義條件下也必然廣泛地存在著商品貨幣關係,存在著市場。面對無限豐富、複雜多變的社會需求,成千上萬個企業的生產如要符合社會需求,就必須根據市場的變化來決定生產什麼、生產多少、為誰生產、如何生產、在什麼地方生產,亦要靠市場來調節以實現資源的配置。所以,中國經濟只能是市場經濟。又由於中國是在社會主義制度下建立市場經濟,所以我們要建立的是社會主義市場經濟。

我們說中國的市場經濟是社會主義市場經濟,並不是說市場經濟本身有資本主義、社會主義制度之分,而只是說它是社會主義制度條件下的市場經濟。這是同資本主義條件下的市場經濟相比較而言的。加上這一定語,只是指明它們所處的社會環境有所不同,而不是說市場經濟本身有什麼性質差別。

三、中國社會主義市場經濟發展現狀

(一) 中國社會主義市場經濟體制的基本特點

中國有中國的國情,只能根據自己民族的歷史文化和特殊的政治經濟條件,借鑑發達國家市場經濟模式,建立起適合自己特點的社會主義市場經濟模式。這個「市場經濟」,既不是早期自由資本主義時期自發的市場經濟,也不是某些西方國家私人壟斷的市場經濟,而是現代的有宏觀管理的市場經濟。中國社會主義市場經濟體制具有以下基本特點:

1. 社會主義市場經濟運行的主體是以公有制為主體的多種所有制經濟

中國社會主義市場經濟運行的基礎,是以公有制為主體、多種所有制經濟共同發展的經濟單位。由於中國是社會主義國家,所以必須堅持公有製作為社會主義經濟制度的基礎;又由於中國目前尚處在社會主義初級階段,所以又需要在以公有制為主體的條件下發展多種所有制經濟,即公有制經濟與其他多種所有制經濟共同構成中國社會主義市場經濟中的經濟主體,而不是像發達市場經濟國家那樣完全以私有制經濟作為市場經濟主體。黨的十六屆三中全會指出:「要適應經濟市場化不斷發展的趨勢,大力發展國有資本、集體資本和非公有資本等參股的混合所有制經濟,實現投資主體多

元化，使股份制成為公有制的主要實現形式。」由於經濟運行的基礎不同，由此反應出來的生產關係以及由這種生產關係所決定的社會關係具有本質的區別。

2. 社會主義市場經濟要實行共同富裕的社會主義原則

社會主義的基本價值觀是追求社會公正和收入分配公平基礎上的共同富裕。黨的十六屆三中全會指出，在分配方面要「以共同富裕為目標，擴大中等收入者比重，提高低收入者收入水平，調節過高收入，取締非法收入」。在中國，個人收入分配堅持以按勞分配為主體、多種分配方式並存的制度，把按勞分配與按生產要素分配結合起來，堅持效率優先、兼顧公平，各種生產要素按貢獻參與分配。總之，社會主義市場經濟允許合理的收入差距，但又要避免過分懸殊和兩極分化，以實現共同富裕。這一分配原則和經濟目標，是與資本主義市場經濟尤其是早期的資本主義市場經濟不同的另一個特徵。

(二) 中國社會主義市場經濟體制的基本框架

黨的十四屆三中全會通過的《關於建立社會主義市場經濟體制若干問題的決定》從五個方面描述了社會主義市場經濟體制的基本框架。這個基本框架由五大支柱構成：現代企業制度；統一、開放、競爭、有序的市場體系；以間接手段為主的完善的宏觀調控體系；以按勞分配為主體、效率優先、兼顧公平的收入分配制度；多層次的社會保障體系。

1. 建立適應市場經濟要求的現代企業制度

所謂現代企業制度，是指適應社會化大生產和社會主義市場經濟體制要求的產權明晰、權責明確、政企分開、科學管理的公司制度。建立現代企業制度是建立社會主義市場經濟體制的中心環節。十六屆三中全會提出：「建立歸屬清晰、權責明確、保護嚴格、流轉順暢的現代產權制度，是構建現代企業制度的重要基礎。」建立現代企業制度，實際上就是重新塑造、依法構築社會主義市場經濟體制的微觀基礎。

2. 建立統一、開放、競爭、有序的市場體系

市場體系的建立是市場經濟發展的客觀要求。市場體系的發育過程是一個漸進的漫長過程，以世界各國的經驗看，運用政府的力量可以大大縮短這個過程。政府可以承擔起組織市場培育的工作，為市場發育創造良好條件，如界定產權和設定交易規則、提供外部軟硬件條件、創造平等競爭環境等。黨的十六屆三中全會提出：「加快建設全國統一市場，強化市場的統一性，是建設現代市場體系的重要任務。」

3. 建立適應市場經濟要求的宏觀調控體系

宏觀調控，是指國家從經濟運行的全局出發，對國民經濟總體活動進行的有計劃調節和控制。其意義在於：它能校正或防止經濟中的總量失衡和結構失衡，保證國民經濟的正常運行。建立符合市場經濟要求的宏觀調控體系，是建立社會主義市場經濟體制的重要內容。

4. 建立以按勞分配為主體的個人收入分配制度

個人收入分配堅持以按勞分配為主體、多種分配方式並存的制度，體現效率優先、兼顧公平的原則。建立適應企業、事業單位和行政機關各自特點的工資制度與正常的

工資增長機制。國家主要通過分配政策和稅收調節，避免由於少數人收入畸高形成兩極分化。

5. 建立多層次的社會保障制度

社會保障制度是國家根據一定的法律和政策，對社會成員的基本生活權利給予保障的社會安全制度。在經濟運行市場化過程中，它起著重要的社會「安全網」和經濟「穩定器」作用。國家通過建立多層次的社會保障體系，保障人民基本生活的安定，為社會主義市場經濟的正常運行提供外部條件，促進社會經濟穩定發展。

上述社會主義市場經濟體制的五大基本框架，經過黨的十四大以來十餘年的建設，已初步建立起來，但還不夠完善。2003年10月召開的十六屆三中全會提出，要「完善社會主義市場經濟體制」，有力地推進了這一基本框架的建設和完善。

(三) 中國社會主義市場經濟發展程度

中國自1992年黨的十四大確定的經濟體制改革的目標是建設社會主義市場經濟體制，到2002年黨的十六大正式宣布，社會主義市場經濟體制初步建立。

《2003年中國市場經濟發展報告》客觀地、科學地從定量的角度對中國市場經濟發展的程度做了比較準確的分析和論證。該報告借鑑美國傳統基金會測度自由化指數的思路和方法，通過運用定性和定量手段以及對大量事實和數據進行論證研究，測算出中國市場經濟發展程度2001年年底已達到2.51，折合百分制算法為69%。該報告根據現代經濟理論對市場經濟的概括，結合國內外市場經濟發展的歷史和現實，同時借鑑美國、歐盟、加拿大反傾銷對市場經濟標準的法律規定，對什麼是市場經濟總結了5條共性標準，即政府行為規範化、經濟主體自由化、生產要素市場化、貿易環境公平化和金融參數合理化。比照這5條標準和相關經濟指標，課題報告對中國市場經濟的各個方面進行了深入的分析論證和客觀的評估測度，從中國經濟的現實出發，考慮到指標的國際可比性，建立了一個科學、合理的測度體系，確定了中國經濟的發展程度。

2005年8月14日，該課題組又公布了《2005年中國市場經濟發展報告》。該報告顯示，中國經濟市場化的深度與廣度都在不斷增強，2002年和2003年中國市場化指數分別達到72.8%和73.8%，遠遠超過市場經濟臨界水平（60%），應屬於發展中的市場經濟國家。

第四章　影響經濟發展的基本因素

一國或地區經濟發展要受多種因素的影響和制約。這包括經濟因素與非經濟因素、國內因素和國外因素等。國外因素與當前世界經濟貿易週期和政治環境相聯繫，國內因素則受政治經濟制度穩定和宏觀經濟環境的影響。經濟發展是這些多種因素共同作用的結果。

第一節　經濟因素

一、人口與人力資源

人口資源和人力資源是既相區別又相聯繫的兩個概念。人口資源是指一定範圍的具有一定數量和質量的人口總和。人口資源不同於人力資源。當代經濟管理學家彼午德魯克於 1954 年出版《管理實踐》一書，提出人力資源概念。人力資源是指人的勞動能力即勞動力資源，是人口資源的一部分，但不包括病殘者和已離休人員。人力資源，在數量上是指具有勞動能力的人口數量；在質量上是指有勞動能力人口的整體素質，包括體質、智質、學識、技術和品質等。人力資源不同於其他經濟資源，具有能動性、時效性、社會性和可再生性等特點。它是一種能提高經濟效益的經濟資源。

人力資源或勞動力供給數量對經濟增長有明顯的影響。當勞動力數量相對於可利用的生產資料數量較少時，勞動力數量的增加會導致生產資料利用率的提高，從而實現經濟增長。

人力資本又不同於人力資源。美國經濟學家西奧爾·舒爾茲在研究農業問題中發現，從 20 世紀初到 50 年代，促進農業勞動生產產量增加、農業勞動生產率提高的重要原因不是土地、人口數量或廠房、機器設備、原材料和燃料等物質資料的增加，而是人的能力和科技水平的提高。因此舒爾茲提出了人力資本的概念。所謂人力資本，就是指通過教育、培訓而獲得的知識和技能。人力資本投資類型是教育，教育是代表未來的經濟增長和發展而進行的投資。舒爾茲對經濟落後國家經濟考察後發現，這些國家經濟之所以落後，其根本原因主要不在於物質資料的短缺，而在於人力資本的缺乏。因此對廣大發展中國家來說，加大教育投資，累積更多的人力資本，是實現未來經濟快速增長和發展的關鍵因素。

中國是擁有人力資源最豐富的國家。據 2005 年 11 月抽樣抽查，中國目前擁有 13.7 億人口。儘管中國實行計劃生育政策，人口自然增長率很低，但由於人口基數大，

年均新增人口數量大，勞動適齡人口的增長快，使中國面臨的人口壓力是歷史上前所未有的。據預測，15~59歲勞動人口，2020年將達9.83億人，2050年將達8.46億~7.79億人；16~64歲勞動人口，2020年將達8.83億~10.18億人，2050年將達9.13億~10.47億人。去除在校學習、智力低下等因素不能參加社會勞動外，實際勞動人口，2020年將達8.33億~5.66億人，2050年將達7.61億~9.81億人。勞動力供給過剩是顯而易見的。

中國人力資源雖然豐富，但開發不力，利用不充分，總體質量不高。就全國來說，是少數優秀科學家、各類專業人才等民族精華與大量文化程度不高的人口並存的二元結構。中國在2000年雖然公布在青壯年中基本消滅了文盲，但仍有一定的文盲、半文盲人員存在。據20世紀末統計，在中國15歲及15歲以上的人口中，女性文盲和半文盲的比例為21.5%，男性文盲和半文盲的比例為8.81%。到2008年，在校大學生有2,021萬人，毛入學率為23.3%，15歲以上和新增勞動力平均受教育的年限分別為8.5年和11年。中國雖然從人口大國轉變為人力資源大國，但勞動力素質不高，人力資本缺乏是顯而易見的。

由此可見，中國經濟發展既有擁有豐富人力資源的有利條件，又將面臨著勞動力供給過剩、勞動力素質不高和人力資本缺乏的嚴峻挑戰。這必將給中國經濟發展帶來嚴重影響。

二、自然資源

自然資源是自然界本身就有的、可供人類開採、使用並生產經濟價值或社會價值的自然條件。它主要包括土地、水、生物、礦產、環境（光、溫度、降水、大氣）和海洋資源六大資源。

（一）中國自然資源豐富

中國土地面積有960萬平方公里，占全球有人居住土地面積的7.2%，居世界第3位；現有耕地1.08億公頃（1公頃＝0.01平方公里。下同），占世界的6.8%，居世界的第4位；森林面積1.28億公頃，占世界的3.4%，居世界第5位；草地面積3.13億公頃，占世界的9%，居世界第3位。

生物資源種類多。其中陸棲脊椎動物有2,070多種，占世界的9.8%，淡水魚類種數居世界第1位；高等植物有3.2萬多種，食用植物2,000多種，藥用植物3,000多種。

礦產種類較齊全。目前已發現各種礦產171種，其中鎢、銻、釩、稀土等10多種居世界首位；錫、鋅、鉬、寶石、滑石等居世界第2位；煤炭儲量居世界第3位，石油居世界第6位，天然氣居世界第16位，水力資源居世界第1位。

（二）中國自然資源人均佔有量少

中國人口多，自然資源雖然豐富，但人均佔有量少，有很多低於世界平均水平。2004年，人均耕地只有1.41畝，為世界平均水平的1/3；人均森林為世界平均水平的1/6；人均草地為世界平均水平的1/3；人均水資源為世界平均水平的1/4；人均礦產資源為世界平均水平的1/2；人均煤炭儲量為世界平均水平的1/2，石油為11%、天然氣

為4.5%。

(三) 中國自然資源分佈不均勻

中國煤炭資源有60%分佈在北方，水資源有70%分佈在西南。占全國人口總數37%的南方八省（市、區）的能源資源非常缺乏，其中煤炭僅占全國的2%，水力占10%。這種不均勻配置，導致「北煤南運」「西氣東輸」「南水北調」等工程實施，耗時長、耗資大。

自然資源對經濟的影響主要來自三方面：第一，自然資源的豐厚程度。一般地說，自然資源儲量大，有利於經濟增長。第二，自然資源的開發程度。一般地說，自然資源開發有力、利用充分，有利於經濟增長。第三，自然資源的加工程度。一般地說，自然資源加工精細、有深度，有利於經濟增長。在當代，人們對自然資源的開發和加工尤為關注。中國自然資源人均佔有量少，加工利用方式很落後，利用效率低，嚴重影響經濟增長。例如，目前單位建築面積能耗是發達國家的2~3倍，拌和1立方米混凝土比發達國家多消耗水泥80公斤；衛生潔具的耗水量比發達國家多出30%以上。隨著人口增加和經濟總量增加，資源消耗將繼續增大。據預測，中國人均能耗將由2000年的1,164千克標準煤增加到2010年和2030年的1,474千克標準煤和2,031千克標準煤；人均電耗將由2000年的1,102千瓦時增加到2010年和2030年的1,929千瓦時和4,571千瓦時。因此，降低資源消耗，建立節約型社會既是現實的選擇，也是經濟社會發展的必然要求。

三、科技進步

經濟增長不能僅依賴於生產要素的投入，而要注意投入要素的生產效率，其唯一途徑就是技術進步。因為技術進步會使生產工具改進或突破性變革，促進生產率提高，從而推動經濟增長。在一些發達國家，科學技術對經濟增長的貢獻率，20世紀初占10%~15%，20世紀中葉上升到40%，20世紀70年代以來則達到60%~80%。

中國經濟已進入新的成長階段。從20世紀90年代末開始在全國範圍內出現主要商品供大於求即產能相對過剩。經濟進一步發展的關鍵是要引導需求，不斷創造新需求，不斷形成新的經濟增長點，這只有靠技術進步。目前，中國科技貢獻率只有40%左右。因此，中國要實施跨越式技術創新戰略，發揮科學技術作為第一生產力的重要作用，使經濟進入良性循環的快速增長階段，這是落后國家實現后來居上、趕上發達國家的捷徑。

四、投資量

一般地說，投資與經濟增長是成正比的。因為，投資會形成新的勞動手段和勞動對象，從而引起產品量的增加。同時，投資還引起生產資料和消費資料的增加，反過來又推動生產資料和消費資料的生產企業擴大生產規模，增加產出，實現經濟增長。

在市場經濟條件下，投資來源應實現多元化。投資來源除了企業主體之外，還有政府和家庭的投資行為。無論是企業、政府，還是家庭投資，都必須進行儲蓄。家庭

儲蓄主要取決於家庭收入的高低，企業儲蓄主要來自利潤高低，政府儲蓄主要來自於稅收多少。政府儲蓄除來自稅收外，還可以通過發行債券、增發貨幣等手段來增加收入和儲蓄。儲蓄是廣義的累積。

儲蓄能否轉化為現實投資，主要看利息率與預期利潤率的對比情況。在預期利潤率一定的情況下，利息率下降會導致更多的儲蓄轉化為現實投資。

中國經濟發展需要大規模投資。中國未來城鎮化建設、社會主義新農村建設、重大工程建設，如南水北調、西氣東輸、京滬高速公路以及機場、港口、公路、橋樑、電信網絡等工程，原材料工業、汽車工業、電子信息化等項目，以及學校、圖書館等方面興建，對資金需求是巨大的。要保證這些在物質與人力資本方面未來投資的需要，必須努力保證資金來源。這需要做好兩方面的工作：一是要保證資金來源多元化，努力使集體、私營、個體企業的累積比逐年提高；二是要積極合理利用外資，它不僅可以彌補國內建設資金的不足，而且可以引進先進技術、先進管理經驗，增加財政收入，創造就業機會，這無疑對中國經濟發展起著重要作用。但是，投資一定要統籌兼顧，保證重點，做到合理有效。合理有效的投資有助於創造穩定的就業機會，提高居民收入，增加消費者購買力。對於有消費需求作支撐的投資要鼓勵。對於固定資產投資要加強宏觀調控，要從嚴控制新開工項目，抑制固定資產投資規模過大、過快增長，防止盲目投資，避免投資過熱現象出現，保持經濟較快發展。

五、消費需求

消費對社會再生產中有著巨大反作用。按照再生產理論要求，生產決定消費，但是消費能擴大生產規模，新的消費能促進新的生產，從這個意義上說，沒有消費就沒有生產，就沒有經濟增長和發展。消費分政府消費和居民消費。目前政府消費不存在不足，啟動居民消費是當前和今後一段時期的重要任務。

消費不振已成為中國經濟發展的重大隱患。近年來，中國消費對 GDP 增長的貢獻連續大幅度下降，從 2000 年的 73% 降至 2003 年的 37%。中國投資率高於世界平均水平近 20 個百分點，而消費率卻低於世界平均水平近 20 個百分點，投資與消費的增長極不和諧，嚴重影響中國經濟增長和發展。

因此，要努力擴大消費需求。當前需要做到：①努力增加城鄉居民尤其是中低收入者的收入，適當提高離退休人員、殘廢軍人和城市居民最低生活保障的養老金、撫恤、補助標準，改革公務員工資標準和事業單位收入分配制度；②改善消費心理預期，通過加快完善社會保障體系和解決教育、醫療、信息等領域的突出問題，穩定居民支出預期，擴大即期消費；③積極開拓農村市場，加快農村商業流通體系建設，發展城市社區商業和服務業；④培育新的消費熱點，擴大文化、健身、旅遊等服務性消費，規範和發展住房、汽車交易市場；⑤改善消費環境，合理調整現行消費稅，加快個人誠信體系建設，完善消費信貸政策，嚴厲打擊商業詐欺行為，切實保障消費者合法權益。

中國存在很大的潛在消費需求。據國家統計部門測算，目前中國農村居民人均消費支出相當於城鎮居民的 1/3，滯后於城鎮消費水平整整 8 年時間，如果農村消費零售

總額比重從現在不足 40% 提高到 50%，就意味著國民經濟新增 8,000 多億元的消費需求。如果西部人均 GDP 達到東部現在的水平，GDP 將形成 1.7 萬億元的增量。只要我們把這些潛在需求發掘出來並轉化為現實需求，中國經濟將獲得不竭的動力，促進經濟不斷增長和發展。

六、對外開放

對外開放是影響中國經濟增長和發展的重要外部條件。任何一個國家或地區要獲得真正的發展，都必須把自己置身於國際經濟環境之中。在對外開放中，對外貿易、引進外資和先進技術、開展對外經濟技術合作，都可以促進本國和地區經濟增長和發展。

在對外開放中發展外貿是基礎。出口貿易是推動中國經濟增長的一個不可忽視的因素。理論界把出口與投資、消費並列作為拉動中國經濟增長的「三駕馬車」。進口貿易對中國經濟增長和發展同樣起著重要作用。如果沒有進出口貿易的增長，整個經濟就不會有快速的增長。在今后錯綜複雜的國際經濟環境中，在擴大內需的同時，對外貿易不能放松，要穩步前進。

利用外資也是促進中國經濟增長和發展的重要因素。在當今生產國際化、資本國際化、生產要素流動加快的國際經濟環境中，各國和地區都不斷加強國際經濟技術合作。作為經濟技術比較落後、現正在迅速發展的中國，需要現代化建設的資金、技術、人才和管理經驗，必須通過廣泛而充分利用外資來滿足這些需要。改革開放以來，中國引進一批外資，對中國經濟發展起了積極作用。今后仍然要積極合理有效地利用外資，注重利用外資的質量和效益，使外資在中國經濟增長和發展中發揮更大的作用。

與此同時，在經濟全球化和中國已加入 WTO 的新形勢下，中國不僅要把資金、技術引進來，而且要不失時機地「走出去」，主動參與經濟全球化。不僅在國內參與其他國家生產的國際分工，而且在國外參與中國生產的國際分工，把中國比較優勢和其他國家比較優勢結合起來，更好地利用國內外兩個市場、兩種資源，不斷增強經濟發展的動力和后勁，促進經濟持續穩定增長和發展。

第二節　非經濟因素

一、社會政治環境

政治是經濟的集中表現。政治環境是影響一國經濟增長和發展的重要條件。政治穩定能促進經濟增長和發展；政治不穩定，經濟增長就遭到挫折和破壞。政治穩定性表現為政府的穩定性和連續性。政府穩定取決於政府對所發生的內部或外部的矛盾和問題的應變能力。只要政府能及時、恰當地處理和解決所遇到的各種困難和矛盾，就能保證經濟建設順利進行，促進經濟增長和發展。

二、社會文化環境

文化是社會經濟和政治的反應。它與經濟、政治相互交融、相互滲透，日益成為國家綜合國力的重要組成部分。文化會影響人們的生活方式、消費習慣、消費心理和價值觀念，對經濟發展有直接關係，應予以高度重視。文化有先進和落後之分。先進文化是人類文明進步的結晶，體現時代的主流、社會發展的方向和人民的希望和意志。我們要發展和繁榮社會主義文化，既要繼承中國傳統文化精華，又要吸收、借鑑世界各國的優秀文化，不斷創新和發展先進文化，為經濟社會發展提供精神動力和智力支持。在當今思想意識、價值觀念、行為方式等文化價值觀競爭激烈的環境中，必須發揚先進文化，建立起自己的文化產業和競爭優勢，培育文化軟實力，努力把文化大國建成文化強國，積極營造支持和促進社會經濟發展的優越的文化環境。

三、社會教育水平

為社會經濟發展提供科技和人才，關鍵在教育。當今世界，科學技術突飛猛進，知識經濟迅速發展，國際間競爭激烈，說到底是人才競爭。人才的湧現關鍵在教育。教育水平是影響經濟增長和發展的關鍵因素。因此，要大力振興中國教育，積極發展教育事業，努力提高中國人口受教育年限和水平，擴大高等教育規模，建立終身教育體系，為國家經濟發展和現代化建設提供充足的優秀人才。

第三節　加快轉變經濟發展方式

經濟發展方式是影響經濟發展的重要因素之一。實現未來經濟發展目標，關鍵要在加快轉變經濟發展方式方面取得重大進展。加快轉變經濟發展方式，推動產業結構優化升級，是關係國民經濟全局緊迫而重大的戰略任務。因此，加快轉變經濟發展方式對國民經濟又好又快發展和實現未來經濟發展目標具有極端重要性。

一、經濟增長方式和經濟發展方式的聯繫與區別

與前述經濟增長和經濟發展兩個既相區別又聯繫的不同概念相對應，就存在實現經濟增長與發展的兩種不同方法和途徑，也就是經濟增長方式和經濟發展方式這兩種方法和模式的問題。

（一）經濟增長方式的內涵和類型

一般地說，經濟增長方式是指採取何種途徑和方式來實現經濟增長，也就是通過要素結合變化包括生產要素數量增加和質量改善來實現經濟增長的方法或模式。

經濟增長方式有兩種類型：一是粗放型經濟增長方式；二是集約型經濟增長方式。

粗放型經濟增長方式主要依靠生產要素的投入，追求產品數量的擴張，通過擴大土地、增加機器設備和勞動力等生產要素來實現經濟增長，這是一種單純數量擴張型

的經濟增長方式，這種增長方式帶來的結果是高投入、高消耗、高速度、低質量、低效益。

集約型經濟增長方式是指注重依靠科技進步、生產要素質量和使用效率提高及其優化組合等實現經濟增長。這是一種質量效益型的經濟方式，這種經濟增長方式帶來的結果是低投入、低消耗、高產出、高質量、高效益。

在理論和實踐上有必要區分一下粗放型經濟增長和外延性經濟增長這兩種不同方式。外延型經濟增長固然要擴大生產場地，如馬克思所說的「工廠之外添工廠」，但外延型經濟增長可以是單純的數量擴張，也可以採用先進技術等生產要素質量提高實現擴張，這種擴張應屬內涵型或集約型經濟方式，不屬於粗放型經濟增長方式。因此，不能把粗放型增長方式和外延型增長方式這兩種方式簡單等同。

(二) 經濟發展方式的內涵及其與經濟增長方式的聯繫

經濟發展方式的內涵豐富，是指促進經濟質量提高、全面協調可持續發展的方式。它既涵蓋生產要素結構的變化，又包括產業結構、需求結構、城鄉結構、區域結構的變化，還包括資源和生態環境的狀況。

經濟發展方式同集約型經濟增長方式基本一致，主要依靠科技進步、勞動者素質提高、加強管理、結構調整和優化環境等方式來發展經濟。它們所不同的是，經濟增長方式一般不包括結構調整和生態環境等方面的內容，側重於要素結構的數量和質量的變化。因此，理論界一般把經濟增長方式稱為「要素驅動型」方式，把經濟發展方式稱為「創新驅動型」方式。

二、加快轉變經濟發展方式是關係經濟發展全局的戰略任務

(一) 轉變經濟發展方式是實踐經驗的總結和理論認識的深化

所謂轉變經濟發展方式，就是既要求從粗放型經濟增長方式轉變為集約型經濟增長方式，又要求從通常的經濟增長轉變為全面協調可持續的經濟發展。

轉變經濟發展方式是在轉變經濟增長方式的基礎上提出的要求。改革開放以來，中央十分重視轉變經濟增長方式問題。黨的十一屆三中全會提出要轉變黨的工作重心，要以經濟建設為中心，就是含有經濟增長方式問題；黨的十二大提出把全部經濟工作轉到以提高經濟效益為中心的軌道上來，在提高經濟效益的基礎上實現翻兩番，這又內含著經濟增長方式轉變問題；黨的十三大明確提出，要從粗放經營為主逐步轉上集約經營為主的軌道，促進經濟由粗放型經營向集約型經營轉變；黨的十五大和十六大，對轉變經濟增長方式提出了更加明確的要求。十五大提出，要積極推進經濟增長方式的根本轉變，使經濟建設真正轉到依靠科技進步和提高勞動力素質的軌道上來；十六大提出，要積極發展對經濟增長有突破性重大帶動作用的高新技術產業，注重依靠科技進步和提高勞動力素質，改善經濟增長效益。應該說，黨中央一系列關於轉變經濟增長方式已取得顯著成效——不僅使國家經濟總量迅速增加、增長速度加快、國際地位提高和人均收入水平提高，而且區域經濟發展、農業基礎地位、國有經濟結構佈局、現代化服務業和文化產業以及宏微觀經濟管理水平等方面都發生了顯著變化。

轉變經濟發展方式是黨的十七大明確提出來的。十七大以科學發展觀為指導，總結改革以來轉變經濟增長方式的實踐經驗，科學地反思當前經濟發展中的矛盾和問題，提出加快轉變經濟發展方式。從轉變經濟增長方式到轉變經濟發展方式，雖然只是「增長」和「發展」兩個字的調整和變化，但體現了中央對實踐經驗的總結和理論認識的深化，對經濟發展理念的深化、發展道路的拓展和國際環境認識的提升。進入新世紀，中國經濟發展進入新階段，從總體上實現小康向全面建成小康社會和社會主義現代化目標奮進，對經濟發展要求有進一步提高，在推進產業結構優化升級、統籌城鄉區域和經濟社會發展、全面協調可持續發展以及調整需求結構等方面進行了新的實踐。在新的實踐基礎上提出轉變經濟發展方式，反應了中央對經濟規律認識的深化，順應了經濟發展和時代的要求，是促進國民經濟又好又快發展、實現未來經濟發展目標的關鍵舉措。

(二) 轉變經濟發展方式是經濟發展全局的要求

從經濟角度看，影響經濟發展全局的主要有三大因素：一是發展理念；二是發展途徑；三是發展環境。經濟發展方式就涉及這三大因素。

改革開放以來，雖然在轉變經濟增長方式方面已取得明顯成效，但還沒有取得根本性突破。究其原因，主要是影響經濟全局的三大因素尚未發生根本性轉變：

1. 發展理論上尚未出現根本轉變

這主要表現在沒有處理好經濟發展好與快的關係。改革開放初期，由於中國經濟總量小，社會物資匱乏，人民生活還相當落後。為改變這種狀況，那時強調經濟發展速度快些，更多注重經濟總量增長，這是可以理解的。現在情況不同了。經過 30 多年的發展，經濟發展已突破 33 萬億元，躍居世界前列，供求關係已由過去短缺轉為相對富裕，人民生活由過去貧困到總體上達到小康水平，現正在向中等收入國家和更高目標邁進。在這種情況下，再也不能固守注重速度快這樣的發展理念了，應該轉變發展理念。但是，有些地區、部門和人員仍然存在以速度論英雄的現象。為了所謂政績，不顧中央三令五申壓縮固定資產投資規模，一意孤行地亂上項目、搞重複建設、搞形象工程，結果速度上去了，但資源浪費大、環境污染嚴重、經濟效益差。這證明，加快轉變經濟發展方式，首先要轉變經濟發展理念，正確處理好與快的關係。

正確的發展理念應當是：經濟發展要有合適的速度，但不能盲目追求高速度；要有一定的量的增長，但更要注重質量的提高。也就是說，今後發展經濟，應特別注重質量的提高，特別注重「好」，要「好」字當頭、「好」字優先、好中求快，努力實現速度、質量、效益相協調，消費、投資、出口相協調，人口、資源、環境相協調，實現國民經濟又好又快發展。

2. 在發展途徑上尚未出現根本轉變

發展途徑也可以說是發展方法或模式，也就是粗放型經營和集約型經營這兩種方式如何選擇的問題。中國地少人多、資金缺乏、技術落後，為改變這種狀況，在一定時期內採用粗放型經營方式也是可以理解的。但是，粗放型經濟方式是一種高投入、高消耗、低產出、低效益並且浪費、污染嚴重的方式，在經濟技術發展到一定階段後，

必須實現經濟發展方式的根本轉變，否則難以達到未來經濟發展目標。

第一，國內資源難以維持粗放型增長的需要。中國資源缺乏是客觀事實。人均耕地不到世界平均水平的 1/2，人均森林面積不到世界平均水平的 17%，人均水資源佔有量只有世界平均水平的 1/4，目前已掌握的礦產儲量只有 1/3 可供經濟利用。45 種主要礦產中有一半以上儲量消耗速度快於尋找新礦源速度。例如，截至 2002 年年底，中國探明可直接利用的煤炭儲量為 1,886 億噸，人均探明煤炭儲量人均 45 噸，按人均年消耗 1.45 噸匡算，可保證開採使用 100 年左右，但實際消耗卻持續上升，年遞增約 5%，已探明的煤炭儲量只能使用 50 年，比原來匡算時間縮了一半。這就是提出建設節約型社會的任務，否則難以實現經濟發展目標。

第二，粗放型增長造成環境污染和生態惡化。環境污染和生態惡化是中國經濟建設中存在的比較突出的問題。1998 年世界 10 個污染最嚴重的城市，中國占 7 個，酸雨面積已占國土面積的 1/3，七大水系 1/3 以上河段被嚴重污染，水土流失面積已占中國國土面積的 38%，每年新增水土流失面積達 1 萬平方公里。中國環境污染和生態惡化問題已演變為社會問題、國際問題。國際社會非常關注中國的環境污染和生態惡化問題，都在向中國開展「環境外交」活動，也使中國在它們「環境外交」的形勢下處於十分被動的地位。因此，轉變經濟發展方式、治理環境污染、遏制生態惡化，不僅是經濟問題，而且是國際政治問題。

第三，粗放型增長不利於提高國際競爭力。國際競爭力表現是多方面的，其中產品出口情況是一個重要表現。多年來，中國出口以數取勝，現在以數量取勝已不能適應國際市場環境。當今國際市場的勞動密集型產品不僅存在與中國嚴重雷同現象，而且有不少已飽和或趨於飽和。在這種情況下，如再以數量取勝就難以為繼了。因此，生產具有國際競爭力的產品出口，必須轉變經濟發展方式。

3. 在發展環境適應性上尚未出現根本轉變

發展環境包括國內和國際兩方面。國內環境主要是指從原來計劃經濟體制轉變為市場經濟體制；國際環境主要是經濟全球化深入發展。對這兩種環境是主動適應還是被動適應，也反應了經濟發展方式轉變狀況。中國經濟發展在整體上還是「要素驅動型」，而不是「創新驅動型」，因此產業結構不優化、資源消耗大、低成本勞動力投入多、科技貢獻低、服務貿易發展滯后等，都表明中國目前經濟整體素質不高和主動適應發展環境的能力不強。在這種情況下，如不加快轉變經濟發展方式，就不能提高經濟整體素質和主動適應發展環境的競爭力，包括國內市場競爭力和國際市場競爭力。

因此，必須抓住經濟發展具有根本性、全局性的戰略問題，在發展理念、發展途徑和發展環境三方面來一個根本轉變，從而加快轉變經濟發展方式。

(三) 努力實現經濟發展方式的「三個轉變」

實現經濟發展方式的轉變是一個艱鉅的過程，時間緊迫、任務繁重，我們必須實現「三個轉變」：

第一，在要求結構上，促進經濟增長主要依靠投資、出口拉動向依靠消費、投資、出口協調拉動轉變。

這個轉變，是投資、消費、出口這三駕「馬車」的關係處理問題。目前，中國投資與消費失衡。在很多時期，投資是中國經濟主要拉動力，投資率偏高，消費率較低。累積與消費比例已嚴重失調。2007年消費率為48.8%，是1978年以來最低的水平。由於消費率較低，以致國內市場規模受限，嚴重制約著擴大內需；由於擴大內需受限，必然依賴出口拉動經濟。2002年出口依存度只有26%，2003年變為31%，2004年提高為36%。過度依賴出口拉動經濟，會使外資順差大、國際收支盈餘多，造成國內流動性過剩和貿易受國際環境變化的影響。從國際經濟運動規律和中國經濟面臨的問題及其發展趨勢看，增加消費、擴大內需應是經濟發展的主要拉動力。國際經濟環境決定中國未來出口大幅上升的可能性較小。應在保證出口不出現大幅度下滑和保持適度規模投資的條件下，著眼於改善民生、產業結構調整和國際收支平衡，鼓勵消費、擴大內需，把經濟發展建立在開拓國內市場的基礎上，形成消費、投資、出口協調拉動經濟增長的局面。

　　第二，在產業結構上，促進經濟增長由主要依靠第二產業帶動向依靠第一、第二、第三產業協調帶動轉變。

　　這個轉變，主要是正確處理三次產業帶動經濟增長的關係。從世界各國的情況看，目前，大多數發達國家的第三產業佔國民經濟的比重在70%左右，大多數發展中國家也在50%左右，產業結構優化或比較優化，而中國目前的產業結構至今比較落後，農業基礎薄弱、工業素質不高、服務業發展滯后。2008年第一產業佔GDP的比重由1978年的28.2%下降為11.3%，第二產業由47.9%上升為48.6%，第三產業由23.9%上升為40.1%。從第三產業結構看，發達國家以信息、諮詢、科技、金融等新興產業為主，而中國則是商業飲食、交通運輸等傳統服務業比重大，佔第三產業40%以上。因此，中國必須推進產業結構優化升級，要鞏固第一產業、提升第二產業、做大第三產業，發展現代產業體系，使第一、第二、第三產業協調帶動經濟增長。

　　第三，在要素投入上，促進經濟增長由主要增加物質資源消耗向主要依靠科技進步、勞動力素質提高、管理創新轉變。

　　這個轉變，主要是正確處理生產要素投入帶動經濟增長的關係。目前，中國經濟增長主要靠投入物質資源，總體上仍以勞動和資本密集型產業為主，科技投入少，技術創新能力差，國際競爭力優勢更多地體現在廉價勞動力和資本密集型產品的價格上，與發達國家相比在技術上存在較大差距。無論從國際科技競爭趨勢看，還是從國內低成本競爭優勢減弱的現實看，都必須增加科技投入，增加技術創新能力，把經濟增長轉到更多地依靠科技進步、提高勞動者素質和管理創新上來，加快經濟發展方式轉變。

　　上述三個轉變，是中國當前和今後一個時期內轉變經濟發展方式的重要任務。努力實現三個轉變，對加快轉變經濟發展方式、促進國民經濟又好又快發展具有重大的理論意義和實踐意義。

三、轉變經濟發展方式的主要途徑

　　應該說，轉變經濟發展方式是一個系統工程，需要在體制、機制、技術等各方面下功夫。可以說，凡是能提高勞動生產率和提高經濟效益的因素，都有利於加快經濟

發展方式的轉變。主要途徑有：

1. 體制創新

經濟體制與經濟發展方式，這兩者可以認為是生產關係與生產力的關係。因為經濟體制與生產關係相聯繫，經濟發展方式與生產力相聯繫。這兩者是相互依存、相互制約、相互促進的。目前，社會主義市場經濟體制已初步建立，需要進一步完善，從根本上瓦解粗放型經濟發展方式賴以存在的體制基礎，把資源配置真正轉到市場經濟體制軌道上來，使市場機制在集約型經濟發展中發揮出基礎性作用。

2. 加快科技進步

這是經濟發展方式轉變的關鍵。當今，科學技術是第一生產力，科技創新已成為現代經濟發展的主要因素。目前，中國科學技術水平比較低，對經濟發展的貢獻率不高，因此要切實加大科技投入，鼓勵科技創新，強化開發、應用和推廣，促進科技成果轉化為現實生產力，使科學技術在集約型經濟發展中發揮突出作用。

3. 深化企業改革

這是經濟發展方式轉變的重要突破口。企業是市場經濟的微觀基礎、各種生產要素的載體，是經濟運行的微觀主體。各企業應主動加大科技投入，積極開展技術創新，普遍採用新技術、新工藝。同時，對國內外的科技成果要做到積極吸收、消化和創新。這必將帶動和加快經濟發展方式的轉變。目前，不少企業存在加快科技進步和技術創新的內在動力不足的問題，科技投入不足，熱衷於鋪新攤子、上項目，忽視技術改造和設備更新。要改變這種狀況，必須通過深化改革、促進技術改造、加快經營機制轉換，從而加快轉變經濟發展方式。

第五章　中國的二元經濟與產業結構

第一節　中國的二元經濟結構

一、二元經濟結構理論

(一) 經濟結構

結構就是比重（proportion）。在一個系統內部，可以從不同角度對構成要素進行結構分析。如班級裡的性別結構、生源結構，學校裡的年齡結構、職稱結構、學歷結構等。在經濟學和社會學裡，結構都是非常重要的分析工具。

經濟結構是指經濟系統內部各構成要素之間的數量比例和相互關係。經濟結構是一個國家經濟發展水平的標誌，不同國家在不同的發展階段，其經濟結構有很大差異。中國經濟結構的一個重要特點，就是國民經濟呈二元結構。

(二) 二元經濟結構

1. 二元經濟結構的定義

二元經濟結構，是指一個社會內部同時存在著傳統經濟部門和現代經濟部門、經濟發達部分和經濟發達部分，兩者共同構成一個經濟整體。

2. 二元經濟結構的分類和特點

二元經濟分為兩個部門：城市中以製造業為中心的現代化部門和農村中以傳統農業、手工業為主的傳統部門。

現代化部門是指以機器大生產為生產力水平標誌的工業生產部門，其生產規模大、生產力水平高，所使用的生產和管理技術較先進，為交換而進行生產，生產動機是為了追求價值增值，為了牟利。

傳統經濟部門是指以手工勞動和畜力為生產力水平標誌的農業生產部門，其生產規模小、技術落後、生產力水平低下、經濟發展緩慢，以自給自足為特徵。生產的動機主要是為了獲得使用價值，為了自己消費，商品率很低，產品很少在市場上出售。

3. 世界經濟結構演變過程的軌跡

根據發達國家的發展歷程，可以得出世界經濟結構演變過程的軌跡：以傳統農業結構為主體—傳統結構向現代結構過渡—以現代經濟結構為主體。

在經濟結構的演變過程中，起點和終點都是一元經濟結構，過程是二元經濟結構；一部分是傳統經濟，一部分是現代經濟。可見二元經濟並存是所有國家從傳統農業文

明向現代工業文明轉化過程中都必然會出現的現象。這個過渡過程就是工業化過程。

(三) 工業化

1. 工業化定義

所謂工業化，是指機器大工業生產在國民經濟中逐步發展並達到占統治地位的過程，即國民經濟結構發生了由農業占主導地位向工業占主導地位的轉變。它使一個國家由傳統農業國變為現代工業國，是社會生產力發展到一定階段的標誌。

工業化實現的主要標誌包括以下三個互相聯繫的方面：工業（第二產業）創造的GDP在整個GDP中占優勢；工業的技術基礎實現現代化；非農業人口在社會總人口中占多數。

2. 發達國家與發展中國家工業化過程的不同

(1) 發達國家的工業化是市場力量作用的結果

縱觀發達國家經濟發展歷史可以發現，這些國家二元經濟結構的產生、發展乃至向現代經濟結構的過渡，是一個漸進的利用市場機制自發發展的過程。其進程與傳統農業之間有一種良性互動關係，農業勞動生產率提高，能夠為工業的最初發展提供農業剩餘（即農業在維持自身發展所需之外還有剩餘，以供其他產業發展所需）。而工業在成長的過程中，不斷吸收農村由於勞動生產率提高而排擠出來的勞動力，並向農村提供農藥、化肥、農用機械等生產資料，進一步促進了農業勞動生產率的提高。兩者形成了互相促進的關係。發達國家作為先行工業化國家，占盡天時地利，順利地完成了經濟結構的轉換，實現了整個經濟的現代化。

(2) 發展中國家的工業化通常是政府選擇的結果

發展中國家的工業化往往不是一個自發的過程，而是一個自覺的過程，其工業化通常是在政府的扶持下從外部移入或自己建設而發端的，工業代表先進的生產力，與它並存的是一個傳統的龐大的落後的農業部門。工業和農業形成兩大板塊，兩者之間缺乏一種良性的內在關聯。在傳統的農業部門中，生產技術落後，經濟自給自足，存在大量邊際生產率趨於零甚至為負數的過剩勞動力。如果將這部分勞動力從農業生產中剝離出去，可以保持產出總量不減少，而人均量將有所增加。

美國著名經濟學家、諾貝爾經濟學獎獲得者威廉·阿瑟·劉易斯（Lewis Arthur）對發展中國家的工業化過程進行了研究，建立了在勞動力無限供給條件下二元結構的傳統部門向現代部門轉化的理論模式，揭示了傳統部門的勞動力向現代部門轉移的內在機制。

劉易斯認為，在一國發展初期存在二元經濟結構：一個是以傳統生產方式生產的「維持生計」的部門（以傳統農業部門為代表）；一個是以現代生產方式生產的「資本主義」部門（以工業部門和城市為代表）。農業部門人口多、增長快。由於邊際生產率遞減規律，其邊際生產率非常低甚至為零，農業部門出現大量剩餘勞動力。此時，只要工業部門能夠提供稍大於維持農村人口最低生活水平的既定工資，大量勞動力將從農業部門湧入工業部門，為工業部門的擴張提供無限的勞動力供給。（所謂「無限的勞動力供給」即指勞動力供給曲線在既定工資水平下具有無限彈性。「既定工資」即是

「農業部門勞動力維持生活需要的最低收入水平」）由於在既定工資水平上，勞動力的供給是無限的，工業部門在實際工資不變的情況下將所獲利潤轉化為再投資，將規模不斷擴大直到將農村剩餘勞動力全部吸收完，這個時候工資便出現了由水平運動到陡峭上升的轉變，經濟學上稱之為「劉易斯拐點」。

與「劉易斯拐點」相對應的是「人口紅利」。由於年輕人口數量增多形成的廉價勞動力，提供給經濟發展相對便宜的要素價格。對於很多發展中國家而言，廉價勞動力是發展的一個重要因素，這一點，在中國的經濟增長模式中也表現得較為明顯。

而「劉易斯拐點」與「人口紅利」之間似乎有一種正相關的關係，前者的顯現，往往是「人口紅利」逐漸消失的一個前兆。我們面臨的「拐點」更多的是指「初級勞動力」領域，相應地，以技師、技工為代表的「中級勞動力」數量卻越來越不足（大學本科生以上的「高級勞動力」倒是在增加，但質量並不樂觀），這更加劇了未來發展的風險。

二、中國城鄉二元經濟結構

(一) 城鄉二元經濟結構的形成

中國作為典型的發展中國家，具有特別鮮明的城鄉二元經濟結構特徵。

1. 中國二元經濟結構中的現代經濟部門

中國是在工業化水平極低的歷史起點起步的。在幾個五年計劃的時間裡，通過高度集中的計劃經濟的累積機制，集中了國民收入相當大的部分，盡快實現了國家工業化，使中國從幾乎沒有現代生產部門到現代工業已經在國民經濟中佔據主導地位。

在經過半個多世紀的今天，中國已建立起了二元經濟結構中的「現代經濟部門」這一元，現代工業已經在國民經濟中佔據了主導地位。據國家統計局發布的《關於2005年GDP初步核實數據的公告》提供的數據，第二產業提供的GDP在GDP總量中所占的份額高達47.5%。多年來，中國居世界第一位的工業產品有：鋼、煤、化肥、水泥、棉布、電視機等；發電量居世界第二位；原油產量居世界第五位。並且，中國已擁有一流的尖端高科技能力，例如人造衛星的生產、發射、回收等技術等。這表明中國國民經濟中的現代經濟部分已有相當程度的發展，這一點是國際社會普遍認同的。

2. 中國二元經濟結構中的傳統經濟部門

中國農村還十分貧困落后。至今大體上仍有數千萬人沒有解決溫飽問題。農村人均純收入只有城市的1/3左右，相當一部分農民還生活在傳統社會中。在中國廣大農村，仍然大量採取以手工工具、手工勞動為基礎的傳統生產方式。農業部門中農副產品商品率很低，自給性和半自給性經濟佔有相當大的比重，農業過剩勞動力因人口膨脹而有增無減。

3. 中國二元經濟結構形成的原因

這種二元經濟結構是由中國獨特的工業化道路和城鄉分治體制決定的。

(1) 中國工業化起點低，缺乏發展經濟可以依託的工業基礎

新中國成立初期，只是一個落後的農業大國，工業發展水平低下。通常來說，一

個國家要實現工業化，必須有本國的機器製造業，能夠為全部工業、交通運輸業、農業及其他各行各業提供物質技術裝備。而在舊中國，自己不能製造汽車、拖拉機、飛機、重型的和精密的機器，工業基礎十分落後和薄弱。1949年生產資料工業的產值只占全部工業產值的26.6%。加之戰爭的破壞，舊中國沒有給新中國留下一個可以直接利用的現成的工業基礎。

（2）被當時的國際社會封鎖、孤立，無法從外部獲得發展工業化的資金

中國實現工業化的背景與其他國家有很大不同。當時中國面臨以西方國家為首的國際社會的封鎖、包圍、孤立，除了蘇聯有限的資助以外，中國無法從國外籌措到工業化必不可少的資金，因此無法像許多發展中國家那樣走舉債發展的道路。

（3）採用「剪刀差」的形式從農業中累積起工業化的啟動資金（原始累積），促進城市工業經濟的發展

在當時的條件下，中國最大的可利用產業就是農業。農業部門是當時中國最大的生產部門，也是經濟剩餘的主要創造者。工業化所需的啟動資本，只能靠農業來提供。所以，中國現代經濟的發展不得不建立在落後的農業基礎之上。從20世紀50年代開始，實現工業化尤其是重工業化成為壓倒一切的目標。為了實現這一目標，國家用計劃經濟的形式在全社會範圍內配置資源。

具體的過程是：國家通過在農村建立農業集體化和農副產品統購統銷制度，來進行初期工業化的強制性原始累積。農業創造的剩餘產品，以低價統購方式流入國家商業組織，然后國家商業組織向工業低價統銷農產品，保證工業企業獲得廉價勞動力和原材料，生產價高利大的工業品。國家用「剪刀差」的形式建立了工農業產品的不等價交換關係。

「剪刀差」指工農業產品價格變動指數在統計圖表上繪出的曲線形態。

工業的壟斷高額利潤以上繳利稅的方式集中到國家財政，成為工業化的原始累積資本。財政再將其以基建投資形式重新投入到工業部門，進行擴大再生產。這就是通過工農業產品價格「剪刀差」實行強制累積的大致過程。集體化則是國家低價徵購農副產品的組織保證。這一過程的推進是國家以計劃經濟的形式在全社會範圍內配置資源、消滅市場力量作為前提的。

從20世紀50年代開始直到改革初期，農業向工業源源不斷地輸血，使城市工業經濟獲得了長足進步。與此同時，農村並未取得同步進展。農村呈現出二元經濟結構中傳統這一元的鮮明特徵。

（4）實施禁止勞動力流動政策，以控製城市人口增長，從而形成城鄉兩大經濟板塊

這種讓農業為工業輸血的不等價交換制度，造成大量的農村人口湧入城市。為制止這種現象蔓延，以保證城市工業化的順利推進，1958年國家頒布了《中華人民共和國戶口管理條例》，以戶籍制度為基礎，構築了住宅制度、糧食供給制度、副食品和燃料供給制度、教育、醫療、婚姻、就業等14項含金量完全不同的制度壁壘。通過設置這種城鄉壁壘，禁止勞動力自由流動，人為地扼制人口向城市的集中。這雖然緩解了城市壓力，但阻斷了城市化的自然進程。這一背離城市化規律的政策，造成了城鄉差

距的擴大和延續至今的諸多社會問題。

這種「城鄉分治」政策逐步演化成了二元社會結構，從地域和人口兩方面把中國切成涇渭分明的兩大板塊，構成中國特有的社會狀態。在許多方面，城鄉實施不同的政策措施。這一狀態對中國經濟的發展至今仍具有不可忽視的影響，是今天中國經濟很多現實問題的根源。如農民貧困問題、國內內需不足問題、現代化的實現問題等等。不過改革到了今天，戶籍制度的堅冰正在打破，除少數特大城市外，其他城市都不同程度地放鬆了戶籍限制，即使沒有城市戶籍，也可在城市謀生，城市戶口本身的含金量也在下降。

(二) 中國城市化率低下對經濟的影響

1. 城市化和城市化率

城市化是指隨著經濟的發展，人口向城市和城鎮地帶集中的過程。城市化是工業化的伴生現象。根據世界各國的經驗，隨著工業化的推進，越來越多的農村人口將變為城市人口。

城市化率指城市人口占全國總人口的比重，是衡量一個國家城市化水平的基本指標之一。城市化率越高，城市人口占總人口的比重越大，數量越多；城市化率越低，城市人口占總人口的比重越小，數量越少。城市化率低下表明城市化落後，城市化水平不高。

中國是世界上城市產生最早的國家之一，但由於上述制度與政策的原因，在近代城市化進程中遠遠地落在后面。1949—1978 年，中國城市化率由 10.64% 上升到 17.92%，長達 30 年的時間裡城市化率只提高了不到 8 個百分點。1.7 億城市人口密集於 220 個城市中；82.08% 的人口分散在廣大農村，成為排斥在工業化進程之外的貧窮人口。

截至 2002 年年底，中國設市城市達 660 個。其中特大城市（100 萬人口以上）171 個，50 萬~100 萬人口的大城市 279 個，20 萬~50 萬人口的中等城市 171 個，20 萬人口以下的小城市 39 個。

衡量一個國家城市化程度的基本指標之一，就是該國城市人口占全國總人口的比重。中國 2005 年全國總人口為 130,756 萬人，城鎮人口為 56,212 萬人，城市化率達 43%；居住在鄉村的人口為 74,544 萬人，農村人口比重達 57%。而 1998 年世界平均城市化水平為 47%；1995 年發達國家和地區為 75%，發展中國家為 38%，最不發達國家為 22%。中國城鎮人口比重雖然已超過發展中國家平均水平，但仍比世界平均水平低 4 個百分點。可見中國至今仍然是一個以農業人口為主體的國家，中國的城市化道路還很漫長，見表 5-1：

表 5-1　　　　　　　　　　城鄉人口變動狀況表　　　　　　　　　　單位：萬人

年份	年底總人口	城鎮總人口	人口數比重（%）	鄉村總人口	人口數比重（%）
1978	96,259	17,245	17.92	79,014	82.08

表5-1(續)

年份	年底總人口	城鎮總人口	人口數比重 (%)	鄉村總人口	人口數比重 (%)
1980	98,705	19,140	19.39	79,565	80.61
1990	114,333	30,195	26.41	84,138	73.59
2000	126,743	45,906	36.22	80,837	63.78
2005	130,756	56,212	43.0	74,544	57.0

2. 城市化滯后對經濟的影響

城市化滯后指城市化的發展速度相對於工業化的發展速度而言處於落後狀態。

中國以推遲農業現代化作為必要代價的工業化道路，雖然使國民經濟在產值結構和產業結構上比較迅速地實現了工業化，但卻導致城鄉差距不斷拉大。城市化滯后對經濟的影響主要有以下幾點：

(1) 農村人多地少，農民收入難以提高，影響整個國民經濟發展

城市化滯后使滯留在傳統農業部門中的農業人口眾多，單位面積土地承載的勞動力不堪重負，加之農產品的價格彈性和收入彈性都很低，農民很難依靠擴大農產品的再生產來增加收入，造成農民收入水平低下。這種收入水平低下使占人口份額57%左右的農民購買力低下，從而形成國內市場需求嚴重不足。這正是擁有13億人口的中國在人均GDP僅1,000多美元時就出現買方市場、工業生產能力閒置、工人下崗失業等后果的根本原因之一。只有當超過土地承載能力的人口不斷轉移進城市後，留下的農民才能不斷提高勞動生產率，才能進入「地少人更少」、提高人均收入的階段，才能逐漸實現農用機械等生產要素對勞動力的替代，使傳統農業得到真正意義上的改造而成為現代農業，最終使國民經濟同質化。據此可以判斷，今后在依託工業化推進的城市化過程中，如能將大量的農民轉移到收入較高的非農產業中就業，必然帶來收入的提高和市場的擴大。

(2) 城市化水平過低造成國民經濟比例失調，第三產業發展困難

第三產業的一個重要特點是絕大多數服務產品其生產和消費在時間和空間上具有高度的同一性，要求人口必須集中到一定規模時，服務企業才能贏利，服務業才能作為產業經營。例如飯店、影院、學校、交通、旅遊等服務業，沒有一定人口規模根本發展不起來。因此服務業必須依託城市才能發展起來。而由於城市化水平過低，占中國人口大多數的農村人口居住比較分散，自然村落人口規模有限，這就使第二產業缺乏城市載體而難以發展起來。因此中國城市化水平過低直接制約了第二產業發展。

(3) 城市化水平過低使農村人口急遽膨脹和生態環境惡化

發達國家的人口增長規律證明，人口增長與家庭人口生育成本和機會成本的上升有很強的相關關係。因此，人口自我控制的自動機制是生育、撫養和教育孩子的成本和機會成本，人口生育數量受到家庭預算可能性的約束。在中國，由於農村生育子女的成本和機會成本都比城市低，子女長大后帶來的收益通常大於成本，因此多生多育成為農民對付自身貧困的理性選擇。可是多生多育使人口增長超過土地的承載能力，

出現「越窮越墾、越墾越窮」的惡性循環，造成生態環境破壞嚴重，這又使他們進一步陷入貧困。而如果能夠提高城市化水平，使人口從鄉村轉移到城市，使其生活方式城市化，可以預計人口增長將從偏好生育向自動控制生育轉變。生態環境惡化也將得到緩解。

(4) 出現嚴重的「城市病」

改革開放以來，由於農村聯產承包責任制的推行和人民公社制度的終止，原來被強制束縛在土地上的大量過剩勞動力，由隱性狀態急遽顯性化。他們中的1.2億~1.35億人被20世紀80年代後迅速發展起來的鄉鎮企業所吸收，其餘的構成此起彼伏的「民工潮」湧向各大中城市。這就是說，改革後中國也出現了所有國家工業化過程中共同出現過的規律性現象：隨著城市經濟的發展，農村人向城市集中。但城市對於勞動力的容納能力不是無限的，大批農村勞動力湧入城市，使得現代部門就業機會及城市生活服務設施無法適應城市人口的急遽膨脹。城市中的失業、住宅緊張、交通擁擠、環境污染、貧富懸殊、犯罪率高等「城市病」也因此出現，並因城市管理不善而日益加劇。這是所有的國家都曾產生過的問題，中國目前也深為其所困擾。

(三) 加速城市化是中國國民經濟增長的一個中心環節

歷史經驗證明，人們解決了溫飽這一基本生存條件之後，生活水平的提高、GDP的增長及整個社會經濟的發展，就不再主要取決於農業的發展，而是取決於生活消費中其他非農產品的增加，如住房、交通、通信、旅遊、公共基礎設施等。這時經濟發展或經濟現代化的基本標誌就是從事農業活動的人數和時間減少，而其他活動增多。這是人類社會發展的基本規律。所以加速城市化已經成為中國國民經濟增長的一個中心環節。可以判斷，今後在依託工業化推進的城市化過程中，如能將大量的農民轉移到收入較高的非農產業中就業，必然帶來整個社會平均收入的提高。城市化將是未來幾十年中國經濟成長的主要動力之一。

1. 未來數十年中國的城市化率將不斷提高

未來的幾十年裡，中國將從一個以農民為主體的社會變成一個以市民為主體的社會。中國政府1996年向聯合國第二次人類住區大會提交的《中華人民共和國人類住區發展報告》預測：到2000年，全國城鎮人口將達4.5億左右，城市化水平將達35%（已達到）；到2010年，全國城鎮人口將達6.3億左右，城市化水平將達45%。到2010—2020年，中國城市化水平的增長速度還會有所加快，將年均增長1.3個百分點左右。如果到2020年城市化發展水平達到58%左右，則基本相當於國際上城市化發展的平均水平。參見資料連結5-1：

資料連結 5-1

中國農村人口轉移的任務前景

2005年中國全國人口為130,756萬人，其中農村人口為74,544萬人，占總人口的57%。即使假定人口不再增加，如果要將農村人口降到占總人口的30%，即39,226.8

萬人（130,756萬人×30%≈39,226.8萬人），則需從農村現有人口74,544萬人中轉移走35,317.2萬人（74,544萬人−39,226.8萬人＝35,317.2萬人），接近於2005年農村人口的一半。按此轉移人數任務推論，即使每年轉移1,000萬人，也要35年才能轉移完。倘若再加上新增人口，時間將拖得更長。這是中國面對的一個繞不過去的難題。
（資料來源：根據國家統計局數據計算）

2. 加速農村勞動力向城市轉移是解決二元經濟結構的根本出路

目前中國國民經濟發展中存在的農民收入偏低、內需不足、增長缺乏動力、就業壓力大、生態環境破壞嚴重等問題，雖有短期性的原因，但更重要的是長期性的原因，是城鄉結構的嚴重失衡，是我們長期以來推行的工業化與城市化不同步戰略負效果的累積顯現。滯留在傳統農業中的人口過多，已成為實現國民經濟現代化的主要制約因素之一。我們不可能一方面維持著人口流動的城鄉壁壘與城鄉福利鴻溝，一方面又希望在經濟上實現城鄉互補，希望農村勞動力繼續沉澱在鄉村。城市化是一個繞不過去的問題，推遲解決只能使矛盾積重難返，加速城市化建設已成當務之急。從長遠說，中國不可能帶著一個人口巨大的傳統農業部門進入現代化社會，國民經濟的轉型有賴於農村剩餘勞動力的根本性轉移，這才是解決二元經濟結構的根本出路。

3. 農村勞動力的轉移是中國經濟增長的重要源泉

研究表明，勞動力從低生產率的傳統農業部門向高生產率的現代經濟部門（第二、三產業）的轉移，是中國改革以來經濟增長的重要源泉。在未來幾十年裡，將這些低收入階層的農業過剩勞動力不斷注入工業，將大大降低中國工業化的成本，成為資本累積和工業擴張的動力源泉；在國際市場上，可以增強中國勞動密集產品競爭力；先進技術與勞動密集產業的結合，將會進一步擴大世界市場份額，有利於吸收國外資本，促使國外勞動密集與技術密集相結合的產業轉向中國；中國農村勞動力作為低收入階層轉入非農產業增加的收入，多用於消費，能夠有力地推動國內市場購買力的擴張，拉動經濟的增長。

城市化絕不僅僅與農村和農民相關，它還是今后相當長一段時間內決定中國國民經濟增長的一個中心環節。抓住這個中心環節，我們就可以有就業的增長、工業競爭力的提高、國內需求的擴大、教育水平的提高、健康保健和環境保護的改善，從而使經濟進入良性循環。

黨的十六大報告中指出：「農村多余勞動力向非農產業和城鎮轉移，是工業化和現代化的必然趨勢。要逐步提高城鎮化水平，堅持大中小城市和小城鎮協調發展，走中國特色的城鎮化道路。」走多層次發展的多元城市化道路，不僅可以把大量農村剩餘勞動力轉移進城市，從根本上改變城鄉分割的二元經濟結構，而且可以使城市化成為整個國民經濟的一大增長點，最終實現農村的城市化和國家的現代化。

三、中國區域二元經濟結構

中國不僅存在著嚴重的城鄉二元經濟結構，而且存在著突出的區域二元經濟結構。中國目前是一個地區經濟發展水平差距懸殊的國家。

區域二元經濟結構的劃分有多種方法。流行最廣的是將全國31個省、自治區、直

轄市劃分為東部、中部和西部三大經濟區域（未包括港、澳、臺地區）。粗略地說，東部地區主要以現代部門為主，西部地區主要以傳統部門為主，中部地區則處於兩者並存狀態。

(一) 中國地區差距劃分的兩種方法

1. 根據經濟技術發展水平與地理位置相結合、以地理位置為主的原則，將全國31個省、自治區、直轄市劃分為東部、中部和西部三大經濟區域（未包括港、澳、臺地區）

(1) 東部沿海地區包括廣東、浙江、江蘇、上海、山東、天津、福建、北京、遼寧、河北、廣西、海南12個省、直轄市、自治區。

(2) 中部地區包括黑龍江、吉林、內蒙古、山西、河南、湖南、湖北、安徽、江西9個省、自治區。

(3) 西部地區包括四川、重慶、貴州、雲南、西藏、陝西、甘肅、青海、寧夏、新疆10個省、直轄市、自治區。

這種劃分的一般含義是：由於自然的和歷史的原因，中國東部沿海地區和西部地區，在經濟發展總體水平方面存在較大差距。東部沿海地區屬經濟發達地區；西部地區屬不發達地區；中部地區則屬於次發達地區。

2. 根據人均GDP水平將全國劃分為高收入地區、上中等收入地區、下中等收入地區和低收入地區四大類

根據《中國統計年鑑》2005年的資料，2004年年末全國人均GDP為10,561元。以此為標準，高於全國人均水平的地區有上海、北京、天津、浙江、江蘇、廣東、福建、山東、遼寧、黑龍江、河北、內蒙古、新疆、吉林14個省（市、區）；其餘17個省（市、區）均低於此指標。

高收入地區是指那些人均GDP高於全國人均GDP水平150%以上的地區。有9個省市：上海、北京、天津、浙江、江蘇、廣東、福建、山東、遼寧，全部集中在東部沿海地區。

上中等收入地區是指那些人均GDP在全國人均GDP水平100%～150%的地區。一共有5個：黑龍江、河北、內蒙古、新疆、吉林。東、中、西部地區都有分佈。

下中等收入地區是指那些人均GDP在全國人均GDP水平75%～100%的地區。全國有9個：湖北、重慶、河南、海南、山西、湖南、青海、江西、四川。除了海南外，全部屬中西部地區。

低收入地區是指那些人均GDP低於全國人均GDP水平75%的地區。有8個省區：寧夏、西藏、安徽、陝西、廣西、雲南、甘肅、貴州。除了廣西以外，全部屬中、西部地區。

(二) 經濟發展不平衡是各國經濟發展中的普遍現象

經濟發展不平衡從而造成地區間的差異，這是各國都會遇到的問題。美國的經濟重心在從東北部向西南部轉移的過程中，經濟長期發展不平衡，美國的開發從東北部開始，發展到現在的空間格局，用了200多年的時間。日本在20世紀50年代的經濟成

長時期，不平衡問題也很突出。當時經濟增長主要在東京圈及阪神圈。國土的西部和九州、四國及北海道、衝繩等地經濟增長很慢。日本在內閣設立了北海道開發局，經過多年發展，北海道的人均 GDP 仍只有全國的 60%～70%，所以實現經濟均衡需要較長時間。

中國從 1949 年后到改革之初，採取的是均衡發展戰略。國家把一半以上的基本建設資金投入內地開發，使原來落后的中部和西部地區生產發展速度大大快於原來生產水平較高的東部沿海地區。這種均衡發展戰略在政策制定和資源配置上採取平均主義做法，片面強調地區間的平衡發展，急於消除內地與沿海間歷史形成的差距，結果造成嚴重的小經濟的后果，導致生產力佈局上的一些重大失誤，使中西部地區的經濟發展沒能取得預期效果，各地區經濟發展不平衡狀況至今依然存在。

顯然，面對地區間的經濟差距，中國不能以削弱發達地區為代價去單純追求不發達地區的現代化。中國改革后採取了非均衡發展戰略，對東部沿海地區實行政策傾斜，使東部沿海地區獲得了長足發展，同時也使區域經濟差距拉大。鄧小平同志早就提出過「要顧全兩個大局」，為了解決嚴重的地區差距問題，20 世紀末，中央作出了西部大開發的戰略部署。2003 年，新一屆黨中央又提出了「振興東北老工業基地」的戰略主張。

根據《中國經濟年鑒》2006 年的資料，2005 年年末全國人均 GDP 為 14,040 元。以此為標準，高於全國人均水平的地區有上海、北京、天津、浙江、江蘇、廣東、山東、遼寧、福建、內蒙古、河北、黑龍江 12 個省（市、區）；其餘 19 個省（市、區）均低於此指標。

高收入地區是指那些人均 GDP，高於全國人均 GDP 水平 150% 以上的地區。有 5 個省市：上海、北京、天津、浙江、江蘇，它們全部集中在東部沿海地區。

上中等收入地區是指那些人均 GDP 在全國人均 GDP 水平 100%～150% 之間的地區。一共有 7 個：廣東、山東、遼寧、福建、內蒙古、河北、黑龍江。東、中、西部地區都有分佈。

下中等收入地區是指那些人均 GDP 在全國人均 GDP 水平 75%～100% 之間的地區。全國有 7 個：吉林、新疆、山西、湖北、河南、重慶、海南。除海南外，全部屬中西部地區。

低收入地區是指那些人均 GDP 低於全國人均 GDP 水平 75% 的地區。有 12 個省區：湖南、寧夏、青海、陝西、江西、西藏、四川、廣西、安徽、雲南、甘肅、貴州。除了廣西以外，全部屬中、西部地區。

(三) 西部大開發

1. 西部基本狀況

國務院對西部開發範圍的正式界定是：西南、西北 10 省（直轄市、自治區）加上中部的內蒙古、東部的廣西；包括重慶、四川、貴州、雲南、西藏、新疆、陝西、甘肅、青海、寧夏、內蒙古、廣西共 12 個省、市、區。此外，對湖南湘西州、湖北恩施州，比照西部開發的有關政策酌情予以照顧。

2004年年末，中國西部總面積686.7萬平方公里，占全國陸地總面積的71.5%。西部人口達37,127萬人，占全國總人口的28.7%。2004年的GDP總量為27,585.2億人民幣，只占全國GDP總量的16.9%；人均GDP 7,728元，相當於全國平均水平的73.17%。

西部地區疆域遼闊、人口稀少、自然資源豐富，是中國經濟欠發達地區。全國尚未實現溫飽的貧困人口大部分分佈於該地區。另外，中國80%的水能資源在西部，70%的天然氣、石油也分佈在西部。

西部大開發戰略，指通過大規模的資金投入和政策傾斜，通過長期不懈地努力，將中國遼闊偏僻的西部地區建設成為與東部沿海地區不相上下的經濟開發區的總體部署。

黨的十六大報告高度重視加快西部地區發展對全面實現第三步戰略目標的重大戰略意義，提出要把積極推進西部大開發、促進區域經濟協調發展作為今後20年必須集中力量抓好的重大問題，充分體現了鄧小平同志「兩個大局」的戰略構想。十六屆三中全會提出全面建設小康社會的主要任務之一是：形成促進區域經濟協調發展的機制。實施西部大開發戰略，加快西部地區發展，是協調區域經濟發展的關鍵舉措，是中國現代化戰略的重要組成部分，事關民族團結和邊疆穩定，是國家總攬全局、面向新世紀作出的重大決策。可以說，沒有西部小康，全國小康就難以鞏固；沒有西部現代化，全國現代化就難以實現。

2. 開發西部三步目標

1999年6月，國家正式提出實施西部大開發戰略，隨後相繼制定了《「十五」西部開發總體戰略規劃》及若干政策措施。中央就西部大開發提出了24字的指導方針：積極進取，量力而行，統籌規劃，科學論證，突出重點，分步實施。據此方針，中央又提出三大目標：長期戰略目標、中期奮鬥目標和年度計劃目標。

長期目標是指在今後50年，到全國基本實現現代化的時候，從根本上改變西部落后面貌，明顯縮小地區差距，把西部建設成經濟繁榮、社會進步、民族團結、山川秀美、人民富裕的新西部。

中期奮鬥目標是分階段的，到21世紀第一個10年，使西部基礎設施和生態環境建設取得突破性進展，特色經濟和科技教育得到大發展，人民生活明顯改善，改革開放出現新局面，奠定西部進一步大發展堅實的基礎。

短期目標是年度目標。國務院每年都會對西部開發提出年度要求。2000年和2001年是盡快使關係西部開發全局的重大工程全面開工，即西氣東輸、青藏鐵路、西電東送、交通干線、公路國道主幹線的西部路段、江河上游的水利樞紐等幾大項目。從2002年起的任務是抓兩頭：一頭抓關係全局的重大項目；一頭抓與人民生活密切相關的中小項目。三年來，國家在西部一共支持開工了36個工程，分別是：2000年10大項目，總投資1,000億元；2001年12個大項目，總投資2,000多億元，其中就有舉世矚目的青藏鐵路、兩電東送的南通道；2002年有14個項目，包括備受關注的西氣東輸，總投資3,300多億元。今後幾年，將一直是西部項目資金的巨大投入期。

中國科學院在《2000年科學發展報告》中提出：東、西部地區的發展差距實質是

知識差距、信息差距、教育差距、技術差距與體制差距，僅靠增加有形資本投入或以開發自然資源為主的投資不可能縮小西部與沿海地區的發展差距；必須借鑑別國經驗，探索適合中國國情的西部大開發道路。

(四) 振興東北老工業基地

1. 振興東北戰略的提出

東北地區是指位於中國東北部的遼寧、吉林、黑龍江三省。土地面積78.8萬平方公里，占全國國土面積的8.2%；人口10,743萬，占全國人口的比重為8.3%。GDP 15,133.9億元，占全國GDP比重的9.3%。人均國內（地區）生產總值14,091元，相當於全國人均GDP的1.33%。

東北三省是中國的老工業基地，被譽為新中國的「工業搖籃」。佈局在東北三省的鋼鐵、能源、化工、重型機械、汽車、造船、飛機、軍工等重大工業項目，奠定了中國工業化的初步基礎。在新中國建立之初，東北三省為國家的經濟建設做出了巨大貢獻，在中國經濟發展史上創下過輝煌業績。但是自改革開放以來，東北三省的發展步伐明顯落后了。在1978年，遼寧、黑龍江和吉林的人均GDP在全國的排位僅次於三大直轄市，而到2004年卻分別下降到第9、第10和第14位。十余年來，「東北現象」是困擾中國經濟的難題之一。

所謂「東北現象」，是指東北老工業基地隨著改革開放的深入，眾多國有企業在新的市場環境中缺乏競爭能力，加上國有企業背負著沉重的社會性負擔，經營效益不斷下降、大批企業停產關閉、工人下崗、人才外流，使東北地區整體經濟出現衰退，社會穩定問題也日益突出的現象。

「東北現象」的產生，既有所有制改革落后、經營機制不活的原因，也有企業設備陳舊、生產手段落后的原因，還有歷史包袱沉重以及資源型城市面臨產業轉型等原因。東北老工業基地的興衰表明：東北地區資源的性質發生了根本性變化，部分礦物資源在長期開採中必然走向枯竭，在當今產業結構高級化進程中，擁有技術、資金、信息等「主導資源」的地區已經可以通過貿易獲取自然資源；中國經濟體制的轉換使東北地區賴以成長的制度環境發生了根本性變化，並且需要比其他地區承受更大的轉換成本。

支持東北地區等老工業基地加快調整改造，是黨的十六大提出的一項重大戰略決策。2003年9月10日，國務院常務會議提出了振興東北地區等老工業基地的指導思想和原則，「振興東北」正式上升為國家戰略決策。2003年8月3日，溫家寶總理在長春發表重要講話，把振興東北等老工業基地提到了中國現代化建設重大戰略佈局的高度。振興東北是繼沿海發展戰略、西部開發戰略之后的中國區域經濟協調發展的第三步棋。西部大開發和振興東北是新世紀中國提出的兩大發展戰略。支持東北地區等老工業基地加快調整、改造，同實施西部大開發戰略和加快東部地區發展一起，構成了中國現代化建設的重大戰略佈局。

但是，不能把振興東北老工業基地的希望寄托到某種特定的政策上。特別是在初步建立社會主義市場經濟體制以后，企業成了基本的經濟主體，市場取代資源成為最

主要的發展約束。在這種情況下，簡單地搬用計劃經濟時期的做法，僅靠增加政府投入、減免稅費，已難以大幅提升東北地區的產業競爭力，難以有力地推進東北地區的復興。實踐要求我們探索新的發展道路。

2. 東北振興的新思路

東北國有大中型企業眾多，重工業在全國具有舉足輕重的地位。目前已逐步形成了以鋼鐵、機械、汽車、石油化工、化纖等行業為主的裝備工業體系。東北工業基地的規模格局和曾經擁有的製造能力，主要是40年計劃經濟的產物。一方面，基於東北先天性發展重工業和大型裝備製造業的資源優勢，國家將大量的建設資金集中投向東北三省，致使其在短時期內迅速形成了以清一色國有企業唱主角的區域性製造業集群；另一方面，東北所生產的工業原料和工業裝備則全部通過國家計劃調撥或分配到各地。東北作為工業基地，是國家整個工業計劃體系中的裝備製造「車間」。

計劃經濟時代給東北留下了雄厚的工業基礎，也造成了沉重的歷史欠帳和頑固的體制慣性。早在20世紀90年代初，針對東北老工業基地工業生產增長緩慢的現狀，國家就在國有企業技改資金撥付、債轉股、社會保障制度改革試點等政策方面對東北地區進行傾斜。但是由於政策多為輸血式的改革，因此並沒有達到預期目的。現在提出的振興東北，核心是改造，然而首先需要改造的不是技術，而是陳舊的觀念和運行機制。正是由於后者，近年來雖然國家一再把資金和優惠政策投向東北的老工業基地改造，卻始終收效甚微。只有採取體制和機制創新，才能真正實現振興東北老工業基地的目標。

從國家的角度來講，與西部大開發戰略相同，振興東北戰略，將擺脫「給項目給資金」的傳統路數，走出一條「給機制」的新路子。溫家寶總理明確指出，振興東北主要靠東北自身的體制與機制創新，因為國家在政策、資金等方面的支持也要遵循市場經濟規律，講求效益。他還特別指出要堅持「少上新項目、少鋪新攤子」。也就是說，那種不計成本的「大投入大會戰」的方式將不適應振興東北戰略。

顯而易見，在市場經濟的背景下，東北如果希望憑藉國家的政策與資金支持恢復昔日製造業基地的龍頭地位，是不現實的。因為，如今國內企業採購工業設備的視野不再局限於國內而是立足於世界，曾經左右企業採購決策的「愛國情結」被消弭；採購設備也不再簡單地滿足於一般的價廉物美，而是著重考慮設備的性價比。政府也不可能再對企業採購設備施加行政影響。市場經濟時代沒有救世主，只有從競爭中勝出的強者，振興東北需要在競爭機制上進行全面再造。如果培育不出民營經濟的市場生態和體制環境，振興東北將成為一句空話。

中國經濟經過幾十年快速發展后，產業結構的全面提升已經擺到議事日程上，振興東北工業基地，提升其在國民經濟中的地位，建立中國從內地到沿海完整的產業鏈條，是國民經濟的重大戰略舉措。目前實施振興東北的戰略條件已經具備。要抓住機遇，努力將東北地區等老工業基地調整、改造、發展成為結構合理、功能完善、特色明顯、競爭力強的新型產業基地，逐步成為國民經濟新的重要增長區域。

繼西部大開發和東北振興之後，中央又提出中部地區崛起戰略。促進中部地區崛起，是繼東部開放、西部開發和振興東北之后國家提出的又一重大戰略。

針對中國經濟發展中的不平衡、不協調問題，黨的十六屆三中全會提出了「五統籌」——統籌城鄉發展、統籌區域發展、統籌經濟社會發展、統籌人與自然和諧發展、統籌國內發展和對外開放；並提出要「建立有利於逐步改變城鄉二元經濟結構的體制；形成促進區域經濟協調發展的機制」。

第二節　中國的產業結構

一、產業結構演進的一般規律

產業結構是指經濟系統中各種產業的構成比例和相互關係。

社會化大生產基礎上的任何一個經濟系統內部，都存在著千差萬別的產業，一個門類的產品就是一個產業。產業與產業之間存在著千絲萬縷的聯繫。對於產業可以從各個角度劃分，如：上游、中游、下游產業；原料產業、加工產業、基礎產業等。以石油產業為例，上游產業是油田採掘業，屬於原料產業；中游產業是石油加工業，生產各種石油產品，如乙烯、汽油、柴油、瀝青、石蠟等，屬於加工產業；下游產業有化纖產品如紡織品、無紡布，精細化工產品等，也屬於加工產業。為了運輸石油及其產品的產業，如鐵路、輸油管道、港口等，則屬於基礎產業。產業結構不是一個凝固的靜態物，它是不斷發展變化的。

世界經濟發展史表明，產業結構的演進存在著下述規律性的現象。

（一）產業結構由農業占優勢比重向工業、服務業占優勢比重演進

一次產業指廣義的農業，二次產業指廣義的工業，三次產業指廣義的服務業。

在產業結構變動的研究中，普遍採用的分析工具是三次產業的劃分。二次產業分類法是澳大利亞經濟學家費希爾創立的。這類分類法的依據是：一次產業（第一產業）是指直接作用於自然界生產初級產品的產業，通常指廣義的農業，包括種植業、畜牧業、林業、漁業和狩獵業等。二次產業（第二產業）是指把初級產品加工成為滿足人類生活進一步需要的物質資料的產業，通常指廣義的工業，包括製造業、採掘業、建築業等。三次產業（第三產業）則指第一、第二產業之外的所有產業，通常指廣義的服務業，包括商業、金融業、運輸業、服務業等部門。

三次產業的劃分具有一定的科學性和實用性，中國目前在產業結構上也採用這種分類方法。

產業結構的這種演進意味著：第一產業的就業人口和創造的 GDP 所占比重均呈下降趨勢；第二、三產業的就業人口及其所創造的 GDP 所占比重則呈上升趨勢。其具體表現為人類社會由農業社會向工業社會再向服務業社會變動的趨勢。

人們通常根據一個國家三次產業的比例來判斷該國的經濟發展水平。

（二）工業結構不斷發生優化變化

這種變化是指由製造初級產品的工業占優勢比重逐漸向製造最終產品、中間產品

的工業占優勢比重演進。

工業中產業結構變化可通過兩方面反應出來：

一方面是工業結構的變動。初期工業有紡織業、食品工業、皮革工業等；中期工業有採掘業、橡膠製品業、木材及木製品工業等；后期工業有機械和運輸設備業、冶金和金屬製造業等；二戰后又湧現出原子能、電子計算機、航天航空、新型合成材料、生物工程等各種各類高科技產業。

另一方面是主導產業的變化。主導產業是指帶動經濟中其他產業發展的主要產業。例如美國在二戰前的主導產業是鋼鐵、汽車、建築業；現在是原子能、電子計算機、航天航空、新型合成材料、生物工程等。通常主導產業的產業關聯度高，容易帶動其他產業的發展。

產業關聯度是指不同產業部門在生產投入中的相互依賴程度。產業關聯度越高，產業鏈條就越長，該產業在國民經濟中的地位就越重要。一國的產業結構合理，就能提高各產業之間相互作用的整體能力，對國民收入增長有著重大意義。

(三) 產業結構由勞動密集型產業占優勢比重逐漸向資本密集型、技術密集型產業占優勢比重演進

根據生產產品時主要使用的各種資源分類，產業結構可分為：勞動密集型產業，即主要使用勞動力要素的產業；資本密集型產業，即主要使用大量投資，投資集中在機器設備等固定資本上的產業；技術密集型產業，即主要使用技術要素，投資集中在較高技術上的產業。

三者的演變趨勢大致可概括為「以勞動密集型產業為主的結構—以資本密集型產業為主的結構—以技術密集型產業為主的結構」順次推進。這個過程同上述工業中產業結構變動的序列大致吻合。在工業化初期，資本有機構成不高，農村中有大量剩餘勞動力，工資低廉，因而產業結構是以勞動密集型產業為主。在以原材料工業為主的重化工業化階段，需要使用大型機械設備進行生產，因而這時的產業結構以資本密集型為主。當經濟發展進入高加工度化和技術密集化階段時，產業結構也就發展到了以技術密集型為主。

每一次產業結構的升級換代，都是一個產業結構調整的過程。一部分生產要素（包括勞動力）被夕陽產業排擠出來，一部分朝陽產業急需新增各種生產要素（資本、技術等）。正因為產業結構是一個永不停息的變動過程，所以勞動者的終身學習就成為必要。

二、中國產業結構的形成與變化

(一) 中國產業結構的形成

1. 改革前中國產業結構的形成不符合產業結構演進規律

從發達國家的一般經驗看，產業結構的形成和發展都是遵循著上述軌跡有規律地演化推進的。但發展中國家情況則不同，現實已不允許它們從頭重複這一產業結構形成演化的過程。二戰后大多數發展中國家都由政府出面，制定各自的經濟發展戰略，

有目的、有步驟地推進工業化的發展和產業結構的形成。中國亦不例外。中國產業結構的形成演化沒有完全遵循上述規律，新中國成立後至改革前的 30 年間，中國產業結構的變化不是根據經濟發展的內生力量而是根據政府的外生力量來決定的。

2. 改革前國家通過計劃經濟力式控制投資方向，形成以重工業為主的產業結構

中國在改革開放前產業結構發展目標的確定及產業結構的調整，完全由國家集中決策，並依賴行政手段實現。發達國家典型的工業化道路是通過農業、紡織業、輕工業、重化工業、汽車和家用電器製造業、城市建築業和服務業等階段性主導產業的依次替換，實現產業結構的升級換代和經濟的增長。這種順序反應了生產力發展的內在規律，是市場選擇的結果。

而中國工業化道路的選擇則體現了計劃的意志。中央政府在推進中國由傳統農業社會向工業社會轉化過程中，全面承擔起了構築中國產業結構和實現資源在全社會範圍內配置的重任，並通過控製全社會投資方向實現了這一目標。因此，中國產業結構的形成在相當大程度上是政策選擇的結果。

中國的工業化進程始於 1953 年開始執行的國民經濟發展第一個五年計劃，中國並沒有沿用其他國家一般採用的輕紡工業起步的工業化道路，而是採取了重化工業起步的超常規道路，實行「優先發展重工業」的戰略。「趕超」的強烈意識是採取重化工業戰略的基本動因，而蘇聯的發展模式又提供了一個可學習、借鑑的榜樣。為了盡快實現趕超目標，採取比蘇聯更強的強制性累積，試圖在遠比蘇聯落後的基礎上跨越輕紡工業階段而建立重化工體系。在經濟制度上建立了高度集中的計劃管理體制，創建了大量的國有企業，以保證能夠通過高累積的方式集中大量建設資金，進行大規模的重化工業投資和建設。工業高度集中的計劃管理體制迅速延伸到整個經濟系統，從而形成了在中國執行了 30 多年的計劃經濟體制。從該意義上說，計劃經濟體制與重化工業起步的工業化戰略存在著邏輯上的聯繫。

優先發展重工業戰略的貫徹實施，取得了明顯的效果，重工業快速增長。1952 年至 1965 年期間，重工業總產值年均增長 15.5%。高於輕工業年均增長率 5.5 個百分點，重工業在工業總產值中的比重也迅速由 35.5% 提高到 48.4%。從 1953 年到 1980 年，全國基本建設投資中，工業投資占 54%，而工業投資中重工業投資所占比重高達 89%，主要投資於冶金、電力、煤炭、化學、機械等行業。在此戰略指導下，中國形成了重工業過重的畸形產業結構，造成農、輕、重比例失調，國民經濟失去平衡。

由於缺乏重工業與其他產業的協同發展機制，形成了重工業增長自我服務和自我循環的局面，導致了「重工業重，輕工業輕」的結構性缺陷，輕工業及其他產業嚴重落後，表現出「高累積、低消費、低效率」的特徵。消費品嚴重短缺，消費需求受到嚴格抑制。在此期間，工業儘管保持了較高的增長速度，但工業與第一、二、三次產業之間、輕重工業之間、累積與消費之間的關係極不協調，資源配置和結構狀況存在明顯缺陷。

3. 產業結構偏差缺乏自動調整的機制

在計劃經濟條件下，由於投資不受市場力量的約束，產業間的有機聯繫被割斷，整個經濟生活中缺乏產業結構的自動調整機制和制衡機制。市場變化對投資方向的影

響只能借助於計劃的仲介，通過計劃決策部門修訂投資計劃。這個調整過程不僅過於遲緩，而且必須受工業化總目標的方向性制約。這就使產業內部無法形成一個以最終產品為起點的合理的序列結構，這樣，優先發展重工業的戰略導致事實上的為生產而生產：一方面人民生活必需品短缺，不得不長期實行定量配給供應；另一方面大量重工業品庫存積壓嚴重，重工業陷入「自我服務」的循環中。這也是中國的工業化並未帶動工農業就業結構明顯變化和城市化發展的重要原因。這一發展戰略導致了產業結構的嚴重失調，極大地限制了經濟發展和人民生活水平的提高。

（二）中國改革開放以來產業結構的變化

改革開放以來，尤其是市場機制在資源配置中起基礎性作用以後，中國的產業結構發生了一系列變化。現在已基本建立起了市場需求結構決定產業結構的調整機制。產業結構的變化開始符合世界產業結構變動的一般規律。這種變化既表現在三次產業比重的變化上，也表現在勞動力就業結構的變化上。

1. 產業結構和就業結構的變化

表 5-3 反應了改革以來中國產業結構與就業結構的巨大變化。

表 5-3

年份	GDP 構成（總額=100）			勞動力就業構成（總額=100）		
	第一產業	第二產業	第三產業	第一產業	第二產業	第三產業
1978	28.2	47.9	23.9	70.5	17.3	12.2
1990	27.1	41.3	31.5	60.1	21.4	18.5
2000	15.1	45.9	39.3	50.0	22.5	27.5
2011	10.0	46.6	43.4	34.8	29.5	35.7

資料來源：根據 1997 年《中國統計年鑒》第 42 頁、第 94 頁，2003 年《中國統計年鑒》第 27 頁計算；2005 年數據來自國家統計局統計公報、勞動和社會保障部統計公報。

從表 5-3 中可見，第一、第三產業占國內生產總值和就業的比重發生了巨大變化。這種巨變表明中國產業結構已經開始發生質變。正是這一具有特徵性的結構轉變，成為中國該時期經濟高速增長的主要源泉。

2. 中國產業結構和就業結構的特點

（1）第一產業的就業比重大大高於大部分國家

從表 5-4 中可以看出，截至 2005 年年末，中國仍有接近 45% 的勞動力在農業中就業，與印度尼西亞、泰國、巴基斯坦等國基本處於一個水平上，只有孟加拉國和越南的農業勞動力比重超過中國。發達國家農業勞動力基本都在 10% 左右。第一產業就業比重過高，這不能不說是中國實現工業化過程中的獨特現象。因此中國至今依然是一個以農業勞動力為主體的國家。

表 5-4　　　　　　　　世界部分國家三次產業劃分的就業

國家	年份	GDP 合計	第一產業	第二產業	第三產業
中國	2011	100	34.8	29.5	35.7
印度	2009	100	55.8	19	25.2
俄羅斯	2009	100	9.7	27.9	62.3
巴西	2009	100	17.4	22.1	60.7
南非	2009	100	5.1	25	69.8
韓國	2009	100	7	16.4	76.6
阿根廷	2009	100	1.2	23.1	75.2
馬來西亞	2009	100	13.5	27	59.5
巴基斯坦	2009	100	44.7	20.1	35.2
菲律賓	2009	100	35.2	14.6	50.3
泰國	2009	100	41.5	19.5	38.6
印度尼西亞	2009	100	39.7	18.8	41.5
蒙古	2009	100	40	14.9	45
越南	2009	100	51.7	20.2	28.3
孟加拉國	2009	100	48.1	14.5	37.4
埃及	2009	100	31.6	23	45.3
美國	2009	100	1.5	17.1	80.9
英國	2009	100	1.1	19.5	78.7
德國	2009	100	1.7	28.7	69.6
加拿大	2009	100	2.4	21.3	76.5
法國	2009	100	2.9	22.6	74.1
澳大利亞	2009	100	3.3	21.1	75.5
義大利	2009	100	3.7	29.3	67
日本	2009	100	3.9	25.8	69

　　造成這一就業結構的元凶，除了中國農業勞動生產率低下、城鄉分割的戶籍制度壁壘、重工業優先發展戰略以外，也與中國的資源稟賦特點有關。中國人均耕地面積遠低於世界平均水平，同時又是一個13億人口的大國，農產品供給的基本來源只能是國內。這決定中國必須在農業上付出更多的勞動力以彌補耕地資源的不足。今後，隨著工業化的進程，第一產業的就業比重雖會大幅度下降，但仍會高於同等收入水平的其他國家。這一過程至少會持續到21世紀中葉以后，隨著人口總數的絕對下降才會逆轉。

(2) 第二產業占 GDP 的份額大大高於大部分國家

從表 5-5 中可以看出，第二產業在 GDP 中所占份額，中國最高，比世界平均水平高 15.88 個百分點。這說明中國正處在全面工業化的階段。

表 5-5　　　　　　　世界部分國家按國內生產總值劃分的三次產業構成

國家	年份	GDP 合計	第一產業	第二產業	第三產業
世界	2009	100	2.9	27.5	69.4
中國	2011	100	10	46.6	43.3
印度	2009	100	17.1	28.3	54.6
俄羅斯	2009	100	5	37.2	57.8
巴西	2009	100	6.6	27.2	66.2
南非	2009	100	3	31.1	65.8
韓國	2009	100	2.7	36.5	60.9
阿根廷	2009	100	9.8	32.3	57.9
馬來西亞	2009	100	8.7	55.4	35.5
巴基斯坦	2009	100	20.8	24.3	54.9
菲律賓	2009	100	15.2	32.7	53.1
泰國	2009	100	11.7	44.2	44.2
印度尼西亞	2009	100	14.1	47	39.2
蒙古	2009	100	21.2	39.8	38.8
越南	2009	100	22	39.3	52.8
孟加拉國	2009	100	18.6	28.6	53.4
埃及	2009	100	11.5	35.1	77.4
美國	2009	100	1.3	21.4	75.7
英國	2009	100	0.7	23.6	75.7
德國	2009	100	0.9	30.1	69
法國	2009	100	2	20.5	77.5
澳大利亞	2009	100	2.6	29.1	68.4
義大利	2009	100	2	27.1	70.9
日本	2009	100	1.5	29.3	69.3

(3) 第三產業占 GDP 的份額和就業結構的份額均大大低於大部分國家

從表 5-5 中可以看出，中國第三產業在 GDP 中所占比重與印度、印度尼西亞、馬來西亞、孟加拉國大體相當，僅高於緬甸，幾乎處於最低水平。由此所決定，第三產業吸納就業的能力也明顯低於國際水平，表 5-4 表明了這一點：除了孟加拉國，所有其他國家的第三產業吸納的勞動力比重都高於中國。這說明中國第三產業仍然十分落

后。這既與改革前中國不重視第三產業的發展和第三產業作為企事業單位內部的福利事業分不開，也與中國所處的產業發展階段密切相關。根據產業結構演進規律，第三產業的發展必須建立在第一、第二產業充分發展的基礎上，發達國家都已進入後工業化社會，所以第三產業無論在 GDP 中所占份額還是在吸納勞動力就業方面，都遠比中國高得多。今後隨著第三產業市場化程度的提高，隨著產業結構的高級化，第三產業將獲得廣闊的發展空間。

3. 中國產業結構的形成和變化具有獨特性

中國產業結構形成的特殊背景和過程，加之改革開放後市場力量的介入作用，使得中國產業結構演化變遷的脈絡線索十分複雜，與國際產業結構演化變遷的一般規律不盡相同。

在中國，初期工業、中期工業、後期工業乃至當代的新興產業、高科技產業不是循序漸進地升級換代，而是同時並存甚至次序顛倒。優先發展重工業戰略意味著後期工業得到了國家政策的傾斜和人力、物力、財力的集中大量投入，因而領先於初期、中期工業而超前發展並一枝獨秀。

改革後的市場化進程，尤其是鄉鎮企業的發展，又促使初期、中期工業迅速崛起、後來居上。勞動密集型產業、資本密集型產業、技術密集型產業在中國的發展軌跡是：先是以資本密集型產業為主，然後是勞動密集型產業跟上，某些技術密集型產業也得到了發展，而不是像發達國家曾經經歷過的那樣，是全社會主要生產部門由勞動密集型向資本密集型、技術密集型逐級依次推進。

在這種產業結構基礎上，中國產業結構的變動將呈現出錯綜複雜的態勢。從總體看，中國在相當長時間內，以工業為主體的第二產業的增長仍將處於領先地位。同時，與工業化相伴進行的城市化也將帶動第三產業較快增長，從而使第二、三產業在 GDP 中的比重大幅度上升，第一產業的比重仍然會有所下降，即繼續持續改革以來產業結構變動的趨勢。第一產業對國民經濟發展的基礎作用仍將十分明顯，第二產業對整個經濟增長的帶頭作用和增強出口的主力軍作用將得到保持，而第三產業在 GDP 和就業中所占比重將持續上升。

根據中國目前的情況，中國應鼓勵勞動密集型、資本密集型、技術密集型產業同時並存，共同發展。

(三) 加入 WTO 後中國產業結構的變化趨勢

加入 WTO 意味著中國開始全面融入到世界經濟一體化進程中去。中國產業結構的變化將越來越受到國際力量的牽引。在經濟全球化的背景下，國際產業發展的顯著變化之一是產業分工方式的改變，即以跨國公司為主導的產業鏈縱向分工方式的形成和高度細分化以及由此推動的新一輪產業的國家間轉移。在新一輪國際分工的形成過程中，中國憑藉著市場需求巨大、低成本生產要素（勞動力、土地、智力資源等）、相當實力的產業基礎和生產能力等綜合成本優勢，獲得了此輪產業轉移的有利地位，已初步確立了在全球產業分工中加工組裝環節的比較優勢。這是中國工業化進程中出現的新情況和新趨勢。

中國已經成為世界製造業中非常重要的國家之一，根據目前世界各國製造業實力排名，中國製造業的能力僅次於美國、日本、德國，為全球第四大製造大國。中國大量加工出口的產品在國外「攻城略地」，證明中國的勞動密集型產品具有很強的國際競爭力。甚至有觀點認為，中國躍升為全球製造基地對世界產生的衝擊，其性質與過去美國的工業化對世界的影響相類似。

現在最受關注的熱點問題是：中國能否成為世界工廠？

所謂「世界工廠」是指，一國的製造業實力雄厚，有一大批企業和產業的系列群，其生產能力、新產品的開發能力、技術創新能力、經營管理水平、市場份額等，都在世界市場佔有重要的地位，並處於相對壟斷的地位。它們的存在和發展，直接影響其至決定了世界市場的供求關係、價格趨向以及未來的發展趨勢。

2001年日本通產省發表的白皮書第一次提到，中國正在成為世界工廠。國際上關於中國成為世界工廠的提法也越來越多，甚至引發了「中國威脅論」。從數據上看，製造業在整個中國經濟的增長中，在解決就業、創造外匯收入中確實起著非常重要的作用。但這只能說明中國已經開始融入世界工業體系，製造業大國並不等於製造業強國，中國離「世界工廠」恐怕還有相當的距離。沒有核心技術和國際知名品牌，是中國製造業發展的首要問題。目前全世界製造業分為三個層次。以電子產業為例：第一層次是賣技術、賣標準。以英特爾公司、微軟公司為代表，它們可以壟斷全世界軟件和大規模集成電路市場，因此50%的利潤都被它們拿走了。第二層次是以韓國、日本以及中國的臺灣地區為代表的，生產大規模集成電路和關鍵性的電子元器件。中國目前處在第三個層次，也就是靠組裝、加工賺取很低的加工費，實際上賣的是勞動力。正因為如此，有學者更願意把中國說成是世界重要的加工工業體系的一部分，即世界加工廠。

但中國確實有獨到的優勢。改革以來，中國對外開放引起的經濟變化，第一是外資大規模進入，第二是外貿進出口額大幅度增長。1979—2005年，中國實際利用外資累計達到6,224億美元，年均增長25.9%。1979—2005年外貿進出口總額累計為65,714.6億美元，年均增長18.35%。

美國「9·11」以來，中國作為安全的投資場所的形象日益凸顯。全世界大多數國家在考慮投資戰略轉移時都已經考慮中國，外國公司紛紛到中國來設廠，中國已經顯露出由「世界加工廠」向成為「世界工廠」過渡的前景。在很多領域裡，中國做整機缺乏競爭力，但在做部件時通過專業化競爭已經獲得某種比較優勢。所以，在相當長的一個階段，製造業增長的重要途徑之一是：先給大的跨國公司做配套，成為全世界生產網絡和銷售網絡的一個組成部分。這是今後相當長時期，中國經濟整體和許多企業所要採取的發展策略。在全球化過程中能夠加入在全球形成的生產網絡和銷售網絡是一個非常重要的策略，我們必須考慮如何利用現有的競爭力、如何整合產業，在國際分工中尋找自己科學而又實事求是的定位。

中國如果真的能在今後一二十年的時間裡成為全球製造業生產基地，那將是中國的偉大成就，是中國抓住了一個「千年大機遇」，使自己完成工業化、現代化的目標得以實現。事實上，中國只有發揮人力資源的比較優勢，才能實現自己現代化的目標。

因為只有這樣，中國才能創造出足夠的非農就業機會，最終解決幾億農民脫離農業的進程，也就是工業化、城市化的進程，才能最終解決「三農」問題、城鄉差距問題、就業不足問題、地區差距與貧富差距問題等，才能最終成為一個現代化的強國。

(四) 中國的「新型工業化」道路

從「一五」計劃算起，中國為實現工業化已經奮鬥了半個多世紀，把一個落後的農業大國建設成為擁有獨立的、比較完整的並有一部分現代化水平的工業體系和國民經濟體系的國家。但中國工業化任務還沒有完成，總體上看還處在工業化的中期階段。這突出表現在：農業現代化和農村城鎮化水平較低；工業特別是製造業的技術水平還不高；服務業的比重和水平同已經實現了產業化的發達國家相比還有相當大差距。工業內部的問題和矛盾也很突出：供給結構不適應市場需求的變化；國內有效需求依然不足；技術創新能力薄弱、產品的附加價值低；工業化過程中資源消耗大、環境污染比較嚴重；國有企業還存在許多尚未解決的突出問題；等等。工業化的任務不完成，現代化就難以實現。

黨的十六大報告明確提出，中國在21世紀頭二十年經濟建設的主要任務之一，是基本實現工業化，大力推進信息化，加快建設現代化。實現工業化仍然是中國現代化進程中艱鉅的歷史性任務。中國工業化要走「新型工業化」道路。新型工業化的內涵是：「以信息化帶動工業化，以工業化促進信息化，走出一條科技含量高、經濟效益好、資源消耗低、環境污染少、人力資源優勢得到充分發揮的新型工業化路子。」信息化是一個國民經濟各部門、社會生產和社會生活各個方面應用現代信息技術，深入開發、廣泛利用信息資源，加速現代化的過程。信息技術的應用可以極大地提高勞動生產率，降低資源消耗和生產成本，減少環境污染。信息化正在引起世界經濟和社會的巨大變革，是搶佔世界經濟競爭制高點的有效手段。信息化也極大地拓展和豐富了傳統工業化的內涵。信息化為中國高起點加速推進工業化提供了可能，是中國實現生產力跨越式發展的新機遇。

市場化改革、對外開放、產業結構優化升級、技術創新共同構成了中國工業化的推動力量。中國實現工業化有自己獨到的遼闊的國內市場和低廉的成本等優勢；加入WTO後，如果中國能夠抓住成為世界工廠的契機，將為中國的工業化開闢廣闊的道路。

第六章　中國農村經濟

第一節　中國農村經濟的基本狀況

一、新中國成立以來農村經濟發展的基本過程

新中國成立以來，農村經濟發展可分為兩個階段：

（一）1949—1978年：農村經濟制度經歷了土地改革和農業社會主義改造兩次根本變革

1. 土地改革

新中國建立后，1950年6月3日，中央人民政府委員會通過了《中華人民共和國土地改革法（草案）》。該土地法明確指出：「廢除地主階級封建剝削的土地所有制，實行農民的土地所有制，借以解放農村生產力，發展農業生產，為新中國的工業化開闢道路。」從1950年開始進行轟轟烈烈的土地改革，沒收地主的土地分給了貧苦農民。農民個人勞動的成果，除了上繳國家一小部分公糧外，全部歸自己所有，從而實現了中國農民數千年來「耕者有其田」的夢想。這種土地制度安排激發了農民的積極性，糧食產量從1949年的1.13億噸連年快速增加。1949—1956年糧食年均增長速度達7.9%，這是中國近現代糧食生產增長最快的一個時期。這充分表明當時的土地制度是符合實際的、有效的。糧食、農業的快速增長為新政權的鞏固、為抗美援朝戰爭的勝利、為工業的恢復和發展創造了有利的條件。

2. 農業社會主義改造

但是這種「耕者有其田」的制度安排建立起來的小農經濟，既與工業的社會化大生產存在矛盾，也勢必使小農之間出現競爭分化、土地重新集中的結果。為了解決這一問題，防止農村兩極分化，使農業生產得到較快發展，為工業提供日益增多的糧食和農產品原料，中央提出，必須把農民逐步組織起來，引導他們走互助合作的道路。

中國農業合作化，指通過合作化道路，把農民個體所有制逐步改造成為集體所有制的過程。這一過程採取了三個互相銜接的步驟：

第一步，根據自願互利原則，組織農民建立由幾戶或十幾戶農戶組成的農業生產互助組；

第二步，在互助組的基礎上組織以土地入股和統一經營為特點的初級農業生產合作社；

第三步，在初級農業生產合作社的基礎上，組織高級農業生產合作社。

高級社取消了土地報酬，將社員私有的土地無代價地轉歸集體所有；耕畜、大型

農具則按自願互利原則折價歸社，實現了土地、耕畜、大型農具等主要生產資料的公有化。社員私有的生活資料和零星樹木、家禽、家畜、小農具等不入社，允許社員利用工餘假日耕種自留地和經營家庭副業，作為集體經濟的補充。高級社的普遍建立，完成了農村個體經濟到社會主義集體經濟的轉變。1956 年年底，參加高級社的農戶占全國總農戶的 87.8%，標誌著中國農村生產資料所有制方面的社會主義改造基本完成。

隨著工農業生產「大躍進」運動的發展，在農村又出現了不顧客觀條件，急於改變生產關係的人民公社運動。

人民公社是中國農村在高級農業生產合作社的基礎上聯合組成的生產資料歸勞動群眾集體所有的社會主義經濟組織，實際上也是中國農村的基層政權組織。人民公社採取的是「三級所有、隊為基礎」的所有制模式，即生產資料分別歸人民公社、生產大隊、生產隊三級集體擁有，由此相應建立了三級管理機構。其中，生產隊是最基本的所有者和生產單位，一般擁有農業的最主要生產資料——土地、耕畜、農具和中小型農業機械；公社和生產大隊則擁有農田水利設施、大中型農業機械、山林和社隊企業。

中國農村改革前的這種農業合作化運動，經過互助組、初級社、高級社、人民公社四個步驟，將原來分給農民的土地收歸了集體所有，這實際上是一個剝奪小農的過程。整個農村經濟通過人民公社制度被納入了計劃經濟的軌道。以家庭為生產核算單位轉變為以生產隊集體為核算單位，農民在生產隊裡勞動並取得報酬。

3. 集體經濟中的農民缺乏勞動積極性

農村集體經濟建立起來後，總體看，農民的生產積極性不高。原因在於：

(1)「大鍋飯」式的報酬制度使勞動與收入脫節

農業勞動通常在廣闊而分散的土地上進行，對勞動者努力程度的監督十分困難，幾乎無法判斷每一個工序的勞動質量。當時生產隊普遍採取「工分制」作為勞動計量和分配的依據。這種「工分制」以潛在的勞動能力為依據，根據性別、年齡為每一個社員制定一個工分標準，按工作天數記錄工分數，年底根據每個人的工分數進行分配。由於這種分配制度完全忽略了實際勞動貢獻和工作質量，多勞不能多得，偷懶也不會受到懲罰，因此社員勞動積極性很低。

(2) 農民沒有退出集體組織的權力

從高級農業生產合作社階段開始，農民就不再有選擇的權力，被強制加入高級農業生產合作社和人民公社。在人民公社這種缺乏激勵的制度下，社員又沒有退出的自由，於是農民的自發選擇就是消極怠工，出勤不出力。所以人民公社是一種缺乏效率的體制。

在特定的歷史條件和國際環境下，中國在過去很長一段時期內推行優先發展工業特別是優先發展重工業的戰略，在農業內部，則片面強調「以糧為綱」，從而形成了社會資源過分向工業傾斜，農業資源又過分向種植業傾斜的狀況。農業增長速度緩慢，農民收入水平低下。

(二) 1979 年至今：從傳統農業開始向現代農業轉變

這一階段最重要的變化莫過於家庭聯產承包責任制的推行和鄉鎮企業的崛起。

在人民公社制度下，糧食供給不足的問題一直困擾著中國，從而嚴重地阻礙了中國的經濟發展。在城鎮，實行糧食定量供應制度。在農村，實行糧食強制性徵購制度。從人均佔有糧食來看，新中國成立以後 30 年間，一直在 300 公斤上下徘徊。20 世紀 70 年代以後，糧食淨進口量開始上升，數量越來越多，1976 年以前淨進口都在 450 萬噸以下，此后則逐年上升，1982 年達到 1,487 萬噸。因而要解決糧食短缺問題就必須採取能夠調動農民生產積極性的強有力措施，解決農業勞動激勵不足的問題。在這個背景下，家庭聯產承包責任制開始出現並得到迅速推廣。

1. 家庭聯產承包責任制

1978 年，安徽省鳳陽縣小崗村的 18 戶村民冒著生命危險，在一份契約上按下了自己的手印，暗地裡實行土地的家庭聯產承包責任制，揭開了中國農村改革的第一頁。

（1）家庭聯產承包責任制的定義

家庭聯產承包責任制是在土地等基本生產資料公有的基礎上，實行集體統一經營和農戶分散經營相結合，使不同農戶家庭成為獨立經營實體的農村集體經濟的組織形式。它以確定農戶家庭在農業生產經營中的主體地位為前提。

（2）家庭聯產承包責任制的形式

家庭聯產承包責任制的主要形式有「包產到戶」和「包干到戶」兩種。

包產到戶的基本做法是：把規定了產出要求的土地發包給農戶經營，包產部分（即在承包合同中規定農民所必須完成的產量）全部交給生產隊，超產部分全部留給承包戶或由承包戶與生產隊按比例分成。

包干到戶的基本做法是：按人口或按人口與勞動力的比例將土地發包給農戶經營，農戶按承包合同完成國家稅收、農產品統派購或合同訂購任務，並向生產隊上繳一定數量的提留，用作公積金和公益金等，餘下的產品全部歸農民所有和支配。目前中國農村中普遍推行的是包干到戶的形式。

（3）家庭聯產承包責任制的特點

家庭聯產承包責任製作為一種有效的管理制度，其特點主要體現在分配方面：交夠國家的，留足集體的，剩下的都是自己的。參看資料連結 6-1：

資料連結 6-1

安徽鳳陽小崗村農民的契約

1978 年，安徽 9 個月沒下過透雨，出現了百年不遇的大旱。秋種無法進行。針對這種情況，中共安徽省委決定向農民「借地度荒」，即由集體借給每個農民三分地種菜，對能夠播種小麥的土地只要能夠種上就不計徵購，利用荒崗湖灘種植糧油作物，誰種誰收。憑著「借地」的緣由，「包產到戶」就找到了復活的機會。9 月初，在滁縣地委召開的一次四級幹部會議上，有幾位公社書記公開了當地幾個村莊正在暗中串聯實行「包產到組」的聯產承包責任制的秘密。他們把這種做法稱為抵禦旱災的「秘密武器」。實行「包產到戶」的村莊中，最著名的是安徽省鳳陽縣的小崗村。20 戶人家的小崗生產隊，先分成 4 個作業組，沒有干好；又分成 8 個作業組，還是干不好。剛

擔任生產隊副隊長的嚴宏昌去向老農關庭珠請教。關說:「1961年『救命田』很中用,一干就增產。」嚴宏昌說:「好,就那麼干,乾脆一竿子包到戶!」在社員大會上,嚴宏昌說:「咱們乾脆承包到戶,秋后打下糧食,交夠國家的,留足集體的,剩下都是自己的,再不用記工分了。」參加會議的人一致叫好。到會的21位農民,在下面的字據上3人蓋了私章,18人按了血紅的手印。

當年,小崗生產隊糧食產量即達到13萬多斤。這一事件后來就成為中國經濟體制改革的突破性標誌。

(資料來源:根據楊繼繩《鄧小平時代——中國改革開放一十年紀實》上卷. 北京:中央編譯出版社,1998年版等資料編寫)

家庭聯產承包責任制最先在安徽、四川等省份的一些貧困地區開始實行。由於承包的實際效果表明它比集體生產效率更高,因而得到中國政府首肯,進而迅速擴展到全國農村。1984年年底,全國農村中所有的生產隊和98%的農戶都接受了家庭聯產承包責任制這種新的農業經營體制。

(4) 家庭聯產承包責任制的績效

隨著家庭聯產承包責任制的普及,中國農業迅速發展。它創造了1978—1984年連續7年糧食增長的奇跡,從1977年的2.8億噸,快速增長到1984年的4.1億噸,年平均增長率達5.35%,是新中國成立以來僅次於成立初期的糧食快速增長期。短短幾年,人均佔有糧食從1978年的318.7公斤發展到1984年的392.8公斤,打破了人均佔有糧食長期徘徊的局面,從而一舉解決了中國糧食長期短缺的問題。國際貨幣基金組織的計量研究表明,在該時期,「農業增長量中大約有3/4是由於實行了家庭聯產承包責任制取得,其餘是農產品相對價格提高的結果」。

家庭聯產承包責任制之所以取得如此明顯的績效,是因為土地的家庭經營制度對農業生產的特點具有很好的適應性。家庭關係由婚姻和血緣關係組成,是人類社會中信任感最強、最穩定的一種關係,個人與家庭的經濟利益幾乎難以分離。以家庭為生產經營單位,家庭成員之間基本上用不著勞動監督,或者勞動管理幾乎不花費成本。因此,把土地交給農民家庭經營是一種極富激勵的制度安排。更進一步,在目前的生產技術條件下,由於農業生產沒有明顯的分工優勢,集體勞動可能產生的分工規模經濟效應遠遠不及家庭經營產生的勞動激勵效應;另外,比起計劃經濟體制下的人民公社來,家庭經營制度對農產品供求關係的反應也要靈敏許多。

全國人大在2002年審議通過的《農村土地承包法》已於2003年3月1日起正式實施。該法第一次以國家法律的形式,賦予了農民長期穩定的土地承包經營權。該法規定,承包期內,發包方不得擅自收回承包地,即使承包方全家遷入小城鎮落戶,也應當按承包方的意願,保留其土地承包經營權或者允許其依法進行經營權流轉。

2. 鄉鎮企業異軍突起

鄉鎮企業是鄉、鎮、村和農民舉辦的集體性質和一部分個體、私營性質的工業、建築業、運輸業和商業等企業的統稱。

鄉鎮企業原稱社隊企業,其產生和發展走過了一條曲折而艱難的道路。它是中國

農民在計劃經濟的夾縫裡為爭取自身的利益而進行的創新。中國鄉鎮企業的發展與國家政策的變化密切相關。到目前為止，先後經歷了20世紀50年代末至60年代中期的初創、60年代中期至十一屆三中全會前的緩慢發展和十一屆三中全會後至今的迅速突起三個階段。

改革後，國家調整了鄉鎮企業發展政策，從1984年開始，鄉鎮企業獲得了長足的發展，現在已成為國民經濟的重要支柱。截至2005年年末，全國共有鄉鎮企業從業人員14,180萬人，占農村勞動力的41%～74%；全國鄉鎮企業增加值預計達到46,600億元，占國內生產總值的25.56%。

鄉鎮企業的發展，不僅推進了農業產業化，促進了農村經濟結構的提升，而且提高了農民收入，成為農民收入的重要來源之一。它還是小城鎮發展的生長點，對於推動農村工業化、城鎮化、現代化的意義和作用是無論如何估計也不過分的。

3. 中國的「三農」問題

中國的「三農」問題是指農業、農村、農民這三個問題，涵蓋了所有與「農」相關的經濟與社會方方面面的矛盾與衝突。

農業問題包括農業產業結構調整、土地流轉、農產品國際貿易、農業基礎設施薄弱、農業生產受資源和市場雙重約束、農產品購銷體制不暢、農業產業化程度不高、分散的小農經濟難以應對入世後國外集約型農業的挑戰等方面的問題。

農村問題包括農村的市場體系建設、生態環境保護、鄉鎮企業二次發展、農村城鎮化推進、費改稅、農村基層機構龐大、村鄉鎮債務沉重、農村幹群關係緊張、農村土地產權制度、徵地補償不合理等等問題。

農民問題包括農村人口過多、農民收入過低負擔過重、農民就業困難、農村貧困問題突出、農民社會保障制度尚未建立、城鄉收入與消費水平差距拉大等問題。

「三農」問題日益成為中國經濟發展中的瓶頸，成為困擾中國經濟發展、社會公平和實現國家現代化的核心問題之一，是中國不得不面對的世紀性難題。黨的十六大提出：「統籌城鄉經濟社會發展、建設現代農業、發展農村經濟，增加農民收入，是全面建設小康社會的重大任務。」解決「三農」問題是全面實現小康社會的關鍵所在。

二、農業在國民經濟中的產業地位

農業作為國民經濟的組成部分，與其他產業一樣，一方面受到國民經濟發展水平的影響，另一方面也是制約國民經濟發展的因素。農業作為國民經濟的基礎產業，近年來出現了產業結構的明顯變化：在GDP中所占比重逐年下降，在就業結構中所占比重雖然也有明顯下降，但仍保持較高的比重。

(一) 農業在國民經濟產業結構與就業結構中的地位下降

第一產業（廣義的農業）、第二產業（廣義的工業）、第三產業（廣義的服務業）占國內生產總值的比重，分別由1978年的28.1%、48.2%、23.7%變為2005年的12.46%、47.28%、40.26%。農業下降了15.64個百分點。就業結構也發生了巨大變化，第一產業就業人員占全部就業人員的比重由1978年的70.5%下降到2005年的

44.8%；第二產業就業比重由1978年的17.3%上升到2005年的23.8%；第三產業就業人數由1978年的12.2%提高到2005年的31.4%。這種就業結構的巨變，表明中國產業結構已經開始發生很大變化。正是這一具有特徵性的結構轉變，成為中國該時期經濟高速增長的主要源泉。

(二) 中國農業在產業結構和就業結構中的特點

1. 中國農業在GDP中的比重偏低

從表5-5中可以看出，中國農業在GDP中所占比重偏低。一般說來，第一產業（農業）在GDP中所占比重低是經濟發達的表現，例如所有的發達國家都比中國更低。但發達國家和地區的第一產業創造的GDP低是因為它們已進入后工業化社會，它們已走過了以第一產業為主和以第二產業為主的歷史發展階段，而中國的情況則完全不同。中國的這種偏低是在農業作為一個容納了全國一半左右勞動力的產業背景下發生的，所以中國第一產業在勞動和社會保障部、國家統計局《2005年度勞動和社會保障事業發展統計公報》GDP中所占比重偏低與發達國家第一產業在GDP中所占比重低的內涵是完全不同的。中國第一產業創造的GDP比許多發展中國家如印度尼西亞、孟加拉國、印度都要低，這說明中國農業勞動生產率比它們更低，是農村人口消費水平低下、農村投資不足的綜合表現。

2. 中國農業在國民經濟就業結構中的比重過高

從表5-4中可見，中國第一產業就業比重大大高於國際經驗。我們分4個層次進行分析：①發達國家第一產業容納的就業人數都在10%以下；②韓國、俄羅斯、馬來西亞、巴西四國都在10%～30%；③30%～50%範圍的國家有菲律賓（37.4%）、印度尼西亞（43.8%）、巴基斯坦（48.4%）、泰國（46.6%）和中國（44.8%）；④高於中國的只有尚處於農業社會中的孟加拉國（62.1%）。這就是說，中國農業勞動力在總勞動力中所占比重與菲律賓、印度尼西亞、巴基斯坦、泰國屬於同一序列，只高於世界尚未開始工業化的孟加拉國。因此中國至今依然是一個以農業勞動為主體的國家。

(三) 中國農業對國民經濟的貢獻

雖然農業部門在GDP和勞動力中所占的比重是不斷下降的，但這並不意味著農產品總量在長期是下降的。實際上農產品總量隨著工業化程度的提高而應該不斷增加，否則工業化和國民經濟發展會受到農產品供給不足的困擾。農產品中扣除被農業部門消費的部分即為農產品剩餘或農業剩餘，它是國民經濟中其他部門賴以發展起來的基礎。

1. 糧食貢獻

糧食對於國民經濟發展的重要性是不言而喻的。中國作為世界上第一人口大國，截至2005年年初，內地人口已達到13億。毫無疑問，一個不斷增大的龐大人口群體，會帶來對農產品需求的壓力。中國目前正處於人均消費水平從溫飽向小康水平轉化並向中等富裕水平邁進的時期，食物消費已開始從以穀物為主向動物蛋白製品和高脂肪製品轉換，肉、禽、蛋、奶等製品的需求迅速擴張，這引起了飼料用糧的大幅度增長，顯然隨著時間的推移，這一趨勢將繼續得到強化。對中國來說，解決13億人口的吃飯

問題是頭等大事,是經濟發展、社會安定、國家自立的基礎。

2. 原料貢獻

農產品是許多工業部門,尤其是輕工業部門的原料。如食品、飲料、菸草、紡織、皮革、造紙等部門,沒有農業為它們提供源源不斷的原料,它們就不可能發展起來。而這些產品都是人們的日常消費品,是須臾不可或缺的。對於中國來說,現階段經濟發展的比較優勢決定了中國工業部門特別是輕工業的相當一部分生產在很大程度上要依賴於對農產品的深度加工,而以農產品為加工對象的輕工業的發展,主要取決於農業能否提供充足的原料及各種生產要素。

3. 市場貢獻

農業部門市場貢獻來源於農業對非農業部門的產品需求。這正是農業對於國民經濟貢獻的又一重要體現。

農業生產所需投入的一部分來自本部門自己的供給,如種子、農家肥和農具等;另一部分來自非農部門的產品,如化肥、農用機械、柴油、電力等。此外,農業人口所需的生活消費品一部分來自本部門的產出,如糧食、蔬菜、肉類等;另一部分來自於工業部門,如穿著、日用工業品、家電以及其他服務等。農業部門對非農業部門生產資料和消費品需求的增加,擴大了非農業部門的銷售市場,促進了非農業部門的經濟增長,因此說,農業部門為非農業部門做出了市場貢獻。在市場經濟條件下,整個國民經濟的發展主要依靠市場的擴張。市場擴張的規模和速度將決定工業和國民經濟的發展規模和速度。

對於中國來說,2005年年末13億人口中有7.45億是農民,當年農村居民人均年純收入為3,255元,約為城鎮居民當年人均可支配收入10,493元的31%,如果能使農民收入與市民收入拉平,將是一個多麼巨大的市場!隨著農村市場化的進程和農民收入的不斷提高,自給自足的消費模式正在逐步讓位於從市場購買商品進行消費的模式,農村已逐漸成為一個巨大的商品市場,並且前景廣闊無量。

4. 資本貢獻

農業部門的資本貢獻與糧食和原料貢獻不同。糧食和原料貢獻是指農業部門為非農業部門提供剩餘產品,即扣除掉農民自己消費和留作種子用的那部分農產品之後的剩餘部分。這就是通常所說的農業剩餘。例如假設農產品都是糧食,一國農業部門在某年生產了4億噸糧食,農民自己在這一年消費了3億噸,於是農業部門為非農業部門提供的農業剩餘就是1億噸。這就是農業部門的糧食貢獻。

農業部門的資本貢獻是指農業剩餘的淨流出。農業部門在向非農業部門提供農產品的同時,還從非農業部門購買工業品。從農業剩餘中減去農業部門購買的工業品數額即得到淨農業剩餘,這就是農業部門的資本貢獻。例如假設一國在某年為非農業部門提供的農業剩餘是1億噸糧食,價值為1,000億元,而農業部門向非農業部門購買工業品花費了600億元,於是該年農業剩餘的淨流出400億元就是農業部門為非農業部門做出的資本貢獻。

(四) 農業資本轉移的兩種途徑

把資本從農業部門轉移到非農業部門有兩種途徑:一是依靠市場機制自動轉移;

二是依靠政權力量強制性轉移。

1. 依靠市場機制自動轉移

依靠市場機制自動轉移必須具備 3 個條件：①農業必須向非農業部門出售產品，即必須有市場剩餘；②農民必須是淨儲蓄者，即他們的消費必須小於他們的收入；③農民的儲蓄必須超過他們在農業上的投資，或者說，必須有農業淨儲蓄或資本淨流出。一般認為，要滿足這些條件，就必須給農民以適當的刺激，使他們增加市場剩餘，願意節制消費，並且情願把他們的儲蓄轉為非農業投資。歷史上，有些國家主要是通過市場機制來轉移農業剩餘的，如美國、加拿大等。

2. 依靠政權力量強制性轉移

在許多發展中國家，包括中國，為了加快經濟發展步伐，國家通常運用政權力量強制性地把農業部門的一部分剩餘轉移到工業部門。政府轉移農業剩餘的手段有直接和間接兩種。直接手段主要是對農業徵重稅，如日本在工業化過程中對農業課以重稅就屬於這種直接手段的例子。間接手段主要對兩部門產品交換比價進行控製，以低於其價值的價格向農業部門收購農產品，以高於其價值的價格向農業部門銷售工業品，即採用「剪刀差」的形式進行工農業產品的不等價交換。中國在改革前一直採用這種方法來轉移農業剩餘，臺灣地區實行的「化肥換谷制度」也是這種間接控製的例子。

一項研究表明：1952—1992 年，中國農業部門每年的資本淨流出是 236.4 億元，占年均農業總產值的 11.2%。也就是說，100 元農業總產值中，約 11.2 元轉移到非農部門中成為資本。農業資本淨流出占國民收入累積額的比重達 17.7%。換句話說，100 元資本累積中就有 17.7 元來自農業部門。由此可見，農業部門對中國的工業化做出了巨大的資本貢獻。

第二節　中國農業的發展

在糧食安全問題上，歐洲有過深刻的教訓。歐洲 19 世紀為推動工業化，減少了穀物生產，轉而從美國等低成本國家大量進口糧食，結果在兩次世界大戰中吃了糧食嚴重短缺的虧。二戰後歐洲許多國家都制定了糧食安全政策，其中德國把糧食儲備分為國家儲備、國際儲備和家庭儲備三種，以確保 3 個月的純供應量。日本則一直從國家安全的角度，保護國內的大米市場。日本朝野各界普遍認為：「未來的穀物危機意味著糧食將成為政治武器，在戰爭的情況下更是如此。」因此，雖然美國、歐盟一直施壓逼迫日本開放大米市場，日本卻絲毫不肯鬆動，1999 年 3 月 31 日雖然取消了 1931 年以來的糧食進口許可證制度，但法律又規定改用高關稅的方式阻止大米進口，將每公斤大米的關稅提高到 351.17 日元（約合人民幣 25 元），為世界所罕見。

一、中國糧食的供求狀況

「民以食為天」。糧食問題直接關係到生存問題，始終是中國經濟發展的重大問題之一，集中反應了中國人口、耕地、水資源與發展之間的諸多矛盾。中國最突出的基

本國情是用兩個7%的農業資源，養活22%的人口，即中國耕地、水資源占世界總量的7%，而人口占世界總數的22%。這一國情決定了中國是世界上穀物消費量最大的國家，滿足十幾億人口日益增長的食物需求，始終是中國政府的首要任務。農業不僅是國民經濟發展的重要基礎，也是中國政治穩定、社會安定的重要前提條件。因此，始終把農業放在整個國民經濟發展工作的首位，把解決糧食問題放在極其突出的地位，是從中國人多、地少、水資源分佈不均衡這一無法改變的基本國情出發，從保持中國經濟穩定與社會穩定這一根本大局出發所確立的最重要的國家發展目標。

(一) 中國糧食的需求

中國的糧食問題，即十幾億人口的吃飯問題，一直是中國和全世界非常關心的問題。1989年中國科學院國情分析研究小組第1號國情報告《生存與發展》指出，糧食需求遠遠大於供給是今后30~40年中國糧食市場的基本格局，如何解決十幾億人口的吃飯問題，是今后歷屆政府首要的、基本的任務。

1995年美國世界觀察研究所所長萊斯特·布朗（Lester R. Brown）出版了《21世紀誰來養活中國》一書，他預測中國到2030年人口將增加到16億，而由於經濟增長和人均收入增長迅速，食物結構改變加快，糧食需求將大幅度提高。與此相對應的供給潛力則不樂觀：耕地減少的趨勢難以避免，因而靠擴大播種面積增加產量的潛力很小；淡水資源短缺將更加嚴重，單產的提高也是有限的。由此他預言，從20世紀90年代開始，中國糧食產量將以每年0.5%的速度下降。到21世紀30年代，中國將會發生嚴重的糧食短缺現象，供求缺口將為2.16億~3.78億噸。布朗警告說，屆時全世界都無力養活中國。此書引發了國內外對中國糧食問題的廣泛討論。1998年布朗再次對21世紀中國養活自己的能力提出質疑。

不管布朗先生是否危言聳聽，養活十幾億人口的確是中國面臨的無法迴避的難題。隨著人民生活水平的提高，人均糧食消費量也將逐漸提高。以人均糧食消耗量400公斤計，16億人口時中國糧食需求將達6.4億噸。改革迄今，糧食產量最高的年份為1998年，當年產量達5.12億噸，與未來6.4億噸的需求量相比，有1.28億噸的缺口；與2004年4.69億噸的年產量相比，有1.71億噸的缺口。這是一個非常現實的問題。

中國的糧食生產潛力究竟有多大？耕地減少的速度、農業科技的突破、生活水平提高引起的飲食結構改變對飼料引起的需求……這一切對中國糧食生產究竟有多大的影響？靠中國農業究竟能不能養活自己？

(二) 中國糧食的供給

關於中國人能否養活自己的爭論，一直存在三種觀點：第一種觀點是歷史悲觀論。早在1949年美國國務卿艾奇遜就認為，中國的人口是「不堪負擔的壓力」，中國無法解決吃飯問題。第二種觀點是盲目樂觀論，認為人口增加多少倍也完全有辦法解決問題，相信革命能改變一切。第三種觀點是有條件的謹慎樂觀論，對中國的糧食與農業問題既要充分看到有利條件，又要充分看到不利條件；既要樂觀，又要謹慎。

1. 中國農業的資源稟賦情況

資源指物質資料的天然來源，稟賦即天賦。資源稟賦指由大自然賦予的天然的物質資料。對於不同的國家或不同的人來說，這種來自於自然界的物質資料存在著豐饒或貧瘠的差異。中國農業的資源稟賦情況總體看並不樂觀。

(1) 耕地自然條件較差，人均耕地佔有量處於較低的水平

與西方發達國家的農業相比，中國大部分地區的氣候、雨水以及土壤肥力乃至耕地面積等農業生產的自然條件較差，農業發展面臨嚴重的資源約束。從耕地分佈來看，中國耕地多分佈在中部地區，占43.2%，東西部地區的耕地面積各占28.4%。耕地肥沃狀況，大體上是高產地、中產地、低產地各占1/3。據統計，中國人均耕地為0.10公頃，而世界平均水平是0.24公頃。與一些主要國家相比，除了日本（人均耕地為0.03公頃）低於中國之外，印度為0.19公頃，美國為0.72公頃，德國為0.14公頃，法國為0.31公頃，均高於中國，並且中國耕地減少的速度難以逆轉。

(2) 中國水資源的人均擁有量相對不足

從人均佔有年徑流量來看，中國為2,472立方米，僅為世界平均水平的1/4，被聯合國列為世界上13個貧水國之一。此外，相對稀缺的水資源在時間和空間上的分佈又很不均衡，與人口及耕地的分佈更不協調。長江以北地區耕地面積為全國的64%，而地表水資源卻只占全國總量的17%，其中黃淮海地區的耕地占全國的42%，地表水資源量卻不到全國的6%。

(3) 農業生態環境呈現惡化趨勢

由於毀林、毀草、過度放牧、樵採、圍湖造田等破壞生態環境的現象嚴重，水土流失問題日益嚴重。土地荒漠化、沙漠化、鹽漬化以及土地退化的現象都十分嚴重。

2. 中國農業發展必須在耕地缺乏和勞動力豐富的資源約束條件下進行

一個國家的農業發展，與其具有的農業資源稟賦有很大關係。如美國、加拿大和澳大利亞這些土地資源豐富的國家，就天然具有發展農業的資源條件，其農業發展的成本較低，農業具有比較優勢。而東亞許多國家和地區，由於人均耕地少，發展農業的成本較高。中國也一樣，中國農業資源稟賦的特點是耕地稀缺、勞動力豐富，而糧食生產需要使用較多土地、較少勞動力，兩者結合起來就產生了中國糧食生產缺乏比較優勢的結果。

但這並不意味著中國糧食生產沒有前途。自然資源稟賦並不構成對農業發展的絕對約束，人類的技術進步和自覺選擇可以彌補自然資源稟賦的缺陷。

(1) 選擇適合於人均農業資源稀缺的技術道路

提高農業生產效率的技術創新道路大致可以歸納為兩個技術方向：一是為節約勞動力而沿著機械技術方向進行的技術創新活動。例如與農業機械化相關的工具機械的發明和改進、新型動力的引進等，其結果是提高了農業勞動生產率。二是為節約土地而沿著生物技術方向進行的技術創新活動，如動植物品種的培育和改良，化肥、農藥的發明及其施用方法的改進等，其結果是提高了農業的土地生產率。

縱觀農業現代史，美國走的是以機械技術進步為主要方向的道路，日本走的是以生物技術進步為主要方向的道路。經濟學家由此歸納出「誘導型創新」（induced technological change）理論。這種理論認為，一個國家選擇何種技術進步的道路才能促進農業生產率的迅速提高，依該國的資源稟賦狀況而定。對一個土地資源豐富而勞動力資源稀缺的國家來說，選擇機械技術進步的道路是最有效率的。相反，對於一個土地稀缺而勞動力豐富的國家而言，選擇生物化學技術進步的道路是最優的。

所以，農業生產對於技術的需求，取決於特定經濟中生產要素的相對稀缺性。農民總是選擇那種能夠節約稀缺生產要素和更充分利用豐富生產要素的技術。通過不同技術發展道路的選擇，具有不同生產要素稟賦的農業，都可以獲得迅速增加農業生產率的共同基礎。

毫無疑問，中國的農業資源稟賦決定了在農業技術進步方面應該主要選擇節約土地的生物技術，以揚長避短。事實上中國也正是這樣做的，著名的農學家、中國工程學院院士袁隆平進行的雜交水稻和超級雜交水稻的研究就是例證。

（2）選擇適合於人均資源稀缺的農業生產結構

根據中國的要素稟賦和產品特徵，在農作物的選擇上適宜種植那些勞動密集程度高的作物，因為種植勞動密集程度高的作物意味著需要增加單位土地面積上的勞動投入。這有利於發揮中國勞動力豐富的優勢，實行勞動力對土地的替代。

對中國農產品耗費勞動量與其土地生產力的關係所做的分析表明，在作物生產中，勞動成本占總成本的比重越高，每畝的淨產值越高，兩者之間呈正相關關係。糧食生產具有土地集約的特徵，經濟作物則具有勞動集約的特徵。根據調查資料，中國經濟作物平均每畝投入的勞動量，是糧食作物的2~5倍。這就意味著經濟作物所需要投入的土地量相對較小。因此，中國完全可以根據區域特點實行地區農業生產的專業化分工，發揮資源比較優勢。

二、加入WTO后中國農業的戰略選擇

從中國的農業發展、糧食供求關係、國際開放格局以及比較利益原則來看，選擇「立足國內，基本自給，適度進口，促進交換」作為21世紀中國糧食戰略與策略，是十分適宜的，也是十分有利的。這一戰略，既不同於原有的高度自給自足的糧食生產和糧食消費戰略，也不同於主要依靠進口的糧食消費模式。立足國內生產能力，提高糧食進口能力，形成綜合供養能力，是基於比較優勢、市場機制、充分利用國際資源和市場的新的戰略選擇。

在一個開放的國際市場環境下，在兩大農業資源（耕地和水資源）長期緊缺的條件下，中國在生產糧食方面已經具有經濟優勢和比較利益，但是，在生產其他農產品方面，仍具有巨大的潛力和比較優勢。因此，中國可以利用國際貿易，規避資源的比較劣勢，發揮比較優勢。具體說，就是通過國際貿易進口一部分糧食，而將一部分原來生產糧食的資源轉移出來，生產那些仍然保持著比較優勢的經濟作物，並通過經濟作物的出口，建立農產品進出口的平衡。不過，鑒於糧食安全的重要性，中國糧食需求依賴國際市場的底線是：必須保證中國的食品安全。

中國農業戰略選擇的基本內容包括以下幾點：

(一) 中國糧食生產必須立足於國內，實現基本自給目標

中國人口 2005 年年初已達 13 億，最高峰時可能將達到 16 億。如此巨大的糧食消費需求，我們不可能完全依靠國際市場來解決，必須立足於國內生產，實現基本自給目標。由於中國地域遼闊，進口糧食運輸到廣大的內陸地區費用很高，因此，不僅全國要實行總量基本自給原則，而且也要實行大區域的糧食供求基本平衡或基本自給的原則。

但是立足國內並不等於百分之百地由國內生產，也不是保持目前的糧食高度自給自足的模式，而是從目前 98% 左右的糧食自給率降到 95% 的短期目標、90% 的中期目標、90% 以下的遠期目標。儘管如此，與國際比較來看，中國仍是世界上糧食自給率較高的國家，屬於基本自給的模式。

(二) 利用國際市場，適度進口糧食

所謂「適度進口」，就是要逐步地提高糧食淨進口率，調整農產品進口結構，獲得比較明顯的收益。首先，要考慮到國際市場的糧食供給能力、糧食價格以及與國內價格的相對關係。當國際市場價格較低（相對國內價格而言），糧食供給充足時，就應當增加糧食進口量；反之，減少進口量。其次，調整農產品進出口結構，調節豐歉年際，利用和借助國際市場來調節國內糧食供給與需求之間的缺口以及價格水平。

適度進口糧食對中國是十分有利的。一是有利於緩解人口過多與農業資源相對緊缺的矛盾。進口糧食相當於進口耕地和水資源。以每公頃耕地生產 4 噸糧食，每噸糧食直接或間接耗損 1,000 立方米水計算，進口 4,000 萬噸糧食就相當於增加 1,000 萬公頃耕地，節約了 400 億立方米水資源。二是進口糧食等於變相進口美國等發達國家的政府補貼。據統計，1979—1986 年期間經濟合作與發展組織國家政府對農產品的生產者補貼量約為 1,073.8 億美元，相當於農產品產出的 37%；1990 年這一補貼額高達 1,755.4 億美元，相當於農產品產出的 44%，其中美國政府對農產品補助額最多，為 359.3 億美元，相當於農產品產出的 30%。三是有利於控製糧食價格過快上升，減輕通貨膨脹的壓力。目前，中國單位糧食產量所消耗的勞動力、化肥、農藥、電力等要素投入量（成本）高於世界上許多糧食生產國和出口國，國內糧食市場價格已超過國際市場價格的 30%，適度進口糧食有助於縮小國內糧食需求與供給之間的不平衡性，進而也會抑制國內糧食價格過快上升。適度進口應成為政府調整國內糧食供需平衡和控製通貨膨脹率的重要手段。四是有利於保護環境和農業持續發展。大規模的開荒，把部分牧場和林地開墾為耕地會造成嚴重的水土流失，破壞生態平衡。生態環境是一種特殊的資產。進口糧食就等於進口環境資產，就等於使國內生態資源增值。反之，大量開荒，水土流失，即使增加糧食產量，也會減少國內生態資源資產。

(三) 利用比較優勢，促進農產品交換

比較優勢理論的主要內容是：生產力水平不相等的甲、乙兩國，甲國生產任何一種商品的勞動成本均低於乙國，處於絕對優勢，而乙國則處於絕對劣勢，這時兩國之間依然存在著相互有利的國際分工和貿易的可能。因為兩國勞動生產率的差距並不是

在所有商品上都是同等的。處於絕對優勢的甲國，不必對所有商品都生產，只應生產具有最大優勢的產品。反之，處於絕對劣勢的乙國，也不必對所有的商品都停止生產，而只應停止生產劣勢最大的商品。這樣，甲、乙兩國通過分工生產各自具有相對優勢的產品，即生產比較成本相對有利的商品。然後通過國際貿易，互相交換，雙方均可獲利。

加入 WTO 后，中國國內市場和國際市場進一步整合。這意味著中國農業可以按照中國的比較優勢來發展。由於中國的勞動力成本低，因而勞動力密集的產品是中國的比較優勢，加入 WTO 給中國這些產業的發展提供了很大的空間。「以勞動換糧食」。從國際範圍來看，中國生產糧食不具有比較優勢，而在生產經濟作物方面，特別是勞動密集的農產品方面，具有明顯的比較優勢和出口優勢。如水產品、蔬菜水果、茶葉、油菜子、菸葉等。這些產品都具有較明顯的出口比較優勢，通過出口這些附加價值較高的農產品來換回糧食，對中國來講是十分合算的。

（1）中國目前是一個人口眾多的農業大國，中國 13 億人口的糧食問題、農村發展和農民生活狀況直接關係著中國社會經濟的穩定和進步。

（2）中國農村經濟發展經歷了土地改革和農業社會主義改造兩次根本變革。土地改革是把土地從封建地主所有制改變為小農所有制；農業社會主義改造是把分散的小農引導走上集體經濟的道路。

（3）改革后實行的家庭聯產承包責任制，有效地推動了中國農村經濟的發展。

（4）農業是國民經濟的基礎產業。農業對國民經濟的貢獻主要有糧食貢獻、原料貢獻、市場貢獻和資本貢獻。

（5）中國的糧食供給必須立足國內，實現基本自給目標。

（6）根據中國農業自然資源禀賦的特點，利用國際市場，調整農業生產結構。

第七章　中國國有經濟的改革與發展

第一節　國有企業、國有資產和國有經濟的內涵及其相互關係

在學習和研究中國國有經濟的改革與發展問題之前，有必要先搞清楚國有企業、國有資產和國有經濟這三者的內涵及其相互關係。

一、國有企業

國有企業無論是在資本主義國家還是在社會主義國家都存在，但對其定義是不同的。

西方國家理論界把國有企業定義為：由政府代理所有、控制或經營的企業。它們強調政府成為企業的所有者，並擁有任命和罷免經理人員的權力。對國有企業這種認識，在西方國家雖然具有普遍性，但在不同國家也存在一定的差異。例如，歐盟把國家企業定義為「政府當局可以憑藉它對企業的所有權、控制權及管理條例，對其施加直接或間接支配性影響的所有企業」。英國學者把國有企業定義為「用市場方式生產向消費者和別的生產者銷售的產品，但是由政府所有並接受控制的企業」。世界銀行把國有企業定義為：「由政府擁有或控制的經濟實體，它們從出售商品與服務中得到收益⋯⋯政府通過其所有權收益控制企業的經營。」

各國對國有企業的具體稱呼也有差異。例如，日本把政府持有資本的企業稱為「國營企業」，把地方團體持有資本的企業稱為「地方公營企業」；印度把國有企業稱為「公營部門」和「公營企業」；新加坡把國有企業稱為「公共企業」等。在社會主義國家裡，國有企業是指全民所有制企業，是全體人民共同佔有生產資料的一種公有制形式。由於全民所有制採取國家所有制形式，所以全民所有制企業也稱國家所有制企業或國有企業。這種國有制企業，在傳統計劃經濟體制下是通過各級政府進行直接經營的，故在那個時期又把它稱為「國營企業」。改革開放後，隨著計劃經濟體制向市場經濟體制轉型，國家企業由所有權與經營高度集中變為所有權與經營權相分離，國有制企業從國家直接經營變為不直接經營。於是，中國在1993年修改憲法將原「國營企業」改為「國有企業」。

中國現階段的國有企業，不僅是指國家獨資的全民所有制或純粹的國有企業，而

且是指國家絕對控股和相對控股的企業。這樣,國有企業在中國一般稱為「國有和國有控製企業」,即是資本全部或主要由國家投入、依法設立的從事生產經營活動的經濟組織。

二、國有資產

國有資產是指國家或國家代表全體人民擁有的能帶來經濟利益的各種經濟資源。這些經濟資源可分為實物和價值兩種形態。在實物形態上,它們是指國有的企業、事業單位及行政單位所擁有的動產、不動產;在價值形態上,它們是指包括上述單位的各類金融資產和無形資產。

國有資產有四種形態:

第一,企業形態。企業形態的國有資產就是國有企業,包括全資的國有企業和國有控股、參股企業中國有股份,這部分資產因其營利性而被稱為經營性國有企業。國有企業是國有資產中比較重要的一部分。

第二,公共產品形態。公共產品形態的國有資產是指國家和社會擁有的基礎設施、公用事業、環境衛生、文化教育等資產。這部分資產因具有非營利性而被稱為非經營性國有資產。發展公共產品形態,是中國國有資產拓展的一個重要方向。

第三,貨幣形態。這是指以現金或投資基金形式存在的國有資產。它包括社會保險基金、教育基金等。隨著社會保障範圍的擴大和教育事業的發展,以貨幣形態存在的國有資產將會逐漸增多,這部分國有資產的存在和發展,對維持社會穩定和發展經濟社會事業具有重要意義。

第四,資源形態。這是指國家擁有的土地、森林、礦藏、河流、草原等自然資源。中國自然資源都歸國家所有,理所當然地稱為國有資產。這些資源如何處置,對生態、環境有較大影響。因此,開發利用自然資源,需要以科學發展觀為指導,對它們作出科學規劃和統籌安排,做到可持續發展。

三、國有經濟

國有經濟是指國家所有制經濟(國有制經濟)或全民所有制經濟。它由生產資料歸全體人民所有的生產、分配、交換和消費的環節和部門組成。從這個意義上說,國有經濟就是生產資料歸國家所有的生產、分配、交換和消費的總稱,包括動產與不動產、物質形態與價值形態、經營性與非經營性等國有資產。

國有經濟在世界各國都存在。但由於社會制度和國家性質不同,國有經濟性質也不同。在社會主義國家裡,國有經濟是社會主義公有制經濟的重要組成部分,是公有制經濟的一種實現形式,在國民經濟中處於主導地位,發揮著主導作用。

四、國有企業、國有資產和國有經濟三者的關係

國有企業、國有資產和國有經濟這三者關係密切。國有企業是國有資產(主要指經營性國有資產)的物質載體,是國有經濟的組織形式和物質承擔者;國有資產是國有企業的實物形態和價值形態,也是國有經濟的價值形態和物質內容;國有經濟則是

國有企業和國有資產的統稱。

第二節　中國國有經濟改革的原因、進程和成效

一、國有經濟改革的原因

中國原有國有經濟是在傳統計劃經濟體制下建立和發展起來的。新中國成立後到改革開放前，中國國有經濟已建立了工業門類齊全的獨立的工業體系；工業佈局和產業結構已有很大改善；已造就了一支隊伍龐大、有一定技術水平的產業大軍；也形成了比較雄厚的現代生產力。應該說，當時國有經濟的建立和發展對整個國民經濟發展做出了巨大貢獻，保證了中國社會主義發展方向。

但是，應該看到，中國原有國有經濟的實現形式單一化，國家是單一的投資主體，實行國有國營的單一經營方式；企業生產任務由政府計劃分配，勞動力由政府調配，產品由政府統購統銷，利稅統一上繳。這種適應計劃經濟體制的做法，存在很大的弊端：①「大鍋飯」情況嚴重。勞動者的收入不同產權、勞動量相聯繫，企業在國家範圍內、職工在企業範圍內均吃「大鍋飯」，平均主義盛行，政府統負盈虧，企業沒有經營自主權，職工缺乏積極性，既無內在動力，又無外在壓力。②權責不明確。企業名為國有，由於產權虛置，實際無人負責，競爭機制、淘汰機會、資本流動機制、資產重組機制等缺乏。③政企不分。企業是行政機構附屬物，同行政權力相結合，壟斷經營，保護落後。④管理不科學。在計劃經濟體制下，政府對企業管理主要靠行政手段，缺乏經濟手段和法律手段，依靠政府機構管理國有資產和經營企業，束縛了企業和職工的手腳。這些弊端是發展市場經濟的嚴重障礙。為了克服這些弊端，必須對傳統的國有經濟進行改革。

二、國有經濟改革的進程

自1978年黨的十一屆三中全會以來，中國國有經濟的改革歷程，大體分為四個階段：

（一）第一階段：放權讓利（1979—1983年）

黨的十一屆三中全會公報指出：「現在中國經濟管理體制的一個嚴重缺點是權力過於集中，應該有領導地大膽下放，讓地方和工農業企業在國家統一計劃的指導下有更多的經營管理自主權。」基於這種認識，原國有經濟管理體制改革從對國有企業放權讓利開始。所謂「放權讓利」，就是政府主管部門對所管屬的企業下放部分權力，擴大企業自主權，提高利潤留成比例，擴大企業自主支配的財力，增強企業的活力和動力。到1980年擴權試點企業發展到6,000家，約占全國預算內工業企業數的16%、產值的60%、利潤的70%。

擴權讓利的實施雖然調動了企業的積極性，但放權后約束機制不規範、財政上繳任務難落實，使得1979年和1980年出現巨額財政赤字。為改變這種狀況，在放權讓利

的基礎上，從1981年4月起，對工業企業試行利潤包干的經濟責任制，在分配上實行「利潤留成」「盈虧包干」和「以稅代利、自負盈虧」。到1982年年底，實行經濟責任制的工業企業達到80%以上。

(二) 第二階段：利改稅 (1983—1986年)

經濟責任制實行後，一些企業在短期內取得增產增收的效果，但大多數企業效益提高不明顯，還出現「鞭打快牛」現象，於是中央決定實行「利改稅」。所謂利改稅，就是國有企業將原來上繳利潤的形式改為上繳稅收的形式。這是規範國家與企業關係的改革措施。利改稅改革分兩步實施：

第一步從1983年6月到1983年年底。按照國務院批轉財政部《關於國營企業利改稅試點辦法的通知》要求，凡是有盈利的國有大中型企業，根據實現的利潤，按55%的稅率繳納所得稅，稅後利潤一部分上繳國家，一部分按國家核定的留利水平留給企業。上繳國家的部分，分別採取遞增包干上繳、固定比例上繳、繳納調節稅、定額包干上繳等辦法，一定三年不變；凡是有盈利的國有小企業，根據實現的利潤，按八級超額累進稅率繳納所得稅，然後由企業自負盈虧。到1983年年底，全國實行第一步利改稅的工業企業達到28,110家，占全國盈利工業企業數的88.6%；實行利改稅的商業企業（不包括糧食、服務業）共5,100家，占商業盈利企業的99.8%。

第二步從1984年10月到1985年。按照國務院批轉財政部《關於國有企業推行利改稅第二步改革的報告》的要求，將利稅並存階段上繳利潤也變為上繳稅收，實現國有企業以稅代利的改革。當時對稅目、稅率作了調整，將工商稅按納稅對象劃分為產品稅、增值稅、關稅和營業稅；改變利潤上繳形式，對企業實現的利潤分別徵收所得稅和調節稅，調節稅後利潤為企業留利；增加資源稅、城建稅、房產稅、土地使用稅和車船使用稅；規定調節稅採取一戶一率的辦法分別核定。

利改稅符合經濟體制改革方向，為千差萬別的企業尋找到了正確處理國家與企業責、權、利關係的合理標準。但由於後來實行企業承包制，中斷了利改稅第二步改革。

(三) 第三階段：實行以「兩權分離」為特徵的企業經營機制轉換 (1985—1992年)

前兩階段改革雖然在一定程度上增加了國有企業活力，但許多擴權措施沒有真正落實，特別是大中型國有企業的活力還沒有真正活起來，於是黨中央作出轉換經營機制的重大決策。1984年10月召開黨的十二屆三中全會，通過《中共中央關於經濟體制改革的決定》，提出了社會主義商品經濟理論，確定了國有企業改革目標，就是要使企業真正成為相對獨立的經濟實體，具有自我改造和自我發展的能力，成為具有一定權利和義務的法人。圍繞這一改革目標，對國有企業實行所有權與經營權的「兩權分離」，進而實現政企職責分開，使企業真正成為相對獨立的經濟實體。這標誌著中國國有企業改革進入以兩權分離為特徵的轉換經營機制的新階段。這一階段，採取的主要做法包括對國有大中型工業企業實行承包經營責任制、對國有小型企業實行租賃經營責任制，對少數大中型工業企業實行股份制試點。

(1) 實行承包經營責任制。企業承包經營責任制，就是將國有資產承包給企業經營。承包的主要內容是包上繳國家利潤，包完成技術改造任務，實行工資總額與實現

利稅掛勾。其特徵是：①按照責、權、利相結合的原則，切實落實企業經營管理自主權，保護企業合法權益；②按照包死基數、確保上繳、超收多留、歉收自補原則，確定國家與企業的分配關係。在實踐中湧現出多種形式承包經營責任制，其基本形式主要是：①上繳利潤基數包干，超收分成；②上繳利潤遞增包干；③微利企業實行上繳利潤定額包干；④虧損企業實行減虧或補貼包干；⑤「兩保一掛」——保上繳稅利，保技術改造項目，工資總額與實現利稅掛勾。全國在1987年全面推開承包責任制，各企業實行承包的時間有先有後。實行承包時，一般按上一年上繳利潤為基數，一定三年不變。到1987年年底，在11,402家國有大中小工業企業中有8,843家實行承包經營責任制，占企業總數的77.6%。1988年，在9,937家國有大中型企業中有9,021家實行承包經營責任制，占企業數的90.8%。90%的預算內企業第一輪承包大體在1990年到期，到1991年第一季度末這些到期企業90%以上又簽訂第二輪承包合同。

（2）實行租賃制。租賃制是指將一部分小型國有企業租給集體、個人或企業主要管理人員組成的班子經營。這種形式在1984年就有一些小型工業企業開始試行，在1987年普遍實行承包經營責任制後，小型工業企業重點實行租賃制。到1998年年底，在43,935家國有小型工業企業中，實行租賃制和其他經營形式的企業已達24,660家，占企業總數的56.1%。

（3）股份制試點。股份制是一種現代企業制度，是市場經濟企業有效的組織形式。股份制是將一個企業的資本金額劃分成若干相等單位，以股票的形式體現，然後通過公開發行股票或內部認購方式籌集資金來興辦企業的一種組織形式。所謂股份，就是人們分別佔有某企業的一份資本金額，佔有其中一個單位就稱之為佔有一「股」和一「份」。股份制這種企業組織形式，較好地適應了當代商品的發展，它具有產權明晰、自籌資金、自負盈虧、自主經營、按股分紅、同股同利、風險共擔等特點。

從國際上股份制發展的歷史來看，股份制根據股東責任、權利和義務，可分為無限公司、有限公司、兩合公司、股份有限公司和股份兩合公司；根據公司的職能又分為關聯公司、控股公司和股份不公開公司。它的內部機構通常由股東大會、董事會和監事會組成。股東們通常採用紅利、股息方式來參與股份公司的盈餘分配。

股份製作為一種社會經濟組織形式，是適應社會化大生產和市場經濟發展的產物。在社會主義條件下也存在著股份經濟產生和發展的基本條件。

中國股份制經濟在20世紀80年代已經開始試點，並有了一定的發展，1986年12月，新華社曾報導中國國有股份公司共有6,000~7,000家，股票面額約60億元。1998年，據國家經濟體制改革委員會對16個省市和4個計劃單列市的統計，股份制企業約有3,800家。1991年，國家體改委又對全國34個省、直轄市、自治區和計劃單列市進行調查。據不完全統計，股份制試點約有3,200家（不包括鄉鎮企業中的股份合作制企業），其中工業企業1,764家、商業企業942家、金融企業171家、建築企業57家、交通運輸企業26家、其他行業企業240家。主要有三種形式：一是以企業內部職工持股為主，有2,751家，占總數的86%；二是以法人之間相互持股、參股為主，有380家，約占總數的12%；三是向社會公開發行股票，截至1991年年底，共有69家，這69家企業股金總額達34.57億元，其中國家股20.72億元，占59.9%，法人股8.97億

元，占26%，個人股4.57億元，占13.2%，其他股0.31億元，占0.9%。

隨著股份經濟的發展，證券市場也很快建立起來。證券市場是證券發行及交易的場所。1990年後，上海、深圳兩證券交易所先後開業，是中國證券市場現代化、規範化的開端。在國家宏觀政策的指導下，1991年，上海、深圳的股份經濟取得了新進展。上海市股份制試點企業由1988年的11家擴大到了1991年的20家；股本金額從9.05億元增加到20.15億元。1991年11月，上海還首次發行了人民幣特種股票（B股票）1億元，發行兩個月後，認購爆滿。1992年2月，B股正式在上海證券交易所上市的股票15種。1991年，上海證券交易所證券交易規模達80億元，其中股票交易額達16億元左右。深圳市至1991年年底，工業企業共3,862家，其中有限責任公司近2,000家，占總數的51.8%。1992年在鄧小平南方談話肯定股份制經濟後，股份制試點企業發展更快，到當年年底，全國試點企業發展到3,700家，92家在上海、深圳證券交易所公開上市。

(四) 第四階段：建立現代企業制度和實施戰略性調整（1993年至今）

實行承包經營責任制，在一定時期內確實調動了企業和職工的積極性，超額完成利潤計劃，穩定了國家財政收入，促進了國有經濟發展。但是，這種改革是在保持原有產權不變的情況下進行的。只是承認企業有一定經營權，而不承認企業有財產權。在承包制下企業產權結構沒有根本變革和重組，經濟所有權沒有落實，法人實體沒有建立，因而承包制對企業行為仍然有較大約束，造成不少承包者行為短期化和機會主義行為出現，未能取得預期效果。為了使國有企業真正成為法人實體、真正具有效率，不能只對原有體制修修補補，而必須進行根本的制度創新。1993年11月，黨的十四屆三中全會根據十四大確定的改革目標制度通過了《中共中央關於建立社會主義市場經濟體制的若干問題的決定》，明確指出：「建立現代企業制度，是發展社會化大生產和市場經濟的必然要求，是中國國有企業改革的方向。」現代企業制度就是「產權清晰、權責明確、政企分開、管理科學」的企業制度。建立這種企業制度，標誌著中國國有企業改革由原來政策性調整轉向制度創新，是國有企業改革的一次質的飛躍。為此，國家選擇100家不同類型的國有大中型企業作為建立現代企業制度的試點，到1996年年底，這100家試點企業改革方案已實施，與此同時，全國各地區的部門也選擇一批企業試點。到1997年上半年，在地方試點企業2,342家中，共有540家分別改制為股份有限公司和有限責任公司，各占23%；有909家改制為國有投資公司，占38.8%。1997年9月，黨的十五大進一步重申國有企業要建立現代企業制度，並認為股份制是現代企業資本組織形式，對國有大中型企業要實行規範的公司制改革。1999年9月，黨的十五屆四中全會通過《中共中央關於國有企業改革和發展若干重大問題的決定》，再次指出：「建立現代企業制度，是發展社會化大生產和市場經濟的必然要求，是公有制與市場經濟相結合的有效途徑，是國有企業改革的方向。」從此中國進入建立和完善現代企業制度的新階段。到2001年年底，國家統計局企業調查總隊所調查的全國4,371家重點企業中有3,322家實行了公司制改造，占76%，其中，改制為有限責任公司和股份有限公司的占74%。可見，公司制已成為中國國有企業改革中建立現代企業

制度所採用的主要組織形式。

在建立和完善現代企業制度的同時，對國有企業進行戰略性改組和調整。從 1995 年開始，國有企業改革思路從「單個搞活」轉變為「整體搞好」。同年 9 月，黨的十四屆五中全會明確指出：「要著眼於搞好整個國有經濟，通過存量資產的流動和重組，對國有企業實施戰略性改組。」所謂國有企業戰略性改組，就是以市場和產業政策為導向，搞好大的、放活小的，優化國有資產分佈結構和企業結構，擇優扶強，優勝劣汰。「抓大放小」的改革由此而展開。1986 年國家確定重點抓好的大企業 300 家，1997 年擴大到 512 家。這些企業雖然只占獨立核算國有工業企業的 0.8%，但其銷售收入、實現利稅分別占 61% 和 85%，對國有工業增長的貢獻率高達 88%。

1997 年黨的十五大報告和 1999 年黨的十五屆四中全會《關於國有企業改革和發展若干重大問題的決定》，進一步提出從戰略上調整國有經濟佈局和「抓大放小」的方針，推動國有企業改革新發展。大型企業集團增多，國有企業數量減少，但其控製力顯著增強。2001 年，由國務院及國務院各部門和省市批準成立的企業集團、中央管理的企業集團和國家重點企業中的企業集團共有 2,710 家，其中改制為國有獨資公司的有 80 家，改制為有限責任公司的有 814 家，改制為股份有限公司的 379 家。到 2006 年，國有企業從 1998 年的 23.8 萬家減少為 11.9 萬家，已逐步向關係國民經濟命脈的重要行業和關鍵領域集中，而在一般競爭性行業中則逐步退出，國有經濟佈局和結構正在優化。

2002 年 11 月黨的十六大以來，企業制度創新又有新的發展：一方面，按照十六大要求，對國有大中型企業繼續實行規範的公司制改革，完善法人治理結構；另一方面，按照 2003 年 10 月黨的十六屆三中全會的要求，建立現代產權制度。這是國有企業改革的新要求。產權是現代企業制度的基礎，企業如不從產權改革入手、不建立起現代產權制度，就不能建立起真正的現代企業制度，制度創新也只是停留在形式上，不能從內容上、實質上進行制度創新。現代產權制度的基本內涵是「歸屬清晰、產權明確、保護嚴格、流轉順暢」。把這四句話、十六個字統一起來，就是產權有效配置。要追求產權有效配置，產權必須是流動的；要產權流動，其前提必須是歸屬清晰。產權歸屬清晰是建立現代產權制度的首要內容。這個新要求，為國有企業改革揭開了新的歷史篇章。2007 年黨的十七大再次強調深化國有企業公司制度股份制改革，優化國有經濟佈局和結構。到 2007 年年底，國資委管理的 196 家中央企業減少為 151 家，82.8% 的資產集中在石油、石化、電力、國防、通信、運輸、礦業、冶金、機械行業，國有經濟活力、控製力和影響力進一步發揮。

三、國有經濟改革的成效

中國國有經濟經過三十多年一系列改革，實現了重大突破，取得了顯著成效。這主要表現在以下方面：

(一) 國有經濟總量擴大

國有經濟是中國國民經濟的支柱。經過一系列改革，國有經濟資產總規模擴大，

總體實力不斷增強。到 2006 年年底，全國國有企業共計 11.9 萬家，比 2003 年減少 3.1 萬家，但企業資產總額達 29 萬億元，比 2003 年增長 45.7%，累計實現銷售收入 16.2 萬億元，實現利潤 1.2 萬億元，上繳稅金 1.4 萬億元，分別比 2003 年增長 50.9%、147.3%、72%。從中央企業看，2006 年資產總額為 12.2 萬億元，實現銷售收入 8.3 萬億元，實現利潤 7,681.5 億元，上繳稅金 6,822.5 億元，分別比 2003 年增長 46.5%、85.3%、155.5%、91.5%。可見，國有經濟仍然是中國現代化建設的物質力量和經濟社會發展的基礎。

（二）國有經濟控製力提升

國有經濟在重要行業和關鍵領域仍占支配地位。2006 年，國有資本直接支配社會資本 1.2 億元，比 2003 年增長 1.1 倍；基礎產業的國有資本達到 3.3 萬億元，占全國國有企業總資本量的 70.6%。中央企業 80% 的國有資產集中在軍工、能源、交通、重大裝備製造、重要礦產資源開發等領域，承擔著全國幾乎全部石油、天然氣和乙烯生產，提供了全部的基礎電信服務，發電量占全國的 55%，民航運輸總週轉量占全國的 82%，水運貨物週轉量占全國的 89%，汽車產量占全國的 48%，生產高附加值鋼材占全國的 60%，生產水電設備占全國的 70%，火電設備占全國的 75%。可見，改革開放以來沒有動搖國有經濟的主導地位，它繼續發揮著主導作用。

（三）國有企業整體素質提高

國有企業雖然企業數量不斷減少，但其資產規模和產出規模不斷擴大，企業利潤水平和勞動生產率水平不斷提高。以工業國有企業為例，1978—2006 年年均減少 2.5%，但同期工業總產值年均增長 103.8%，固定資產原值年均增長 103.9%，利潤總額年均增長 56%，全員勞動生產率年均增長 172.4%。

（四）國有企業技術裝備水平提高

國有企業在改革開放中普遍加大了技術改造和技術創新力度，使整體水平得到較大幅度的提高。一些企業技術水平已達國際 20 世紀 90 年代中後期水平，在一些重要方面已縮短了與發達國家的差距。冶金行業連鑄比已達到 95%，超過世界平均水平；石化行業花色品種、質量檔次明顯提高；信息產業的程控交換機基本達到國內自給自足並實現出口；機械行業 60 萬千瓦火電機組已基本立足國內市場。此外，國有企業在開發具有自主知識產權的產品和專制技術方面也取得積極進展。

（五）國有經濟總體國際競爭力增強

中國經濟總體國際競爭力增強的一個重要表現，就是在國有企業總體資產規模擴張的同時湧現出一批國有大公司、大集團，與國外跨國公司的差距日益縮小。中國進入世界 500 強的企業從 1995 年的 3 家增加到 2009 年的 34 家，入圍企業首次超過美國，利潤總額也首次超過美國，上榜企業排列位次不斷提前。1995 年雖有 3 家進入世界 500 強，但沒有一家進入前 100 名，從 1999 年起不僅進入世界 100 強的企業數在增加，而且進入前 100 名的企業數也在增加。2001—2009 年，在進入世界 500 強的企業中從 3 家增加 5 家，進入前 100 名，進入前 50 名的企業從 2004 年的 1 家增至目前的 3 家。中

國石化、石油天然氣和國家電網公司 3 家進入前 30 名，中國石化從 2007 年第 17 名前移到 2008 年的第 9 名，石油天然氣和國家電網歐諾公司分別從 2008 年的第 25、24 名前移到 2009 年的第 13、15 名。

(六) 國有經濟改革促進社會主義市場經濟微觀基礎的建立和完善

企業是社會主義市場經濟的微觀基礎和細胞。中國國有企業原受計劃經濟影響最深，改革的難度最大。發展社會主義市場經濟，必須把國有企業改革作為經濟體制改革的中心環節，這是從中國實際出發的。在三十多年的改革開放中，按照市場經濟要求，國有企業採取增量改革模式促進所有制結構變化，有效地改變國有經濟一統天下的局面，形成公有制為主體、多種所有制經濟共同發展的格局。同時，按照「產權清晰、權責明確、政企分開、管理科學」的要求，經過試點和規範，建立國有企業現代企業制度。以工業企業為例，2006 年國有及國有控股工業企業、民營工業企業和三資工業企業的工業總產值所占比重分別為 31.2%、37.2% 和 31.6%，已是「三分天下」。無論是體制還是機制都更加市場化。目前，中國工業企業集團已達1,833個，擁有資產196,341 億元，占全部規模以上工業企業資產的 55.6%。因此，國有企業改革直接推進了社會主義市場經濟微觀基礎的建立和完善。

上述國有經濟在改革開放中取得的巨大成就，是黨中央和國務院高度重視、採取一系列重大方針政策、社會各方面大力支持，以及國有經濟幹部和職工知難而進、自強不息、拼搏奮鬥的結果。對中國國有經濟改革成就，需要從歷史發展的視角、從它所處的地位和所承擔的使命出發，辯證、全面地去評價，切忌片面性。對國有經濟改革的基本目的就是要充分發揮它在國民經濟發展中的主導作用，而不是削弱它的地位和作用。

第三節　中國國有經濟存在的矛盾和問題

國有經濟改革和發展雖然取得重大成就，但是它面臨的矛盾和問題也是客觀存在的。從當前暴露出的一些深層次矛盾和問題來看，國有經濟的體制轉換和結構調整仍處在關鍵階段。對客觀存在的矛盾和問題必須認真研究，充分認識，積極解決。

一、規範的現代企業制度尚未完全建立

衡量國有經濟改革成功與否的一個標準，就是看其是否建立起規範的現代企業制度。其核心主要是看其產權是否落實。目前，雖然大多數國有企業已進行了公司制改造，已形成現代企業制度的框架，但距離規範的現代企業制度要求還存在不小的差距。

(一) 法人治理結構不完善

在國有企業中有不少未進行公司制改造，沒有建立董事會。有一些國有控股公司的董事會、監事會形同虛設，不能發揮應有的決策、制衡和監督作用，「內部人」控製情況比較嚴重。以資產為紐帶的母公司的管理體制還沒有真正形成，有不少母公司對

其所出資的骨幹公司缺乏有效監督，或通過子公司逃避出資人的有效監督。國有資產流失和國有企業腐敗現象產生，其中體制性原因，就在於法人治理結構不完善。

(二) 經營者市場化配置尚未實現

目前，國有企業負責人配置未納入市場化配置，渠道單一，評價企業負責的方法和標準不完善，有效的激勵機制和約束機制尚未形成。一方面，有相當一部分企業經營者自己決定收入方案和收入水平；另一方面，企業經營者收入貨幣化，透明度不高，職務消費不規範問題相當普遍。一個區別於黨政領導幹部、符合企業特點和市場經濟要求的經營者管理辦法還沒有真正建立起來。

(三) 國有企業內部勞動、人事、分配制度改革尚未到位

國有企業內部分配存在歷史形成的「大鍋飯」現象，又存在貧富懸殊過大的現象。具體表現在經營管理人員收入大大高於一般職工收入，一般崗位的普通職工收入普遍較低，必須從正確理解和處理公平與效率關係的角度來深化國有企業內部勞動、人事和分配制度改革。

二、國有經濟佈局和結構不合理狀況尚未根本改變

1997年黨的十五大以來，國有經濟佈局和結構的戰略性調整雖然取得一定進展，但從總體上看，國有經濟佈局和結構不合理狀況尚未根本轉變，與其戰略性調整要求相背離的現象相當突出。

(一) 國有經濟覆蓋面仍然過寬

按發揮國有經濟主導作用的要求，國有資本應更多地投向關係國家安全和國民經濟命脈的主要行業和關鍵領域。但目前國有經濟還廣泛分散在各個行業和領域，沒有形成應有的經濟實力。在一些市場化程度比較高、競爭比較激烈的加工工業和一般性服務業中，國有經濟不僅普遍存在，而且存在比較嚴重的大而全、小而全的現象，沒有形成專業化和社會化協作體制，集中度低、競爭力弱，難以發揮主導作用。

(二) 國有經濟產業結構雷同明顯

據對中國28個地區工業結構的調查，國有經濟相似度在0.7以上的竟有23個。在制訂「九五」計劃和2010年遠景目標時，各地支柱產業發展規劃及其實施明顯雷同，選擇的重點行業主要集中在通信設備、計算機及外部設備、電子音像等。另據統計，中部部分地區產業結構相似率為93.5%，西部地區與中部地區的相似率為97.1%，這種情況造成國有經濟產業結構不合理。

(三) 國有企業規模偏小

2006年全國國有企業共計11.9萬家，企業平均資產2.4億元。《財富》雜誌2009年發布的500強企業中國雖然有34家進入排名，但進入前50名的企業近幾年始終維持在3家，這些都表明中國企業規模較小，還有待擴大。

（四）國有企業該退未退

據調查，全國符合破產關閉條件的資源枯竭礦山和國有大中型企業還有 2,500 多戶，涉及職工近 510 人，涉及金融債權 2,400 多億元。受核銷銀行呆、壞帳準備金額度、政府財力及社會保障體制不健全等因素制約，一時難以退出市場。

三、國有企業的歷史負擔沉重

國有企業的歷史負擔過重，主要表現在兩方面：

一是冗員過多。據調查，中央企業多余人員約占在職職工總數的 1/3，目前尚有 50 萬下崗職工沒有進入再就業中心，中國國有企業人工成本同外國公司相比，要低得多，但冗員過多，影響了企業的勞動生產率、經濟效益和競爭力。

二是企業辦社會。國有企業在歷史上參與辦學校、醫院等社會公益事業的現象嚴重、負擔過重。在企業改革過程中，對這種辦社會職能雖然有分離，但各地很不平衡，尤其是中央企業分離滯后，成為影響企業經濟效益提高和健康發展的重要因素。

四、國有企業存在呆壞帳和不良資產

全國國有企業的不良資產的比重約為 11%，中央企業不良資產占總資產的比重約為 5%。國有經濟佈局和結構存在的矛盾和問題，制約著國有經濟質量、效益和整體素質的提高，影響經濟實力的形成和競爭力的提升，也影響國有經濟控製力的增加和主導作用的發揮，必須著眼於搞好國有經濟、按照「有進有退、有所為有所不為」的方針，通過存量資產的流動和重組，進一步調整佈局和結構，使國有經濟在國民經濟中更好地發揮主導作用。

第四節　中國國有經濟戰略性調整

根據國有經濟在整個國民經濟中的地位和作用以及它目前實際存在的矛盾和問題，黨和國家明確提出國有經濟改革的新思想，就是要從戰略上調整國有經濟佈局和結構。這也為國有經濟改革指明了新的方向。這種調整既是中國經濟轉型的既定要求，也是國有經濟走出困境的根本出路，必須認真把它解決好。

一、國有經濟戰略性調整的必要性

對於國有經濟戰略性調整的必要性，不能只從解決它目前存在的矛盾和問題角度上來認識，而應該從整個經濟轉型、結構調整、制度創新和社會主義前途命運等全局高度上加深理解。

（一）國有經濟戰略性調整是中國整個經濟調整的需要

經濟結構調整是推動經濟發展的一個重要因素。從人類社會、經濟發展歷史看，經濟結構調整和優化的過程，就是經濟發展的過程。一個國家的經濟增長和發展，往

往伴隨著大的經濟結構調整和優化。

中國經濟結構在總體上不夠優化和現代化，關鍵是國有經濟不夠優化和現代化。國有經濟分佈在關係國家經濟命脈的重要行業和關鍵領域，只要把這些起關鍵作用的行業和領域的結構按照現代化目標和要求調整好了，就會影響整個經濟結構的調整方向。必須將國有經濟戰略性調整和整個經濟結構戰略性調整結合起來。在調整中，統籌規劃、分步實施，使之相互協調、相互促進，這是中國經濟改革發展十分重要的戰略任務。

(二) 國有經濟戰略性調整是完善社會主義市場經濟體制的需要

完善社會主義市場經濟體制是中國今後的重要任務，其中一個重要內容就是完善社會主義市場經濟體制的微觀基礎。這種微觀基礎與傳統計劃經濟體制的微觀基礎是不同的。單一的國有經濟或其在國民經濟中佔有很大比重，是無法建立和完善社會主義市場經濟體制的。中國經濟在改革開放前，就是建立在公有制經濟一統天下的基礎上，國有經濟覆蓋全社會各行業和領域，其比重也很大。因此，建立和完善社會主義市場經濟體制的關鍵就是要對國有經濟的佈局和結構進行戰略性調整，推進國有企業改革、技術管理創新，使國有經濟真正形成適應市場經濟要求的管理體制和經營機制，使國有企業成為自主經營、自負盈虧的法人實體和市場主體，實現國有經濟和市場經濟相結合，從而建立起社會主義市場經濟體制賴以存在、與其兼容、能正常運行的微觀基礎。

(三) 國有經濟戰略性調整是堅持和完善社會主義基本經濟制度的需要

以公有制為主體、多種所有制經濟共同發展是中國長期堅持的一項基本經濟制度。國有經濟是公有制經濟的重要組成部分。要毫不動搖地鞏固和發展公有制經濟，就是從戰略上調整國有經濟佈局，提高國有資產的整體素質，使國有經濟在關係國家經濟命脈的重要行業和關鍵領域佔據支配地位，增強國有經濟的控製力和競爭力，這就會使社會主義基本經濟制度得到不斷鞏固和發展。因此調整國有經濟佈局和結構是堅持和完善社會主義基本經濟制度的重要舉措，也是必然選擇。

(四) 國有經濟戰略性調整是國有企業建立和完善現代企業制度的需要

建立產權清晰、權責明確、政企分開、管理科學的現代企業制度是國有企業改革的方向。目前，國有企業現代制度雖然基本建立起來，但很不完善。原因之一，就是國有資本過於分散，國有產權的委託—代理鏈條拉得過長，難以形成有效的法人治理結構和國有產權約束機制，經濟發展方式難以轉變，因而有不少國有企業負債重、多冗員、虧損嚴重。這就需要從戰略上調整國有經濟佈局和結構，調整分散在眾多行業和領域的國有資產，該退的退、該進的進，加強重點，增加重要行業和關鍵領域的國有企業活力，這有利於現代企業制度的建立和完善。

(五) 國有經濟戰略性調整是實現宏觀調控的需要

要實現國民經濟平衡、較快發展，需要國家加強和改善宏觀調控。宏觀調控的基本目標是處理總量平衡和結構平衡，使經濟穩定、協調發展。由於社會主義經濟以社

會化大生產為基礎，各地區、各部門、各行業、各企業的經濟活動，都是相互聯繫、相互依賴、相互制約的；社會再生產各環節、國內市場與國際市場之間，也是相互聯繫和相互影響的，在經濟發展過程中，不平衡會經常發生。因此，需要做好各方面的統籌工作，保持合理的比例關係，這就要綜合運用各種手段加強宏觀調控，使不平衡達到新的平衡。國有經濟是宏觀調控的重要基礎。國有經濟佈局不合理、國有資本分佈過於分散、政府的調控職能不僅失去基礎，而且會發生錯位，影響宏觀調控目標的實現。因此，國有經濟戰略性調整是國家進行有效的宏觀調控的需要。

(六) 國有經濟戰略性調整是實現全面建成小康社會宏偉目標的需要

全面建成小康社會，不僅是一項重大的經濟任務，而且是一項重大的政治任務。實現全面建成小康社會的目標，需要多種所有制經濟共同發展，需要充分發揮公有制經濟特別是國有經濟的主導作用。國有經濟控製著國家經濟命脈，影響國民經濟發展全局，關係國家安全和社會穩定，提供公共產品以及從事非國有經濟無力或不願介入的行業和領域。把國有經濟搞好了，就控製了國家經濟發展的全局，就能為全面建成小康社會提供強大的物質基礎和先進的技術力量。2007年度中國企業500強的名單中，國有及國有控股企業戶數為349家，占全部企業總數的69.8%，實現年營業收入14.9億元，占全部企業收入的85.2%。因此，國有資產運行的質量和效率，直接關係到國民經濟持續快速健康發展、直接關係到全面建成小康社會目標的實現，這是加快國有經濟戰略性調整的重要原因。

(七) 國有經濟戰略調整是鞏固和完善社會主義制度的需要

社會主義制度是人類歷史上最先進、優越的社會制度。但由於現實的社會主義制度是在經濟文化比較落后的基礎上建立起來的，存在著生產力不發達、科學文化比較落后、綜合國力不強等現實問題。當今國際經濟政治不穩定、霸權主義和強權政治盛行、現代科學進步日新月異、貿易保護主義抬頭、國際競爭日益激烈，對社會主義制度提出了嚴峻的挑戰和考驗。國有經濟是國民經濟的重要支柱，是社會主義制度的重要經濟基礎。中國經濟改革已進入攻堅階段，最關鍵的是看國有經濟改革的成效、國有經濟的發展及其作用的發揮。否則，人們對社會主義就會產生疑慮。只有加快國有經濟戰略性調整，深化國有企業改革，才能不斷發展壯大國有經濟，增強國有經濟控製力和競爭力，社會主義制度才能更加鞏固和完善，才能在世界上立於不敗之地。

二、國有經濟戰略性調整的基本原則

國有經濟戰略性調整是一項系統工程，它涉及國民經濟發展全局，影響整個經濟是否平衡發展。因此，在國有經濟戰略性調整過程中，應堅持以下幾條基本原則：

(一) 堅持國有經濟主導地位和作用的原則

國有經濟是社會主義公有制經濟的重要形式，是國民經濟的領導力量，代表著社會生產力發展的趨勢和方向，無論調整其佈局還是調整其結構，都應堅持其主導地位、發揮其主導作用。這是堅持社會主義制度和發展社會主義市場經濟的必然要求。國有

經濟戰略性調整是為了把有限的國有資本集中到關係國家經濟命脈的重要行業和關鍵領域,更好地鞏固國有經濟的主導地位和發揮它的主導作用,而不是削弱它的主導地位和作用。同時,國有經濟戰略性調整不是簡單地數量增減,而是整體素質的提高、效益和質量的提升,增強國有經濟的控製力和競爭力,使之更加適應社會主義市場經濟的發展。

(二) 堅持「有進有退」「進而有為,退而有序」的原則

「有進有退,有所為有所不為」,是黨的十五屆四中全會對國有經濟戰略性調整提出的原則和方針。這就是說,對國有經濟戰略性調整並不是不要國有經濟、搞一律退,而是該退的退、該進的進。按照國有經濟調整的範圍,國有資本要退出一般競爭性行業和領域,進入關係國家經濟命脈的重要行業和關鍵領域,以加強重點、提高國有資本的整體質量。同時,在退與進中要做到「進而有為,退而有序」,不要憑主觀意志、隨心所欲來行事,而要從客觀實際出發,按照發展社會主義市場經濟和堅持社會主義制度的客觀要求、客觀規律來辦事。這是國有經濟戰略性調整必須堅持的一項原則。

(三) 堅持與非公有制經濟平等競爭的原則

在社會主義現階段的基本經濟制度下,公有制經濟與非公有制經濟都是社會主義市場經濟的重要組織部分,兩者均是市場主體,絕沒有高低貴賤之分。這是社會主義基本經濟制度和社會主義市場經濟的內在要求。時至今日,非公有制經濟發展仍存在各種障礙,公有制經濟與非公有制經濟還存在不平等的現象,其中一個重要原因就是國有經濟仍然控製著或壟斷著一些它不需要控製或壟斷的部分領域和行業,非公有制經濟難以進入。這不僅阻礙著國有經濟與非國有經濟共同發展,而且也不利於國有經濟深化改革與發展。事實上,國有經濟與非國有經濟是相互聯繫、相互促進的,共處於建設中國特色社會主義經濟的統一體中。國有經濟的發展會帶動非國有經濟的發展;非國有經濟的發展也會促進國有經濟的發展。要在各方面消除對非國有經濟的歧視行為,國有經濟要與非國有經濟平等競爭、相互促進、共同發展。

(四) 堅持提高國有資產整體質量的原則

提高國有資產的整體質量是國有經濟戰略性調整的主要目標。這與搞好整個國有經濟的改革思路是一致的。這就是在國有經濟戰略性調整的過程中,要擺脫原來那種試圖通過搞活每一個企業來搞好國有經濟的思維方式,必須把國有經濟作為一個整體來考慮,從戰略上調整國有經濟的佈局和結構。從微觀層面上考慮每個企業的改革、提高每個企業的效益,這固然有必要,但不能解決國有經濟整體素質和整體效益問題。如果從宏觀層面上考慮國有經濟整體改革,對其佈局和結構作戰略性調整,推動國有資本更多地投向關係國民經濟命脈的重要行業和關鍵領域,就會增加其控製力,提高整體素質,就能搞好整個國有經濟,使之更好地發揮其主導作用。

三、國有經濟戰略性調整的目標和方向

國有經濟戰略性調整是中國在新世紀、新階段的一項基本任務。為順利完成這項

任務，黨和國家確定了國有經濟戰略性調整的目標和方向。

(一) 國有經濟戰略性調整的目標

1999年黨的十五屆四中全會通過的《中共中央關於國有企業改革和發展若干重大問題的決定》（以下簡稱《決定》）明確指出：「到2010年，國有企業改革和發展的目標是：適應經濟體制與經濟增長方式兩個根本性轉變和擴大對外開放的要求，基本完成戰略性調整和改組，形成比較合理的國有經濟佈局和結構，建立比較完善的現代企業制度，經濟效益明顯提高，科技開發能力、市場競爭能力和抗禦風險力明顯增強，使國有經濟在國民經濟中更好地發揮主導作用。」2002年黨的十六大報告和2003年黨的十六屆三中全會通過的《中共中央關於完善社會主義市場經濟體制若干問題的決定》，進一步強調了黨的十五屆四中全會關於國有企業改革和國有經濟戰略性調整的目標和要求。我們需要有針對性地研究國有企業和國有經濟改革的難點問題，以此推進國有經濟深化改革、促進戰略性調整目標的實現。

(二) 國有經濟戰略性調整的範圍

對於國有經濟戰略性調整的範圍，《決定》也做了明確規定，指出：「從戰略上調整國有經濟佈局，要同產業結構的優化升級和所有制結構的調整完善結合起來，堅持有進有退，有所為有所不為。目前，國有經濟分佈過寬，整體素質不高，資源配置不合理，必須著力加以解決。國有經濟需要控製的行業和領域主要包括涉及國家安全行業、自然壟斷的行業、提供重要公共產品和服務的行業，以及支柱產業和高新技術中的重要骨幹企業。其他行業和領域，可以通過資產重組和調整，集中力量、加強重點，提高國有經濟的整體素質。」國有經濟戰略性調整範圍的規定，也為國有企業設立範圍指明了方向。

具體說，國有企業設立的範圍應包括四個方面：①軍工和造幣行業。這是涉及國家安全的行業。②電網、鐵路、自來水、煤氣等行業。這是自然壟斷行業。③水利、公路、市政設施等行業。這是提供重要公共產品與服務的行業。④少數大型或特大型的高新技術企業或屬於支柱產業中的龍頭企業。

(三) 國有企業退出的要求

國有經濟戰略性調整的一項重要內容，就是調整經濟佈局，通過國有資產的流動和重組，集中力量，加強重點。這就要求國有企業收縮戰線，改變分佈過寬的狀況。為了達到這個要求，國有資本要從一般競爭性領域向必須由國有經濟發揮作用的戰略性領域集中，加強國家必保的領域。就是說該退的要退，按照《決定》規定的的範圍退出一般競爭性領域。通過適當減少國有經濟介入的行業和領域，達到集中力量，保障重點，提高效率，增加競爭力的目的。

按照《決定》要求，國有企業一般不應該進入競爭性領域，而只應在非競爭性領域發展。但這也不是一概而論、一律要從所有競爭性行業退出，那些關係國家經濟命脈的重要行業的支柱產業和高新技術產業，大部分為競爭性產業，現階段還不能退。對於必須保留的少數競爭性行業，應該在保證戰略性領域的前提下，把分散的中小企

業向大型或特大型企業集團集中、低效率的劣勢企業向高效率的優勢企業集中，努力轉變經營機制和經濟發展方式，提高國際競爭力。

(四) 推進國有企業股權多元化

要增強國有企業的實力和競爭力，必須積極實現投資主體多元化，建立多元的股權結構。這需要：①將國有獨資企業變成國有控股、國有參股企業，引入非國有股東，居民要直接持有或通過金融仲介機構持有國有企業股權；②對國有獨資企業，要變單一國有股東為多元國有法人股東。通過股權多元化，徹底改變國有企業所有者單一和缺位的狀況，有利於建立有效的法人治理結構，直接增強國有企業的實力。

國有企業實現股權多元化改革的重要形式是股份有限公司和有限責任公司，尤以股份公司為主。國有企業在股份制改造過程中，採取兼併、收購、聯合發起、職工入股、企業參股等多種形式公平實現企業股權多元化。至於具體採用何種形式，取決於國有企業在國民經濟中的地位及本身的營運狀況，靈活運用。

經過國有經濟戰略性調整和國有企業的改革，會形成一批新型的國有企業。新型國有企業既不同於老國有企業，也不同於私營企業，而是保持國有的基本性質；它不僅成為老國有企業改制和運作的楷模，而且成為中國社會主義市場經濟的重要微觀基礎，在國民經濟中發揮著主導作用。

第八章　中國民營經濟的發展

第一節　中國民營經濟發展的階段和新特點

一、民營經濟的內涵

民營經濟也稱「非國有經濟」，它的含義在理論界有不同的理解。其大致有兩種：一種是狹義理解，認為民營經濟是指個體、私營經濟；另一種是廣義理解，認為民營經濟是指除國有經濟外的所有經濟成分，具體包括個體經濟、私營經濟、聯營經濟、外商投資經濟、港澳臺商投資經濟、集體經濟、股份經濟和國有民營經濟等各種經濟形式。還有一種也是廣義理解，認為民營經濟是指公有制經濟以外的各種經濟形勢，包括個體經濟、私營經濟、外商投資經濟、港澳臺商經濟以及混合經濟中的非公有經濟成分。但是，在國家統計資料中的民營經濟，主要是指個體、私營經濟等非公有制經濟。

由於對民營經濟有不同理解，所以對它會生產各種誤解。有一種誤解比較普遍，認為發展民營經濟就是搞私有化，這是民營經濟包括個體、私營經濟的不正確理解造成的。應該說，發展個體經濟、私營經濟等民營經濟不等於在搞私有化。因為私有化是廢除公有制經濟，恢復和發展私有制經濟，使私有制經濟成為社會經濟的基礎；而中國發展個體、私營經濟，始終堅持公有制主體地位，在整個社會主義初級階段堅持公有制主體、多種所有制共同發展的基本經濟制度。在這種條件下，就是有人想搞私有化，也是行不通的。因此，不能把發展民營經濟與搞私有化混為一談。

民營經濟涉及面很廣，比較適應社會化多層次生產力發展的水平和要求。在中國發展民營經濟是社會生產發展的客觀需要，也是社會主義初級階段基本經濟制度所要求的多種所有制共同發展的必然趨勢。

二、民營經濟的發展階段

在 20 世紀 50~70 年代，中國推行單一公有制經濟，整個經濟活動全為傳統的計劃經濟所控制，任何個人不能從事同公有制經濟相矛盾的經濟活動。在改革開放前長達二十多年的時期裡，中國沒有真正意義上的非公有制經濟成分，當然也就沒有民營經濟的存在和發展。

民營經濟在中國真正獲得發展，是在改革開放后。由於改革開放后採取松動所有制結構、提供優惠政策、制定法律法規等有利於鼓勵民營經濟發展的各種政策措施，

這使得民營經濟從無到有、從小到大地發展壯大。根據其發展的歷史過程，大致可分為四個階段：

第一階段（1978—1987年）：在這一階段民營經濟開始出現，但只是個體工商戶，且發展主要在農村。20世紀80年代初，被人們譽為「中國民營經濟之都」的溫州，在全國首先發展以個體勞動者為主的小商品經濟，力圖在傳統經濟的縫隙中尋找生存的空間。在短短的幾年內，溫州人在生產領域發展家族工業、在流通領域發展專業市場，號稱「十萬大軍」的供銷員隊伍活躍在全國各地。這種新型的經濟形式和經營方式，在理論界被稱為「溫州模式」。為促進個體工商戶在中國迅速發展，1982年通過的《中華人民共和國憲法》賦予個體經濟合法地位，1987年國務院頒布《城鄉個體工商戶管理條例》，使個體經濟有序、健康發展。這樣，一個以個體工商戶為主的民營經濟在全國迅速發展起來。據統計，1978年全國個體工商戶只有14萬戶，到1986年就發展到1,211.1萬戶，從業人員1,845.9萬人。

第二階段（1988—1997年）：在這一階段，在1987年黨的十三大關於私營經濟「也是公有制經濟必要和有益補充」的精神鼓舞下，出現了雇工超8人的私營企業。1989年國家正式以「私營企業」統計數據。儘管當時社會上對私營企業的出現有過各種討論，但在黨和政府的改革開放的方針政策指導下仍然頑強地發展起來。1988年的《中華人民共和國憲法修正案》賦予私營企業合法地位，同年國務院出抬《中華人民共和國私營企業暫行條例》。在這期間，1992年初鄧小平視察南方發表重要談話，黨的十四大確立建立社會主義市場經濟體制為經濟改革目標，十四屆三中全會做出《關於完善社會主義市場經濟體制若干問題的決定》，提出非公有制經濟成分將與公有制經濟長期並存，共同發展。1993年中國第一部公司法誕生。這些為人們積極發展私營經濟提供了精神動力和思想武器。1989年年底全國私營企業只有9萬多戶，到1997年年底私營企業發展到96萬戶，比1989年增長近10倍。

第三階段（1998—2001年）：這是民營經濟發展的黃金時期。1997年黨的十五大明確將非公有制經濟提升為「社會主義市場經濟的重要組成部分」。1999年《中華人民共和國憲法修正案》也將這一內容寫入憲法。根據黨的十五大和憲法精神，1997年《合夥企業法》、1999年《個人獨資企業法》等相繼出抬。2001年江澤民在紀念中國共產黨成立80周年的「七一」講話中，把包括私營企業主在內的六類人定位為「有中國特色的社會主義事業的建設者」，在政治上一視同仁、平等對待。黨和國家在對非公有制經濟認識上的重大發展，為民營經濟的迅速發展提供了理論和法律制度的保證，注入強勁的動力，使民營經濟成為國民經濟增長和發展的新亮點。到2001年，民營企業增長到202.85萬戶，註冊資本為1.82萬億元，銷售收入或營業收入為1.15萬億元。

第四階段（2002年至今）：這是民營經濟新的歷史發展階段。2002年黨的十六大明確提出兩個「毫不動搖」，即「毫不動搖地鞏固和發展公有制經濟，毫不動搖地鼓勵、支持和引導非公有制經濟發展」，2004年在憲法修正案中將「公民合法私有財產不容侵犯」寫進憲法，2005年國務院頒布《關於鼓勵支持和引導個體私營等非公有制發展的若干意見》，2007年黨的十七大強調指出：「平等保護物權，形成多種所有制經濟平等競爭、相互促進新格局」「推進公平准入，破除體制障礙，促進個體、私營經濟

發展」。這些都從政治上、制度上為民營經濟進一步發展鋪平了道路，推動了民營經濟的進一步發展。到 2008 年，全國共有私營企業 657.42 萬戶，較 2007 年增加 54.37 萬戶，增長 9%；個體工商戶達 2,917.3 萬戶，較 2007 年增加 175.8 萬戶，增長 6.4%，私營企業占全國企業總數的 61%，成為數量最多的企業群體。民營企業與其他多種所有制經濟平等競爭、相互促進的新格局正在形成。

總的來說，中國個體私營經濟有一個曲折發展過程。改革開放初只存在少量個體工商戶，直到 1987 年 10 月黨的十三大召開前夕，中國民營經濟仍以個體工商戶形式為主存在和發展。在 1992 年鄧小平南方談話和黨的十四大精神推動下，私營企業才真正發展。自此之後，隨著黨和國家對個體私營等非公有制經濟方針政策的不斷完善、法律法規體系的不斷形成，個體工商戶從少到多、私營經濟從無到有迅速發展起來。

三、民營經濟發展的新特點

中國民營經濟經過 30 多年的發展，特別是 1997 年以來的發展出現許多新的特點，集中表現在以下幾個方面：

（一）大型民營企業增長迅速

同中小企業相比，大型民營企業近 10 年來快速發展。註冊資金超過 5,000 萬元的大規模、實力強的民營企業日益增多。據全國工商聯調查，2006 年規模以上民營企業 500 家，資產總額合計為 18,550 億元，比 2002 年的 6,440 億元增長近 2 倍，資產總額超過 100 億元的有 28 家，超過 50 億元的有 93 家。

（二）民營股份企業大幅增加

近 10 年來，股份制企業發展快，已成為民營企業的主要組織形式。據調查，1993—2006 年，私營企業中獨資企業比重從 64% 下降到 21%，合夥企業比重從 20% 下降到 7%，而有限責任公司比重從 17% 上升到 66%。截至 2008 年年底，私營有限責任公司共 535.29 萬戶，比上年增加 98.99 萬戶，增長 22.69%；私營股份有限公司達 1.12 萬戶，投資者人數達 11.27 萬，註冊資本達 3,131.79 億元，同比增長 1.89 倍。

（三）民營企業投資領域和行業逐漸拓寬

民營企業發展早期主要投資領域為餐飲、零售等傳統勞動密集型產業，進入 20 世紀 90 年代中期以來，民營企業投資逐步轉向資本、技術的服務、高科技產業和現代製造業。在服務業上，有不少民營企業投資於土地開發和房地產業，從事服務業的民營企業在數量上超過第二產業，比重在上升；在資本密集型產業上，已涉足非有色金屬，採集和冶煉行業。據全國工商聯公布的 2004 年全國民營企業 500 強的資料顯示，在 500 強企業中從事黑色、有色金屬冶煉及延壓加工業的有 57 家，占 500 家企業總數的 11.4%。又據調查統計，2008 年私營企業在第一產業實有 13.51 萬戶，占私營企業總戶的 2.06%，第二產業 202.63 萬戶，占 30.82%，第三產業 441.28 萬戶，占 67.12%。私營企業在服務業發展迅速，符合三次產業結構優化的總趨勢。

（四）民營企業從東部向全國擴散

東部沿海地區是中國民營經濟的發源地，經過三十多年的發展，在數量和競爭能力方面仍在全國居領先地位。近十多年來，中西部地區民營企業也紛紛發展，有不少還進入民營企業 500 強行列。2008 年，私營企業在東、中、西部的發展情況是：東部 12 省市實有 437.88 萬戶，比上年增長 11.52%，占私營企業總數的 66.6%；中部 9 省市區實有 129.03 萬戶，增長 1.09%，占私營企業總數的 19.63%；西部 10 省市區實有 90.51 萬戶，增長 9.36%，占私營企業總數的 13.77%。中西部有不少民營企業不僅形成一定規模，而且享有盛名。例如，四川的東方希望集團、新疆烏魯木齊的德隆公司等，均成為實業界和資本市場的明星。

（五）民營企業從業人員結構發生變化

從原來低學歷轉向高學歷、年輕化。有不少民營企業從業人員全是大學文化程度，甚至具有碩士、博士學位。也有不少民營企業主從土生土長轉向海歸人員。海歸人員創辦的高科技民營企業逐漸增多。

（六）民營高科技企業發展迅速，自主創新能力增強

民營高科技企業在全國各地都存在，但東部沿海城市比較突出。像北京、上海這些城市由於科研院所多、科技水平高，民營高科技企業發展也快。浦東新區目前民營高新科技企業就超過 1,000 家。全國民營高科技企業目前已有 15 萬家左右，在 53 個國家級高新科技開發區企業中民營高科技企業占 70% 以上。近幾年來，中國技術創新的 70%、國內發明專利的 65% 和新產品的 80% 來自中小企業，而中小企業的 95% 以上為民營企業的。

（七）混合所有制民營經濟有發展

近些年來，出現了個體私營經濟與公有制經濟相互滲透、相互融合的趨勢，促進了混合所有制民營經濟的形成。據全國工商聯的調查，2002 年分別有 8% 和 13% 的私營企業已經或準備兼併收購國有企業，有 25.7% 的私營企業是由原來國有企業、集體企業改制而成為私營企業。

四、民營經濟發展的原因

自 20 世紀 90 年代中後期以來，中國民營經濟蓬勃發展的主要原因是：在思想上突破「左」的束縛，堅決貫徹實事求是的思想路線；在理論上突破陳規，堅持與時俱進的理論品質；在制度上進行創新，突破單一的公有制基本制度，實行公有制為主體、多種所有制形式共同發展的基本制度；在方針政策上不斷調整，適時制定有利於推動民營經濟發展的方針政策。因此，中國民營經濟的蓬勃發展，是我們黨把馬克思主義基本原理同中國具體實際相結合，制定和實施符合中國國情的正確理論、路線、方針和政策的結果，是思想解放、與時俱進的結果，也是按照客觀經濟規律辦事的結果。

第二節　中國民營經濟的地位和作用

一、民營經濟的地位

民營經濟在國民經濟中的地位，在中國有一個不斷認識和發展的過程。按照歷史發展順序，它大致經歷了「排斥—補充—重要組成部分」這三個不同的發展階段：

第一階段：排斥階段（1956—1978 年）。這一階段，個體、私營經濟在中國處於被否定、打擊和排斥的地位。在很長時期內，把個體、私營經濟作為「資本主義尾巴」來割，遏制非公有制經濟的存在和發展。在中國排斥非公有制經濟持續了 20 多年。這是傳統的單一公有制經濟理論和「一大二公三純」思想影響造成的。

第二階段：「必要補充」階段（1979—1997 年）。這一階段，根據中國社會生產力發展的實際情況，改革單一公有制經濟結構，發展非公有制經濟，把它作為中國社會主義經濟的必要補充。早在 1981 年黨的十一屆六中全會通過的《關於新中國成立以來黨的若干歷史問題的決議》就這樣指出：「國營經濟和集體經濟是中國的基本經濟形式，一定範圍的勞動者個體經濟是公有制經濟的必要補充。」在這種「必要補充」的思想指導下，允許發展非公有制經濟，並允許個體經營戶帶幾個幫工、請幾個學徒，直到 1987 年黨的十三大承認私營經濟。黨的十三大報告指出：「私營經濟一定程度的發展，有利於促進生產、活躍市場、擴大就業，更好地滿足人民多方面的生活需求，是公有制經濟必要的有益的補充。」1992 年黨的十四大，一方面明確提出「中國經濟體制改革目標是建立社會主義市場經濟體制」，另一方面把非公有制經濟仍然作為補充經濟，指出：「在所有制結構上，以公有制包括全民所有制和集體所有制為主體，個體經濟、私營經濟、外資經濟為補充，多種經濟成分長期共同發展，不同經濟成分還可以自願實行多種形式的聯合經營。」因此，把民營經濟作為必要補充的經濟地位在中國持續了近 20 年。

第三階段：「重要組成部分」階段（1998 年至今）。1997 年黨的十五大在理論上一個重大突破，就是指出「非公有制經濟是中國社會主義市場經濟的重要組成部分。對個體、私營等非公有制經濟要繼續鼓勵、引導，使之健康發展」。這一新論斷，改變了過去把非公有制經濟作為公有制經濟的「補充」地位，而把它作為社會主義市場經濟的「重要組成部分」。與此同時，黨的十五大還把非公有制經濟納入社會主義基本經濟制度的內容，指出：「公有制為主體、多種所有制經濟共同發展，是中國社會主義初級階段的一項基本經濟制度。」把公有制以外的多種所有製作為社會主義初級階段的基本經濟制度的內容，是我們黨根據中國具體實踐的創造，是對馬克思主義所有制理論和社會主義實踐的新發展。2002 年黨的十六大強調指出：「必須毫不動搖地鼓勵、支持和引導非公有制經濟發展。個體經濟等多種形式的非公有制經濟是社會主義市場經濟的重要組成部分，對充分調動社會各方面積極性、加快生產力發展具有重要作用。」2007 年黨的十七大從完善基本經濟制度出發，堅持十六大提出的「兩個毫不動搖」的指導

思想,強調:堅持平等保護物權,形成多種所有制經濟平等競爭、相互促進新格局;以現代產權制度為基礎,發展混合所有制經濟,為民營經濟發展提供新的思想指導。

上述民營經濟地位在中國逐步提高的過程,表明它從原來作為社會主義經濟「對立面」的地位轉到同社會主義經濟「並存、共處」的地位,從作為社會主義公有制經濟「必要補充」的地位轉到社會主義市場經濟「重要組成部分」和社會主義初級階段基本經濟制度構成的地位。民營經濟地位的提高,足以表明中國社會主義社會經濟的發展離不開個體、私營經濟等非公有制經濟的發展,社會主義現代化建設要依賴於公有制經濟和非公有制經濟共同完成。因此,必須把公有制經濟與非公有制經濟統一於社會主義經濟社會發展和現代化建設進程中,而不能把兩者對立起來。

必須指出,民營經濟在中國地位的提高,並不反應非公有制經濟所代表的生產關係性質也發生了變化。個體、私營經濟等非公有制經濟的生產資料私有制性質沒有改變,仍然是個體勞動者的生產關係或存在雇傭勞動的生產關係。「非公有制經濟是社會主義市場經濟的重要組成部分」這種地位,表明在發展社會主義市場經濟的過程中,公有制經濟與非公有制經濟同等重要,處於平等關係,不存在「兄弟、主次、主輔」甚至排斥的關係,但不能據此認為它也是「社會主義經濟的重要組成部分」。社會主義市場經濟與社會主義經濟是有區別的。社會主義市場經濟是指在堅持社會主義基本制度前提下以市場為基礎配置社會資源的經濟運行方式,既具有一般經濟的共性,又具有社會主義條件下的特性。社會主義經濟就是指公有制經濟,包括國有經濟和集體經濟以及混合經濟中的國有成分和集體成分。發展社會主義市場經濟是鞏固和發展社會主義經濟的需要,不能把社會主義市場經濟與社會主義經濟混為一談。

但是,必須明確,民營經濟在中國地位的提高,表明個體私營經濟等非公有制經濟在社會主義條件下的發展具有中國的創造性和特色。這主要體現在:

第一,這些個體私營經濟等非公有制經濟在社會主義憲法和制度保護下存在和發展,受到社會主義法律、政策、道德等規範和引導、支持和管理,按照社會主義要求發展。

第二,這些個體私營經濟等非公有制經濟同公有制經濟共同發展,不能相互排斥。它們共處在社會主義市場經濟和社會主義現代化建設事業中,相互促進,充分發揮各自的優勢。

第三,這些個體私營經濟等非公有制經濟的發展是為了達到提高社會主義社會生產力、增加社會財富、提高綜合國力、最終達到共同富裕的目的。

二、民營經濟的作用

民營經濟的地位是通過其作用體現出來的。它作為市場經濟的主體,在中國經濟增長和發展過程中已發揮重要作用。這主要表現在以下幾個方面:

(一) 民營經濟是推動經濟發展的重要力量

民營經濟能發揮自己的現實優勢和潛在優勢,調動各方面積極性,充分利用社會各種資源,發展生產、增加供應、活躍市場、繁榮經濟,已成為中國經濟增長和發展

的重要領獎臺。改革開放以來，中國經濟以年均9%以上的速度增長，而民營經濟卻以20%~30%的速度增長，對國民經濟持續增長做出了重要貢獻。國家統計局資料顯示，2000年民營經濟占GDP的比重約為42.8%，而到2005年這個比重已提高到55%。目前，中國經濟發展的增量部分有70%~80%來源於民營經濟。可見，民營經濟在中國經濟發展中已起著舉足輕重的作用。

(二) 民營經濟是增加社會財富的重要渠道

民營經濟數量大、涉及面廣、遍布城鄉，能增加勞動就業、緩解城鄉就業壓力。「十五」期間，民營經濟在二、三產業的就業人數淨增7,000萬人，城鎮民營經濟就業人數淨增5,700萬人。民營經濟在二、三產業就業比重從2000年的65%左右增加到2005年的75%以上。截至2007年，全國登記註冊的個體私營企業從業人員共計1.27億多人，而實際從業人員可能已接近2億人。可見，民營經濟對緩解就業壓力、保持社會穩定起著十分重要的作用。

(三) 民營經濟是國家稅收的重要來源

20世紀90年代，民營經濟納稅額約占全國稅收總數的10%。自2000年以來，民營經濟稅收增長速度明顯快於全國稅收增長速度，其中私營企業稅收增長率五年來一直保持在40%以上。私營企業稅收占全國稅收的比重從2000年的3.3%提高到目前的9.6%。2007年私營企業稅收總額為4,771.5億元，其增長率高於全國5.1個百分點。2008年私營經濟完成稅收總額5,873.68億元，同比增長23.1%，高於全國6.1個百分點，占全部稅收的比重達10.2%，較2007年提高0.6個百分點。

民營經濟也是增加財政收入的重要渠道。1991年民營經濟納稅占全國財政收入不到10%，1998年達到12%。「十五」以來，隨著民營經濟納稅增加，它占全國財政收入的比重也在不斷提高。不少地方民營經濟稅收占地方財政收入的比重超過60%。

(四) 民營經濟是發展外貿出口的生力軍

全國民營經濟出口總額從2000年的1,328億美元增加到2005年的6,043億美元(預計)，年均增長速度為35%，民營出口總額占全國的比重從2000年的53.3%提高到2005年的77.4%，五年提高了24.1%。尤其是私營企業對外貿易發展迅速，它們的出口額從2000年到2005年年年翻番，五年增長48倍，在全國外貿出口中所占的比重由2000年的1%提高到2007年的20.6%。2008年民營企業外貿出口為3,807億美元，占全國外貿出口額的26.65%，在國際金融危機衝擊下仍能有這樣良好的表現，顯示出它的生力軍作用。

(五) 民營經濟是發展服務業的新興主力軍

服務業等第三產業是衡量現代社會發達程度和現代化水平的重要標誌。民營經濟發展服務業是改變中國服務業落後面貌、提高第三產業在國民經濟中的比重的新生力量。目前私營經濟的服務業發展很快。在私營企業中，公證、律師、審計、統計等諮詢服務單位數，年均增長115.3%；房地產、旅遊業、計算機應用服務業單位數年均增長70%左右；批發零售業和餐飲業數量所占的比重也提高了7個百分點。

總之，民營經濟地位的確立和作用的發揮，說明它已成為中國經濟增長和發展的支撐力量，是國民經濟的重要組成部分，必須進一步克服發展民營經濟的障礙、鞏固它的地位，使之發揮更大的作用。

第三節　中國民營經濟發展面臨的主要障礙

民營經濟已是中國經濟高速增長的重要推動力量，它的發展壯大，為國民經濟的健康發展做出了巨大貢獻。但是，直到現在，民營經濟發展仍然面臨著許多障礙——既有觀念上的障礙，又有經濟環境或制度性的障礙，還有民營企業自身存在的障礙。在觀念上，民營經濟進一步發展在一定程度上仍然受姓「資」姓「社」、姓「公」姓「私」等落後或「左」的傳統觀念的困擾，必須進一步破除落後或傳統的舊觀念。但是，相比較而言，落後的傳統觀念已不是當前進一步發展民營經濟的主要障礙，主要障礙應是制度性和企業自身的問題。現就此作一具體分析。

一、民營經濟發展遇到設置進入壁壘的障礙

可以說，明顯地歧視民營經濟的「左」的觀念，在絕大多數地方和部門已沒有多大市場，但是在市場准入上設置壁壘的狀況卻在不少地方和部門依然存在。黨的十六屆三中全會重申：「清理和修改限制非公有制經濟發展的法律法規和政策，消除體制性障礙；放寬市場准入，允許非公有資本進入法律法規未進入的基礎設施、公用事業及其行業和領域；非公有制企業在融資、稅收、土地使用和對外貿易事業等方面，與其他壟斷性企業享有同等待遇。」但是，有些地方政府出於追求自身收益最大化的需要，在某些壟斷性行業對民營企業設置進入壁壘。其具體採用這樣幾種方式：①行業主管部門採取審批等手段，通過指令性方式，授權國有壟斷企業擔任項目業主，阻止民營資本進入；②通過政府頒布政策、法規禁止民營企業進入；③實施嚴格的生產許可證制度，排擠民營企業在一些行業生存；④從經營目的上設限，如規定民營企業的投資不得以盈利為目的等。因此民營經濟在公路交通運輸等基礎設施建設項目、金融業、汽車製造業等行業和領域很少，與其他企業相比，民營企業在產業准入方面受到明顯的不公平待遇。據調查，在國有企業準進入的 80 多個領域中，外資企業可以進入 60 個，占 75%，而民營企業只可進入 40 個，不到 50%，從而限制了民營經濟進一步發展。

二、民營經濟發展面臨融資難的障礙

資金是企業經營的推動力。改革開放以來，政府部門一直對國有經濟偏好，始終扶持國有經濟，千方百計使國有企業優先獲得金融資源，而民營經濟發展要獲得所需要的資金就很困難。這主要表現在：①民間金融機構的發育受到抑制，使民營企業從民間金融機構獲得必需的貸款嚴重不足；②國有商業銀行由於存在資金財政化現象，金融資源主要向國有企業集中，商業銀行由於對民營企業的風險程度、資源狀況等不

瞭解，所以寧可將資金閒置也不願意貸款給民營企業；③國有商業銀行有意提高貸款審批標準，借規避風險對民營企業實行「信貸配給」，使貸款申請人部分滿足、部分拒絕。可見，民營經濟在融資方面受來嚴重歧視，使之經營發生困難，限制了進一步發展。

三、民營經濟發展面臨企業負擔重的障礙

民營經濟面臨著沉重的企業負擔，主要來自政府規模擴張和財政支出增長。相關研究顯示，2001年與1979年相比，政府規模擴大了2.18倍，政府行政開支年均以10%以上的速度遞增，1979—2001年政府行政開支占財政支出的比重由4.4%提高至17.4%。由於國有企業在較長時期經營效益不佳，稅收比重在下降，政府規模擴張和支出增加的負擔自然就落在民營企業身上，民營企業繳納的各種稅收逐步增長。這一方面表明民營企業對國家的貢獻，另一方面也表明民營企業成為政府支出的重要來源。由於民營企業稅收負擔不斷增長，抑制了民營企業投資和產值的增長，使民營經濟固定資產投資增長率和產值增長率呈下降趨勢。

四、民營經濟發展面臨結構落后的障礙

民營經濟結構包括企業組織、產業、產品、技術和地區結構等。民營企業一般規模小、生產技術水平低、裝備落後；產業、產品結構不合理，層次低，傳統產業和產品有相當大的比重；地區結構不平衡，東南沿海地區民營經濟發展快、比較發達，而廣大中西部地區民營經濟發展慢、比較落後。民營經濟這種落後的結構無力適應國際化的挑戰，無力與跨國公司在全球範圍內競爭資源配置，在與國外規模化經營、產業、產品、技術等均先進的企業競爭中，不僅不能占領市場，而且還有被擠垮的危險。

五、民營經濟發展面臨家族式管理和職工素質低的障礙

中國社會科學院民營經濟研究中心相關研究表明，中國民營企業絕大多數仍然是家族控製式企業。在研究人員抽樣調查中，有占樣本企業總數61.82%的企業名義是股份制，實際是家族企業，有72.9%的企業其企業主及家族成員共同擁有的股權在企業股權中的比重為90%~100%。因此，民營經濟絕大多數難以擺脫家族控製的模式。民營經濟如長期囿於家族控製，就無法引入社會資本和其他社會資源，是不可能持續發展的。

與此同時，民營經濟管理者的管理理論知識與管理水平、技術人員和其他職工的文化程度和業務水平，都相對落後，尤其是他們不熟悉WTO規則、國際經濟貿易知識、現代化管理知識及其活動規律等。這方面素質如不盡快提高，民營經濟很難同國際化企業進行角逐，走出去也難以在國際市場上站穩腳跟。

六、民營經濟發展面臨政府職能轉變緩慢的障礙

政府行為對民營經濟發展十分重要。改革開放初其由於政府放鬆對所有制控製並對民營經濟制定某些優惠政策，促使民營經濟在公有制經濟空隙中生長壯大，並不是

政府職能根本轉變的結果。在經濟轉型期，政府承擔著社會經濟管理者的職能，包括制定游戲規則、推動經濟增長、規避經濟和社會風險、降低失業率等；同時，它又有獨特的利益追求，主要是國有經濟偏好、官員個人享受、社會地位提升和人緣關係等，政府目標函數是多元的。從實踐看，政府官員追求自身利益偏好的目標要超過承擔經濟社會管理職能的目標，造成兩個明顯的問題：一是為維護政府權力和利益，對民營經濟增加稅費、增強各種行政審批，謀取收費、租金等利益，使很多潛在的非正常收益經常發生，這是滋生腐敗的土壤；二是政府對民營經濟放鬆管理，盲目認為它已具備自我發展的能力，市場力量會自動把它推向新的發展階段，不在加強引導和有效管理上下功夫。因此，政府職能轉變慢，對民營經濟管理不到位，行為不規範，是民營經濟發展的一大障礙。

第四節　中國加快民營經濟發展的對策

　　民營經濟是中國經濟最活躍的組成部分，要從富國強民的高度來加快民營經濟發展。根據中國經濟發展戰略目標的要求和民營經濟發展過程中存在的一些障礙，為加快民營經濟發展，應採取一些積極的對策措施。

一、以科學發展觀為指導，進一步轉變觀念，充分認識民營經濟的地位和作用

　　科學發展觀是統領經濟社會發展全局的指導思想。以人為本是科學發展觀的核心，是貫穿科學發展觀的一條主錢，體現在科學發展觀的各個方面，也體現在經濟社會發展的各個方面，當然也體現在民營經濟的發展上。發展民營經濟，說到底，是調動社會各階層的力量、充分利用經濟社會各種資源、迅速發展中國經濟，最終實現最廣大人民群眾的根本利益。在這方面政府作為經濟社會管理者，尤其要認真落實科學發展觀，堅持以人為本，支持、引導和管理民營經濟發展。政府官員要從根本上認識民營經濟的地位和作用。這應是正確認識和對待民營經濟、進一步發展民營經濟的關鍵。

　　黨的十五大以來對民營經濟的定位有實質性的變化和明確的結論。它一再強調「個體、私營經濟等各種形式的非公有制經濟是社會主義市場經濟的重要組成部分」「公有制為主體、多種所有制經濟共同發展是社會主義初級階段的一項基本經濟制度」。這個結論包含著對改革開放以來發展民營經濟的實踐探索，以及對民營經濟的性質、地位和作用作出的客觀公正、科學的概括和總結。這表明民營經濟不是社會主義的對立面，而是社會主義市場經濟和社會主義基本經濟制度的重要組成部分。因此，黨的十六大和十七大都從堅持和完善社會主義基本經濟的角度，強調要毫不動搖地鼓勵、支持和引導非公有制經濟發展。全國各地都要把思想統一到科學發展觀上來，從堅持和完善基本經濟制度和加快生產力發展的高度，進一步轉變陳舊落后和不切合時宜的傳統觀念，進一步加深對民營經濟的地位和作用的認識，進一步發展民營經濟。

二、制定和實施民營經濟發展戰略，明確發展目標，推進民營經濟平穩健康發展

發展民營經濟不是權宜之計。我們要從中國長期處於社會主義初級階段的實際出發，緊緊圍繞建設中國特色的社會主義戰略目標，制定和實施民營經濟的發展戰略。當前和今后民營經濟發展戰略的基本思路應當是：堅持積極扶植、合理規劃、正確引導、加強管理的方針，以多種所有制經濟平等競爭和共同發展為原則，以全面建設小康社會和社會主義現代化建設為目標，以深化改革、擴大開放為動力，按照社會主義市場經濟要求和 WTO 運行規則放寬市場准入，實施無歧視的產業和融資政策，完善管理和服務體系，加強法制建設和制度創新，走出一條具有中國特色的速度比較快、效益比較好、平衡健康發展的民營經濟的新路子。

三、調整和優化產業結構，提高產業技術水平，形成適應市場需要的民營經濟的產業結構優勢

從總體上看，民營經濟的產業技術水平低，占優勢和主導的產業是「夕陽產業」和勞動密集型產業。第二產業，特別是先進技術產業和高新技術產業發展不足，呈現出「亞產業」特徵。其原因主要是：①服務業雖有涉足，但主要集中在餐飲業、零售商業和其他小型服務業上。這些服務業具有規模小、資金少、技術低、勞動力文化素質差等特點，比較容易進入。②在資源配置上存在進入壁壘，很多產業對民營資本進入設置限制。由於這些原因，民營經濟不能提高產業層次，只能在低層次產業上重複。針對目前民營經濟產業技術狀況和當代新技術發展趨勢，以市場為導向，對民營經濟的產業結構進行戰略性調整。也就是說把民營經濟產業結構納入全國產業結構範圍，進行全局性調整，著眼於產業技術水平提高與整個工業化、現代化進程相協調，進行升級性調整；著眼於結構優化、整體素質、經濟效益和運行效率的提高，進行質量成長型調整。通過這樣的調整，形成一批具有民營經濟特點的高新技術產業和現代製造業，以顯示民營經濟的產業優勢。

四、調整和優化組織結構，進行制度創新，建立和完善民營現代企業制度

民營經濟是由業主個人投資興辦的，存在著資金缺乏、技術水平低和管理落后等缺陷。隨著民營經濟的發展，市場化程度提高，這種業主制企業也開始向現代企業制度轉變。目前，股份制特別是有限責任公司已成為民營企業的重要制度形式，私營獨資企業和合夥制企業數量相對下降。但是，按照現代企業制度要求還相距甚遠，真正產權清晰、實現所有權與控製權相分離的公司數量很少，多數民營經濟存在產權不清，有限責任公司實質上依然是家族制企業，這說明民營企業股份制改造的任務很重。為推進企業股份制改造，要積極推進資本經營，開展跨所有制、跨地區、跨行業的兼併聯合，進行優化組合，為民營企業引入社會資本、改造其產權結構和治理結構、擺脫家族制創造條件。就是那些已初步實現股份制的公司也要將它推向資本市場、完善公司制；對那些尚未採取股份制的企業要鼓勵其進行股份制改造，實現股權分散化，盡快建立現代產權制度和現代企業制度。

實行股份合作制也是民營經濟明晰產權關係的有效形式。推行股份合作制要把握幾個關口：一是做好資產評估，做到評估透明公開化，杜絕「暗箱操作」；二是做好股權設立，對家族式企業可給其成員一定的優先股權，參與利潤分紅，但不得擔任內部職務和參與企業管理；三是做好管理人員招聘選拔工作，引入公平競爭機制。股份合作制企業，實行所有權與經營權相分離，同公司制企業一樣，要建立和完善科學的治理結構，加強監督，努力實現決策民主化、科學化。

五、調整和優化地區結構，糾正區域失衡現象，促進各地區民營經濟協調發展

　　民營經濟在地區結構上存在兩個問題：一是城鄉結構失衡，個體、私營經濟主要集中在農村。20世紀90年代，農村中個體、私營企業戶數分別占全國總戶數的70.4%和53.3%。二是東中西地區結構失衡，民營經濟主要集中東部地區。據調查，2004年，廣東、江蘇和浙江三省非國有工業企業產值占全國非國有工業總產值的52.3%，如加上山東、上海、福建、天津、河北五省市，八省市非國有工業產值要占全國的80%。近幾年來這種狀況雖有所改變，但改變不大。中西部地區的民營經濟發展還緩慢。對這種地區失衡現象要加強引導，一方面鼓勵東部民間資本進入中西部地區，另一方面中西部地區政府要積極扶持發展當地民營經濟，促進東中西地區民營經濟協調發展。

六、調整和優化人才結構，克服人員素質低的狀況，提高民營經濟人才素質

　　民營經濟除了少數高科技企業和諮詢服務業外，多數企業人員素質不高。為提高和優化民營經濟人才結構，要做好這樣兩方面的工作：一是加強對員工的培訓，組織民營企業員工學習經濟、經營管理專業知識，提高員工文化素質和專業知識水平；二是從政策上、制度上和物質上積極鼓勵高等院校畢業生進入民營企業工作，幫助民營企業吸引住人才、留住人才，建立民營企業人才結構優勢。

七、轉變政府職能，加強政策引導，為民營經濟發展創造良好的經營環境

　　對民營經濟發展要積極鼓勵、扶持和引導，這是政府的重要職能。這在很大程度上表現為制定和推行正確的政策。當前和今後為發展民營經濟，必須採取這樣的政策：第一，放寬所有制限制政策。按照公有制為主體、多種所有制經濟共同發展的要求，只要在全國保持公有資產占優勢的前提下，對於具體地區、部門和行業，不必硬性規定公有、私有所占的比重，按照「三個有利於」標準，從實際出發，宜發展什麼所有制經濟就發展什麼所有制經濟，為民營經濟發展提供廣闊的空間。第二，放寬市場准入的政策。按照國家制定的發展民營經濟的政策要求，清理和修訂限制非公有制經濟發展的法律、法規和政策，消除體制性障礙，凡鼓勵和允許外商投資進入的領域，都鼓勵和允許民間資本的進入，鼓勵民營資本進入法律、法規未禁止進入的行業和領域。在產業政策上，只要符合產業調整方向，應積極鼓勵民營經濟進入，在項目審批、物資採購和外貿進出口等方面享受國民待遇，不應採取歧視政策。第三，放寬融資限制的政策。在民營企業投融資上要與其他企業一樣享受同等待遇，消除各種限制。目前民營經濟缺乏通暢的融資渠道，銀行對其貸款存在種種限制，例如授信利率限制，即

提高對民營經濟的授信利率，使之對貸款需求減少；授信規模限制，銀行從貸款成本出發，傾向於向國有大企業貸款，使中小民營企業貸款難度大等。這些限制政策必須盡快改變，建立扶持民營經濟發展的貸款政策體系，盡快改善民營經濟融資環境，支持民營經濟發展。

第九章　中國居民個人收入分配和消費

第一節　中國居民個人收入的分配

　　分配是社會再生產中的一個重要環節，是社會的一項重要經濟制度。生產出來了社會財富，根據什麼原則進行分配，這既關係到再生產，也關係到消費。如果把社會財富比喻成蛋糕，生產就是做蛋糕，分配就是切蛋糕。切分蛋糕的原則就是分配制度。不同的國家、不同的社會、不同的階段，有不同的分配制度。

　　市場經濟國家實行按生產要素分配的制度，中國在計劃經濟下實行按勞分配制度，在今天的社會主義市場經濟條件下實行以按勞分配為主體的多元分配制度。

一、個人收入分配理論

（一）生產要素所有制決定收入分配

　　個人收入是指個人在一定時期內，從各種不同來源得到的收入總和。

　　社會成員提供自己所擁有的各種生產要素（例如勞動、資本、土地、企業家才能、技術、信息等）參與到社會生產過程中去，創造出了國民財富。這些生產要素都屬於所有者個人所有，根據這些生產要素在生產過程中的作用大小和貢獻的多少，其所有者可以分配到工資、利息、地租、利潤、專利費、信息費等個人收入。所以創造國民財富就像做蛋糕，而分配就是切蛋糕，制定什麼樣的分配制度、根據什麼原則來切蛋糕，對每一個人都至關重要。

　　分配制度反應利益關係。一種經濟制度的收入分配，應該是參與者的生產性努力程度越高，貢獻越大，分配到的收入就越多；反之則越少。這樣就會提高市場參與者的積極性，有利於發揮各種生產要素的作用，從而促進生產的發展和社會的進步。如果分配結果與社會成員的生產性努力程度及對社會的貢獻不對稱，就會抑制社會成員的生產積極性，這種經濟制度就是一種經濟效率低下的制度。而經濟效率低下的制度，在國際上是沒有競爭力的。所以分配制度是一種社會激勵機制，目的在於激勵人們把「蛋糕」做大。

（二）個人收入分配中的平等原則

1. 對「平等」的兩種理解

　　分配角度的平等，可以有兩種解釋：

（1）結果的平等。強調平等的生存權，是平均意義的公平分配。這種平等是指每個人都有生存權，分配首先是為了生存，作為生產結果的收入分配，應該滿足每個社會成員平等的生存權利，平等地享有衣、食、住、行等方面的基本生活需要。這是從道德觀念和以社會穩定為標準來考慮分配的公平，是由社會而不是由經濟關係來決定的分配。這種分配結果的平等，實際上是一種「大鍋飯」，不考慮社會成員貢獻的大小、能力的高低、工作的好壞，因而不利於調動社會成員的積極性，是一種獎懶罰勤的分配方法。中國改革以前實行的就是這種分配制度。

（2）機會的平等（機會均等）。大家都站在同一條起跑線上，與運動場上賽跑一樣，差別是競賽的結果。無論收入差別有多大，只要出發點是相同的，就沒有違背平等的原則。這種平等強調分配與貢獻對稱，即等量貢獻獲得等量報酬。這種「平等」的分配是按效率分配。因為人們對社會生產的貢獻差異極大，根據不同的貢獻從社會得到相應回報，這就會保持「貢獻者」的積極性，鼓勵其盡可能地為創造財富而努力。至於說收入差距的拉大，則要由政府通過稅收等再分配手段進行調節。

兩種「平等」實現的目標不同，帶來的后果也不同。「結果的平等」與效率有負相關的關係，就是說平均主義、吃「大鍋飯」，會損害效率，損害人的積極性。「機會的平等」一般說來是跟效率正相關的，如果機會平等，大家能夠平等競爭，這是能夠提高效率的。因此這種建立在機會均等基礎上的分配促進了社會效率的提高。

2. 關於個人收入分配的三個層次

在市場經濟條件下，個人收入的分配有三個層次。

（1）市場分配層次。這是指由市場機制決定的分配，是對個人收入的初次分配。根據各種生產要素在市場上的貢獻大小對要素所有者進行分配，等量貢獻獲得等量報酬。這種分配制度體現的是追求效率的平等，獎優罰劣，有利於調動所有參與市場活動的社會成員的積極性，提高全社會的勞動生產率。但由於市場經濟存在著分配性失靈，這種分配的結果容易造成貧富懸殊、兩極分化、收入差距擴大。

（2）政府分配層次。這是指由政府決定的分配，是對國民收入的一種再分配。這主要是針對市場的分配性失靈進行的調節。由於市場分配容易造成貧富懸殊、兩極分化，政府通常通過稅收和轉移支付的手段來進行調節。政府對高收入者在初次分配中獲得的高收入徵收累進稅，對高收入者累積起來的財產徵收財產稅、遺產稅、贈與稅等，然后通過轉移支付等再分配方式給予貧困階層生活補貼。這種分配機制體現的是保障社會成員平等的生存權。所以這種分配制度有保障全社會成員生存權、維持社會穩定的長處。

（3）社會分配層次。這主要指社會成員出於愛心或社會責任自願捐助、對個人收入進行的再分配。這是一種社會通過舉辦慈善事業、福利事業，由各社會團體、民間非政府組織、非營利組織等機構進行募捐等形式對特殊困難群體進行救助的制度。這類活動通常是社會民眾自發進行的，是民眾之間的互助互濟。這是個人收入第三個層次的再分配。在中國，援助貧困地區兒童受教育的「希望工程」，幫助落后地區女童接受教育的「春蕾計劃」，幫助西北地區貧困農戶解決飲水困難的「母親水窖」工程，為受災地區賑災而捐錢捐物、為病童捐款等善舉，都是社會成員對個人收入的一種再

分配。

在國外，這種通過慈善事業進行再分配也是一種比較常見的現象。

資料連結 9-1

比爾·蓋茨夫婦基金會

美國微軟公司董事長比爾·蓋茨先生和妻子梅琳達·蓋茨建立的 300 億美元資金的基金會是全球最富有的慈善基金會之一。該基金會支持在全球醫療健康和教育領域的慈善事業，希望隨著人類進入 21 世紀，這些關鍵領域的科技進步能使全人類都受益。目前，基金已經將 25 億多美元用於全球的健康事業，將 14 億多美元用於改善人們的學習條件，其中包括為蓋茨圖書館購置計算機設備、為美國和加拿大的低收入社區的公共圖書館提供互聯網培訓和互聯網訪問服務。此外將 2.6 億多美元用於西北太平洋地區的社區項目建設，將 3.8 億多美元用在一些特殊項目和每年的禮物發放活動上，並已捐出數百萬美元以幫助發展中國家治療瘧疾和肺結核等疾病。

2006 年 6 月，億萬富翁投資家、Berkshire Hathaway 公司首席執行官沃倫·巴菲特擬向蓋茨慈善基金會捐贈市值 300 億美元的股票。《財富》雜誌報導稱，現年 75 歲的沃倫·巴菲特將從 440 億美元的個人資產中拿出 85% 捐贈慈善事業。

(資料來源：根據小熊在線-loyal 編寫，訪問時間：2006-08-08)

3. 中國改革后實行「效率優先，兼顧公平」的分配原則

中國改革開放以來，實行的是「效率優先，兼顧公平」的分配原則。「效率優先，兼顧公平」是 1993 年黨的十四大文件中的戰略性表述。從長期看，中國要追求的是實現共同富裕的目標。

效率是指資源的有效配置，是投入與產出的比較。它包括兩方面的內容：一是人盡其才，即勞動者的勞動能力得到充分利用，個人的工作才干得到充分發揮；二是物盡其用，即生產資料得到充分的利用，自然資源得到合理的開發和利用。效率高意味著低投入、高產出，或者是低成本、高收益。

在市場經濟中，收入分配基本取決於市場的供求關係，每個社會成員都是生產要素的供給者，市場根據各種生產要素的稀缺程度以及該生產要素提供的經濟效益付給生產要素所有者相應的報酬。因此，對每個社會成員來說，個人收入的多少以其所提供的要素效率高低而不同。如果一個社會成員提供的是市場稀缺的生產要素，而且這種生產要素對生產的貢獻大，那麼它獲得的個人收入就高；反之就低。從勞動要素來看，市場給予每個勞動者收入的多少，意味著市場對每個勞動者所提供的勞動數量與質量評價的高低，收入是刺激勞動者繼續提供勞動的一種手段。如果抹殺收入差別，提供高質量勞動成果的人就得不到應有的激勵，社會的經濟效益就會下降。同樣，市場給予每個投資者收益的多少，是刺激投資的一種手段，如果抹殺投資收益差別，投資者就得不到應有的激勵，資源在整個社會中的有效配置就會受到損害。在此情況下，資本很有可能會轉移出去（轉向投資收益高的地方），整個社會的經濟效益就會下降。

可見，在市場機制下，資源的有效利用、生產要素在不同用途上的配置與再配置，是通過其所有者能否獲得較高報酬這樣一種激勵機制而實現的。投資者不能獲得回報，人們就會吃光花淨，不進行儲蓄和累積；勞動者不能獲得自己願意接受的回報，就會跳槽或偷懶，不會竭盡全力為雇主工作；同樣道理，土地、管理能力、技術創新能力等生產要素，莫不如此。就市場經濟來說，「效率優先」是無情的競爭規律所要求的，不取決於人們的主觀願望。無論什麼時候，市場經濟的競爭規律，都會以榮衰存亡驅使人們不得不把效率置於優先地位。

由於中國的生產力水平還比較低，發展經濟、建設社會主義現代化國家是中國面臨的最主要任務，因此，黨的十四大提出要「效率優先，兼顧公平」。提出「效率優先」就是鼓勵競爭，就是明確在經濟體制上要以市場經濟為制度取向，摒棄過去幾十年在計劃經濟體制下形成的「不患寡而患不均」的平均主義和守窮嫉富思想。由於這種平均主義思想在中國的落後經濟中有深厚土壤，不樹立「效率優先」的競爭意識來克服平均主義思想，就難以推進市場經濟改革。

不僅如此，「效率」還是緩解、縮小收入差距的前提和基礎，只有靠提高效率把「蛋糕」做大，才能做到在社會成員的經濟收入都有所增加的同時，讓弱勢群體所獲得的那一份增長得更快些，從而使收入差距趨於縮小；否則，在原有的「蛋糕」盤子裡要縮小差距，只能進行平均主義的再分配，從而使社會生產力倒退。所以，在任何時候，市場經濟只能靠「效率優先」才能保持經濟活力。中國大力推行科技興國，鼓勵自主開發和自主品牌，推行轉變增長方式，倡導節約型經濟、環境友好型經濟、循環經濟、創新型國家等，都是把「效率優先」落到實處的舉措。

在西方經濟學中，公平指社會成員收入的均等化，即「結果的平等」。在市場經濟中，公平與效率之間存在不可避免的交替關係，兩者的變動也不是完全對稱的。假定其他條件不變，在一定限度內，個人收入的增加可以促使個人效率有較大幅度的提高，但超過一定限度後，如果個人收入繼續增加，一方面容易引起激勵效用的遞減，另一方面會使企業的成本提高。從社會角度看，容易造成社會經濟效率下降。另一方面，收入超過一定限度後，如果要縮小社會成員之間的收入差距，只能採取「劫富濟貧」的手段，進行大規模的再分配，這會使利用各種生產要素優勢在市場分配中獲得高收益的群體利益受損，打擊他們的生產積極性，從而使社會經濟效率急速下降，最後導致該社會變成一個「無效率」或「低效率」的社會。例如歐洲福利國家，就存在這方面的問題。公平（社會成員收入均等化）與效率之間的這種不對稱特徵，是由勞動力供給特點與工資剛性決定的，因此，公平和效率不可能兼而有之，只可能有所側重。為了實現公平，就得犧牲一部分效率，為了保證效率，就得認可收入的一定差距。這就是西方經濟學中「公平」和「效率」的關係，所以「公平」和「效率」需要兼顧。

2006年5月26日，中共中央總書記胡錦濤主持政治局會議，專門研究改革收入分配制度和規範收入分配秩序等問題。會議指出，要堅持和完善以按勞分配為主體、多種分配方式並存的分配制度，堅持各種生產要素按貢獻參與分配，在經濟發展的基礎上，更加注重社會公平，合理調整國民收入分配格局，加大收入分配調節力度，使全體人民都能享受到改革開放和社會主義現代化建設的成果。

在實踐中，我們一定要弄清楚「公平」和「效率」兩者的內涵和關係。市場的初次分配必須講求效率，而政府和社會的第二、第三層次的再分配應該講求公平。我們不僅要重視事前公平（即機會公平），還必須重視過程公平（如信貸公平、稅收公平）和事後公平（收入差距合理和完善社會保障制度），而不能回到「大鍋飯」、平均主義的計劃經濟時代。

二、中國居民個人收入分配由計劃經濟到市場經濟的轉變

(一) 計劃經濟下的個人收入分配

在經濟體制改革之前，中國分配制度與單一的公有制形式相適應，實行高度集中的計劃分配制度，更多地體現了平均意義上的公平。

新中國成立初期，通過對解放區供給制和舊中國不合理的分配制度的改造，建立了一種特殊的分配模式：在城鎮，部分職工和幹部實行的是供給制和包干制，即生活必需品由不同組織以實物形式發放；另一部分職工和幹部實行工資制。

從 1956 年起，在當時的全民所有制和城鎮集體所有制企事業單位中，普遍實行工資制。其中工礦企業一般實行八級工資制，這種工資是根據工作等級（工作的複雜度、精確性及責任的大小）和技術等級標準來評定工人的工資等級。級別越高，工資越高。標準由國家相關部門統一制定。機關和事業單位根據工作性質和工作年限，分別規定不同的工資級別和各級工資級差。

考慮到各地自然條件的差別，國家統一規定了全國工資地區類別，將全國劃分為十類地區，每類地區工資級別相差 3%。小城市的工資一般屬於一、二類，后來逐步提高到三、四類，大城市的工資一般是六至八類，個別邊疆地區高到九、十類。自然條件較差、物價水平較高和生活較艱苦的邊遠地區的工資高於一般地區。各地區的工資差別是在標準工資的基礎上，通過地區差額津貼實現的，即職工基本工資等於工作和技術等級決定的工資加地區津貼。職工除領取基本工資外，還可能根據不同情況獲得其他津貼。這種津貼有的是補貼勞動者的額外勞動消耗，有的是為了鼓勵人們在特殊艱苦條件下從事工作。個別特別優秀的勞動者可以獲得少量獎金。

計劃經濟下的工資制度的重要特徵是強調集中統一領導，國家一經確定工資標準，地方和企業無權根據本單位生產發展和職工勞動情況及時調整工資，個人的貢獻和能力差異不能得到充分體現，顯然，這不利於調動生產者的勞動積極性和創新精神。

與城鎮情況不同的是，中國農村在 1956 年完成社會主義改造並逐步走上集體化道路以後，實行的是「工分制」。這是在集體範圍內的帶有平均主義性質的個人分配。在同一集體中，不同勞動者根據不同工種、性別、年齡等確定不同勞動類型和工分，按日記載和累積，年終根據各個集體收入（包括實物收入和貨幣收入）情況，核算出不同集體每一工分的分值，然后將個人累積的工分乘以工分的分值，得出個人一年應該分得的收入量（包括實物收入和貨幣收入）。儘管這種分配從形式上似乎承認了勞動者的勞動差異，但實際上由於對勞動績效考核的困難，往往出現「出勤不出力」的結果，很難體現出按勞分配的要求。因此，中國農村這種工分制分配制度的本質也是計劃經

濟下的集中平均分配。與城市計劃經濟下的工資制度一樣，這種分配制度不能體現農民個人的貢獻和能力的差別，不利於調動農民的勞動積極性。改革后被家庭聯產承包責任制的分配制度替代。

計劃經濟下，勞動者只能獲得工資或工分這種勞動報酬，個人收入基本等同於工資。

(二) 社會主義市場經濟下的個人收入分配

中國改革開放以來，對個人收入分配制度的改革經歷了由計劃經濟向市場經濟的轉軌，單一的計劃經濟分配方式一統天下的局面逐漸被打破。

中國社會主義市場經濟確立后，市場逐漸成為資源配置的主導力量。中國在多種所有制並存、產權結構多元化的經濟制度下，新創造的物質財富是社會成員多種生產要素共同投入並交互影響的結果。所以個人收入分配越來越受到市場分配機制的影響。個人收入不僅來源於工資，而且來源於其他各種各樣的生產要素報酬。

中國現階段存在的個人收入分配形式主要有：

1. 工資

工資是反應在一定時期內職工工作單位以貨幣形式或實物形式實際支付給職工的勞動報酬，包括計時工資、基礎工資和職務工資、計件工資（包括超額工資）、各種工資性的獎金和津貼、加班加點工資、附加工資、特殊情況下支付的工資等。中國的各類企業組織和各種機構，包括國有、集體、股份公司、私營、外資和各種混合經濟中的單位，勞動者收入都主要採取工資形式。這種工資水平一般由勞動力市場的供求狀況和勞動要素的貢獻大小決定，但各地政府通常會制定最低工資標準保障普通勞動者的利益。

中國城市勞動者的工資構成十分複雜。一方面有顯性的名義工資，以貨幣形式發放；另一方面有隱性的非貨幣形式工資，如公費醫療、供暖費、水電補貼、節日實物分配、住房公積金補貼、單位支付的社會保障費用、生活困難補助費、上下班交通費、自行車補助費、獨生子女費、保健用品費、文娛費、差旅費及會議補助費、誤餐補助費等各種福利。不同經濟單位隱性工資所占比例差異非常大。有的單位，顯性工資收入偏低，而隱性工資比較高（這種情況在國有經濟單位中比較多見），加之國有單位的工作相對穩定，所以很多人寧願拿國有單位支付的「低工資」，也不願放棄國有單位的工作。

一般來說，對於普通勞動者而言，工資是勞動者個人的主要收入。

2. 利潤

利潤是直接投資於生產、流通、服務等領域而獲得的收入，是投資者從經營收益中減去各種成本開支以后的餘額。居民個人作為投資者，除可以直接將資本用於生產活動之外，還可以通過股票、債券、期貨、外匯、房地產、保值商品等投資，賺取利潤收入。利潤意味著資本本身的投資回報，如股票中的股息、紅利和價差，也意味著資本所有者承擔風險的回報，即個人承擔投資風險責任而獲得的風險收入。利潤還可能意味著投資人的個人隱含收入。所謂個人隱含收入是指企業所有者在提供主要的資

本要素的同時，還提供了其他附帶要素，由此所應獲得的報酬。如企業所有者在自己的企業中從事一般性工作所應該獲得的工資——隱含工資。又如有些利潤是企業家將自己擁有的自然資源（土地、房屋等）同時投入的隱含租金，利潤構成了投資者個人的收入。

3. 利息

利息是一定時期內轉讓資本使用權而獲取的收入，是對資本所有者貸出資本的獎勵。對資本使用者而言，由於借入資本要付利息，要增加成本，故形成一定的預算約束；對資本所有者而言，是否貸出資本，取決於利息率、風險及通貨膨脹情況。中國2005年年末全社會城鄉居民儲蓄存款餘額達147,054億元，其中人民幣存款141,051億元，即使按年利息率2.5%計算，人民幣存款141,051億元的利息收入一年可達3,526億元左右，這些都構成了中國居民個人收入的組成部分。

4. 租金或地租

租金或地租是一定時期內使用土地或其他有限自然資源而支付的價格，也稱純經濟租金。租金適用於任何一種供給固定的要素。中國城市土地和自然資源的所有權屬於國家，農村土地屬於農村集體經濟所有，但使用權可以歸集體和個人所有。由此，出現了使用權轉讓，以及相對應的租金。例如，農民將承包土地出租獲得的租金等。另外，屬於城鄉居民個人財產的住房、汽車等出租獲得的收入也屬於租金，這部分租金越來越成為個人收入的重要組成部分。

5. 經營和管理收入

經營和管理收入是企事業管理者從事經營管理活動而得到的報酬。這種經營和管理活動首先是一種比一般勞動者的勞動更複雜、腦力勞動成分更多的勞動。由此，實現的報酬中的一部分是複雜勞動收入。同時，為培養企業家需要有更多的人力資本投入，包括教育、領導和組織能力的培訓和鍛煉等，其邊際生產率比擁有較少人力資本的人員高。其次，企業管理者收入包括承擔企業經營風險責任而獲得的風險收入、由提供創新性勞動而獲得的創新收入。因此，企業管理者收入經常高於同經濟單位中的一般勞動收入。經營管理收入通常採用管理工資、廠長年薪制、股票期權等多種形式。參見資料連結9-2：

資料連結9-2

股票期權的解釋

股票期權（options）是指在一定時期內，以固定價格購買一定數量的公司股票。當公司股票價格上漲時，股票期權獲得者將股票賣出就能獲利。所以實質上，股票期權是一種企業市場價值分享方法。

在20世紀50~60年代，股票期權是西方發達國家的一種主要面向公司高層人員的長期激勵措施。70年代以來，美國硅谷高技術企業普遍採用股票期權，股票期權授予範圍基本覆蓋全體職工。90年代，股票期權成為美國企業流行的一種收入分配方法。1997年對美國1,100個上市公司的調查發現，53%的公司實行股票期權計劃，向全體

職工授予股票期權（NCEO. Employee Stock Options Fact Sheet. http：//www.nceo.org/）。

美國微軟公司的股票期權計劃：

美國微軟公司是世界最大的電腦軟件公司。微軟公司根據職工的業績決定職工的年度獎金和股票期權。微軟公司同時實行幾種股票期權計劃：

（1）廣泛股票期權計劃。公司根據職工的工作業績，決定授予職工股票期權的數量。職工工作18個月後，就可以獲得規定的股票期權數量的25%的股票。此後，每6個月可以獲得其中12.5%的股票。股票期權有效期為10年。

（2）績效股票計劃。公司每年根據職工的表現，授予職工一定數量的股票。公司每2年增加一次職工的股票期權數量。

（3）優惠股票購買計劃。職工可以用不超過10%的工資，以八五折優惠購買公司股票。

（資料來源：何傳啓. 分配革命 [M]. 北京：經濟管理出版社，2001）

6. 農村居民出售農副產品收入

占中國人口一半以上的農民，以耕種農作物為業，出售農副產品所得收入構成他們的主要收入。

7. 其他收入

勞務報酬、稿酬、特許權使用費、專利費、財產轉讓所得、偶然所得等，都構成其他收入。在中國，除了上述以生產要素佔有狀況為依據實現的個人分配形式外，還有一部分按照社會保障原則進行的分配，包括各種轉移支付、福利性收入、救濟性收入等。

三、中國居民個人收入分配的現狀和差距

經過30多年的改革開放，中國居民的收入水平得到普遍提高。從表9-1中可以看出，50多年來職工的年均工資（名義工資）增長了約40倍。

表9-1　　　　　1952—2011年中國居民收入變化　　　　　單位：元

年份	職工年均工資	月收入	城鎮人均可支配收入	農村人均純收入
1952	445	37.5	—	—
1978	615	51.3	316	133.6
1990	2,140	178.33	1,510	686
2000	9,371	780.92	6,280	2,253
2010	37,147	3,095.6	19,109	5,919
2011	42,452	3,537.67	21,810	9,677

（一）改革開放以來個人工資水平的變化

1. 改革開放以來個人工資水平得到普遍提高

從表9-1可以看出，改革前，1952—1978年，26年間名義工資絕對額只增長了170元，年均增長1.2%。改革后，1978—2005年，27年間名義工資絕對額增長了17,749元，年均增長13.4%。再考慮到改革后中國居民個人收入分配渠道多元化的現狀，可以得出個人收入水平得到普遍提高的結論，參見資料連結9-3：

資料連結9-3

城市居民家庭人均可支配收入與農村居民人均純收入

城鎮居民家庭可支配收入指家庭成員得到可用於最終消費支出和其他非義務性支出以及儲蓄的總和，即居民家庭可以用來自由支配的收入。它是家庭總收入扣除繳納的所得稅、個人繳納的社會保障支出以及記帳補貼後的收入。

城鎮居民家庭人均可支配收入即用家庭可支配收入除以家庭人口所得收入。城鎮人均可支配收入即按城鎮人口平均的可支配收入。

農村居民純收入指農村住戶當年從各個來源得到的總收入相應地扣除所發生的費用後的收入總和，包括從事生產和非生產性的經營收入、取自在外人口寄回或帶回的收入和國家財政救濟、各種補貼等非經營性收入；既包括貨幣收入，又包括自產自用的實物收入，但不包括向銀行、信用社和親友等借入的屬於借貸性的收入。

計算方法：農村居民純收入＝總收入－稅費支出－家庭經營費用支出－生產性固定資產折舊－調查補貼－贈送農村外部親友支出

農民人均純收入指按人口平均的純收入水平，反應的是一個地區或一個農戶農村居民的平均收入水平。

從指標的含義上看，城鎮居民可支配收入是指城鎮居民的實際收入中能用於安排日常生活的收入。它是用以衡量城市居民收入水平和生活水平的最重要和最常用的指標。而農民純收入，則是指農民的總收入扣除相應的各項費用性支出後歸農民所有的收入。這個指標是用來觀察農民實際收入水平和農民擴大再生產及改善生活的能力。

從形態構成上看，城鎮居民可支配收入只有一種形態，即價值形態。它只反應城鎮居民的現金收入情況。而農民純收入的實際形態有兩種：一種是價值形態；另一種是實物形態，主要是指農民自留的糧食、食油、蔬菜、肉、禽蛋等。它不但反應了農民的現金收入情況，而且反應了農民的實物收入情況。

從可支配的內容看，城鎮居民可支配收入是全部用於安排日常生活的收入。而農民純收入除了用作生活消費，其中有相當一部分要留作追加的生產費基金，用於農民的生產和擴大再生產。另外，從兩者所反應的實際收入的角度看，農民純收入基本上反應了農民收入的真實水平。而城鎮居民可支配收入中沒有包括城市居民在醫療、住房等方面間接得到的福利性收入部分。因此，在運用上述兩項指標進行城鄉居民收入對比時，要充分考慮兩者的區別，全面正確地加以分析。

2. 中國居民收入分配形式的構成現狀

綜合上述中國目前的收入分配形式，中國居民收入分配形式的構成可簡略歸結為：

（1）中國城鎮居民個人收入＝工資＋利潤＋利息＋租金＋經營管理收入＋其他收入

以2004年為例看城鎮居民平均每人全年家庭收入來源的構成。

全國城鎮居民人均可支配收入：9,421.61元，總收入10,128.51元。收入來源構成：

工薪收入7,152.76元，占總收入的70.62%；

經營淨收入493.87元，占總收入的4.88%；

財產性收入161.15元，占總收入的1.59%；

轉移性收入2,320.73元，占總收入的22.91%。

（2）中國農村居民個人收入＝出售農副產品收入＋外出打工工資收入＋鄉鎮企業工資收入＋利息＋租金＋利潤＋其他收入

以2004年為例看農村居民平均每人全年家庭收入來源的構成。

全國農村居民家庭平均每人純收入2,936.40元。

按收入來源分：

工資性收入998.46元，占人均純收入的34.0%；

家庭經營純收入1,745.79元，占人均純收入的59.45%；

轉移性和財產性收入192.15元，占人均純收入的6.54%。

3. 按登記註冊類型的職工平均貨幣工資

目前在中國，不同類型的企業，職工平均工資各不相同。一般來說，國有單位和外商投資單位的工資比較高。根據勞動和社會保障部、國家統計局共同發布的《2005年度勞動和社會保障事業發展統計公報》提供的資料，全年城鎮單位在崗職工平均工資18,364元，比上年增長14.6%，扣除物價因素實際增長12.8%。國有單位在崗職工年平均工資為19,313元，城鎮集體單位為11,283元，其他單位為18,244元。

（二）改革開放以來個人收入差距拉大

中國雖然實現了令人矚目的經濟和居民個人收入高增長，但也出現了收入差距日益擴大的發展趨勢，遠遠超過了歷屆中國政府的改革政策設想，也超過了世界銀行早期對中國的預期。目前中國的個人收入差距主要體現在城鄉之間（包括城鎮之間和農村之間）、區域之間、行業之間、階層之間。

中國居民收入差距擴大是在由計劃經濟向市場經濟轉軌這一特殊歷史背景下出現的。收入分配差距明顯拉大的一個重要表現就是反應居民收入差距狀況的基尼系數急遽增長。

基尼系數是國際上用來綜合考察居民內部收入分配差異狀況的一個重要分析指標，由義大利經濟學家基尼於1922年提出。基尼系數最大為「1」，最小等於「0」。前者表示居民之間的收入分配絕對不平均，即100%的收入被一單位的人全部佔有了；而後者則表示居民之間的收入分配絕對平均，即人與人之間收入完全平等，沒有任何差異。但這兩種情況只是在理論上的絕對化形式，在實際生活中一般不會出現。因此，基尼系數的實際數值只能介於0和1之間。聯合國有關組織規定：一個社會的基尼指數，若低於0.2表示收入絕對平均；0.2~0.3表示比較平均；0.3~0.4表示相對合理；0.4~0.5表示收入差距較大；0.6以上表示收入差距懸殊。按照2002年的數據計算，中國

居民收入基尼系數約為 0.45，而世界銀行公布的中國 2005 年的基尼系數是 0.47，均超過了國際上 0.4 的警戒線。

1. 城鄉居民之間（包括城鎮之間和農村之間）收入差距擴大

中國是一個城鄉分治、地區發展不平衡的國家，因而明顯存在城鄉居民之間的收入差距。在改革初期，計劃經濟體制遺留下較大的城鄉收入差距，但農村改革給農民帶來的增收使 20 世紀 80 年代前期城鄉人均收入差距縮小。

從 80 年代中期開始，城市改革加快，城鄉之間個人收入差距出現了持續 10 年不斷擴大的過程。到 1994 年達到最高水平，差距為 2.86 倍。從 1995 年起，由於政府提高了農產品收購價格，城鄉收入差距出現了幾年下降。然而，從 1997 年以後，城鄉收入差距又開始回升。「十五」期間（2001—2005 年），城鎮居民人均可支配收入與農村居民收入之比基本穩定在 3.2：1。全國收入差距的 60% 以上都出自於此。由中國社會科學院經濟研究所經過數年跟蹤所做出的全國性調查報告指出：「中國城鄉收入差距在不斷拉大，如果把醫療、教育、失業保障等非貨幣因素考慮進去，中國的城鄉收入差距世界最高。」城鄉收入比率可能達到了 6：1，比津巴布韋還要高。

中國社會科學院發布的《2005 年社會藍皮書》顯示，2005 年城市居民中最富有的 10% 家庭與最貧窮的 10% 家庭人均可支配收入差距將超過 8 倍，有六成城鎮居民的人均可支配收入達不到平均水平。在農村內部，農民間的收入差距也在逐漸擴大之中。截至 2003 年，按農戶人均收入水平進行五等份分組，高低收入組收入比為 7.3：1。

2. 區域之間居民收入差距擴大

東、中、西部已有的收入差距，由於傾斜式發展戰略實施而被進一步擴大。無論農村還是城鎮，各區域之間存在明顯的收入差異。中國有 31 個省、市、自治區（未包括港、澳、臺地區），各地經濟發展極不平衡，職工的貨幣工資差距很大。

按本書前面相關章節的劃分，東部沿海地區包括廣東、浙江、江蘇、上海、山東、天津、福建、北京、遼寧、河北、廣西、海南 12 個省、直轄市、自治區。除廣西被劃入西部大開發範圍外，其餘 11 個省、直轄市，2005 年職工平均貨幣工資為 22,257.6 元。

中部地區包括黑龍江、吉林、內蒙古、山西、河南、湖南、湖北、安徽、江西 9 個省、自治區。除內蒙古被劃入西部大開發範圍外，其餘 8 個省，2005 年職工平均貨幣工資為 14,736.7 元。

西部地區包括四川、重慶、貴州、雲南、西藏、陝西、甘肅、青海、寧夏、新疆 10 個省、直轄市、自治區，加上被劃入西部大開發範圍的廣西、內蒙古兩個自治區，共 12 個省、直轄市、自治區，2005 年職工平均貨幣工資為 17,077 元。

按此計算，東部、中部、西部之間的工資收入差距為：1.51：1：1.16。僅從職工平均貨幣工資來看，東部最高，西部其次，中部最低。

3. 行業之間居民收入差距擴大

不同的行業，收入差距各不相同。近年來，由於存在壟斷等各種原因，行業間的收入差距進一步擴大。

國家統計局的數據顯示，按照行業分組，2000 年工資最高的是交通運輸、倉儲及

郵電通信業當中的航空運輸業，為 21,342 元；最低的是採掘業當中木材及竹材採運業，為 4,535 元，兩者相差 4.71 倍。2005 年工資最高的是金融業當中的證券業，為 56,418 元；最低的是農、林、牧、漁業當中的林業，為 7,250 元，兩者相差 7.78 倍。目前，電力、電信、金融、保險、水電氣供應、菸草等行業職工的平均工資是其他行業職工平均工資的 2~3 倍，如果再加上工資外收入和職工福利待遇上的差異，實際收入差距可能更大。實際情況是，一些行業企業通常還會給員工發放年終獎、各種津貼、補貼等；另外，員工還包括免費坐車、免費中餐、子女免費上幼兒園、報銷通信費、享受防暑降溫費等福利待遇，如果再加上給予職工看病優惠、額外加班追加的工資和補充保險以及企業年金等，不同行業（主要為小行業）之間收入差距肯定已經遠遠超出 8 倍，收入最高和收入最低行業之間的收入差距，甚至可能已經達到 10 倍以上。

4. 階層之間收入差距擴大

據世界銀行的數據顯示，截至 2004 年，在城鎮內部，收入最高的 10%的家庭財產總額占城鎮居民全部財產總額的比重將接近 50%。

這種巨富階層的出現，是市場經濟的正常現象，只要他們的收入來源合法，就應該是允許的。但與此同時，中國還存在著一個為數不小的貧困階層人口。

貧困人口是指消費低於最低生活水準的人口。世界銀行把貧困定義為「不能達到最低的生活水準」。貧困人口問題是中國目前比較突出的一個問題。

中國的貧困人口城鄉都有分佈。中國農村貧困人口隨著 30 多年的改革急遽減少后，現已進入到一個繼續減少相對困難的時期，因為目前尚未脫貧的人口大都分佈在老、少、邊、窮以及西部地區，居住分散，生存的自然條件惡劣，脫貧難度較大。按國家統計局數據，2005 年年末中國農村貧困人口有 2,365 萬人。

城鎮則在改革后出現了以弱勢群體為主體的貧困人口群。弱勢群體，指那些由於某些障礙及缺乏經濟、政治和社會機會而在社會上處於不利地位的人群。根據世界銀行的定義，城市裡領取最低生活保障的人口可視為貧困人口。按國家統計局數據，2005 年年末城鎮有 2,233 萬人領取最低生活保障。

根據國家統計局數據，2005 年年末城市和農村貧困人口合計為 4,598 萬人，約占全國當年人口的 3.51%。雖然從相對量看並不大，但絕對量卻不小，幾乎相當於韓國全國人口。改善這些貧困人口的存在狀況，是中國政府面臨的迫切問題。

(三) 收入分配差距的理論分析

1. 庫茲涅茨倒「U」假說

美國經濟學家、諾貝爾經濟學獎獲得者西蒙‧庫茲涅茨在 1955 年提出了一個增長過程中收入分配變化規律的假說：在經濟增長的早期階段（貧窮階段），收入分配不平等程度趨於上升；到經濟增長的后期階段（富裕階段），收入分配不平等程度趨於下降。這就是著名的「庫茲涅茨假說」（Kuznets Hypothesis）或「庫茲涅茨倒『U』形曲線」。見圖 9-1：

在圖 9-1 中，橫軸表示經濟發展帶來的人均 GDP 增長，縱軸表示收入差距。圖中倒「U」形曲線表示，當人均 GDP 增加時，收入差距（基尼系數）首先擴大。當人均

图 9-1

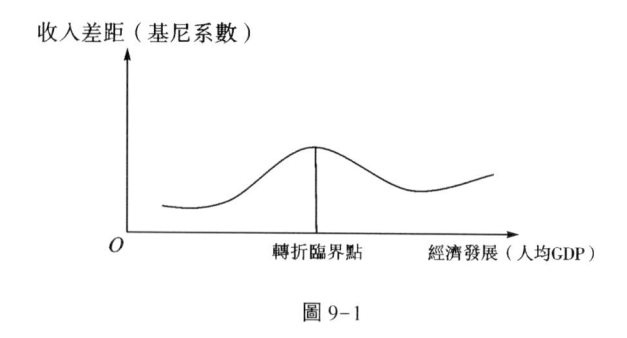

GDP 水平上升到轉折臨界點時，收入差距達到最大，人均 GDP 水平繼續增加，收入差距開始逐漸變小。

支持庫茲涅茨假說的理由主要有以下幾點：

(1) 經濟發展使貧窮國家從二元經濟向現代經濟過渡，收入差距由大轉小

首先，經濟增長在現代工業部門發生，在這個部門中，就業量小而生產率高，因而工資水平高；與之相比，在傳統農業部門中，就業量大而生產率和收入水平低。在傳統農業轉變到現代農業以前，兩個部門的收入差距會不斷擴大。其次，在現代工業部門內部也存在著發展不平衡，一些發展較快的行業工資水平上升較快，而發展較慢的行業工資水平上升較慢，結果在工業內部收入差別將會擴大。最后，由於存在著地區發展不平衡，地區間的收入差別也將會越來越大（中國目前正是這樣）。到了經濟增長后期，二元經濟逐漸消失，農業部門也像工業部門一樣現代化了，其工資水平逐漸接近工業部門的工資水平，落后地區也開始發展起來，逐漸趕上發達地區，於是收入差距逐漸縮小。

(2) 經濟發展使資源稟賦的差距經歷了由大到小的變化，收入差距由大轉小

在發展初期，國家以經濟增長為主要目標，鼓勵自由競爭和資本累積。由於少數人擁有財產收入、本人才能、受過良好教育等豐富的資源稟賦，從而在競爭中處於有利地位，變得越來越富有，而大部分人相對來說變窮了，結果是收入分配不均現象趨於惡化。到經濟發展后期，教育逐漸普及，教育程度逐漸提高，勞動者的素質和生產技能之間的差異縮小，生產率和工資水平大大提高，且勞動者之間的工資差別也相應縮小。同時，政府為了維持社會穩定和緩解收入水平差距帶來的衝突，會採取對高收入者徵稅（累進所得稅、遺產稅、贈與稅等）、對低收入者實行轉移支付（失業救濟、提供養老金、提供教育和醫療補貼）等措施，縮小社會各階層的收入差距。

(3) 低收入階層政治地位的改善

一國在經濟發展初期，國家政權往往掌握在富裕階級手中，制定的政策往往有利於富人階級而不利於窮人階級，造成收入分配不平等狀況不斷惡化。經濟發展到較高階段后，一般民眾的教育水平提高了，參政議政的意識增強了，並能組織起來形成抗衡集團，如成立工會和農民協會等，以爭取自己的政治和經濟權益，迫使政府當局採取一些有利於低收入階層的政策，結果導致收入差距的縮小。

庫茲涅茨作為這一研究領域的開拓者，不僅提出了假說，而且還運用統計資料對

這一假說進行了論證。他從美、英、德等少數發達國家的歷史統計資料中得出,發達國家的收入分配不平等經歷了一個先惡化而后改善的過程。倒「U」形曲線在英國大約經歷了 100 年,在美國和德國經歷了 60~70 年。他還對發展中國家與發達國家戰后收入分配狀況做了橫向比較,得出了發展中國家收入分配比發達國家更不均等的結論。

但從中國收入分配的變化來看,應該說庫茲涅茨假說是可以得到印證的。

2. 中國居民收入差距形成的原因

(1) 市場經濟的分配性失靈所致

在市場體制中,社會財富分配的兩極分化在所難免。因為個人的初始稟賦和自然條件從人一出生的時候開始就相差甚遠,個人一旦進入市場之后,這種差別更會越來越放大。而個人的市場能力差別越懸殊,個人收入差別就越懸殊。這是市場常識。中國改革開放 30 多年來,在 20 世紀 80 年代最早富裕起來的是那些個體戶、私營企業主、一些小企業的承包者以及炒股票獲利者,他們原先大多是普通的工人、農民、企事業單位的基層管理人員或某些遭受社會歧視的人。市場經濟為他們提供了致富的機會。

計劃經濟下國家可以直接確定企業職工的收入水平標準,但在市場經濟條件下政府除了制定最低工資,是不能直接干預企業職工收入水平標準的。在市場經濟條件下,勞動者的收入將取決於勞動力市場的供求狀況和勞動力要素的市場貢獻,而中國至少在 2030 年之前,總體勞動力供大於求的局面不會改變。在相當長一段時期內,資本、土地、勞動、企業家才能這四大要素的供求關係仍不平衡,這必然導致普通勞動者從市場上分配到的工資收入下降,而資本、土地、企業家分配到的要素收入上升。

(2) 經濟轉軌過程中政策與制度的不完善所致

在 20 世紀 80 年代末 90 年代初,國有企業的主管、從政府機構下海的官員、某些擁有實權的政府部門負責人、私營企業主以及一些專業技術人員和跨國公司的管理者等,收入得到大幅提高。這些階層大量財富的攫取與獲得,除了少數人是通過自己人力資源途徑外,多數人是以權力的方式、從制度安排的不合理中獲得的。如中國房地產業湧現出了大量富豪,房地產業成為國內暴利行業,是與獲得土地的制度安排密切相關的。

(3) 壟斷是行業收入懸殊的主因

在從計劃經濟體制向市場經濟體制轉軌時期,由於改革不到位,有一些生產要素還未市場化,仍在政府控制之中,處於壟斷經營,如石油、電力、通信、鐵路、金融等行業。這些行業所控制的都是優勢資源,它們是從行政管理轉變而來的壟斷企業,帶有許多行政特色,賦予它們的壟斷利潤來源,不是靠自主產權的先進技術和高水平的管理效率,而是靠行政性的經營。

這些行業收入懸殊的直接原因主要來自兩個層面:一是某些行業收益來得太容易,使員工收入偏高,如採取高定價、高收費等手段來獲取暴利;二是某些行業無償或者低價地獲得社會公共資源,行業效益好,員工收入自然就水漲船高。行業收入懸殊的深層次原因就是壟斷。行業壟斷分為自然壟斷、市場壟斷和行政壟斷三種情形,但不管是屬於哪種壟斷,共同的特點都是:這些行業在市場經濟活動中,都是依靠或者借助行政權力來佔有社會資源,排除其他競爭者。當前中國電力、郵電通信、鐵路以及

交通運輸等行業就是屬於典型的行政壟斷行業；而石油、石化等行業則屬於自然壟斷行業。電信、電力以致整個水、電、氣業，基本上都是壟斷行業。

（4）與分配和再分配密切相關

從分配方面看，中國職工工資收入在國民總收入中的比重過低。根據《中國統計摘要（2006）》有關數據測算，2005年，中國GDP實現18萬億元，全國城市居民可支配收入為4億元，但職工工資總額只有1.9萬億元，只占GDP的11%，占城市居民可支配收入的10%，另有2.9萬億元（約占城市居民可支配收入的60%）通過非工資渠道分配出去。另外工資總額占國內生產總值的比重在逐年下降，工資總額占GDP的比重，1980年為7%，1991年為15.3%，1996年為13%，2000年下降到12%，2005年下降到11%（國家統計的職工數指城鎮單位從業人員，約1.1億，不包括鄉鎮企業、私營企業從業人員、個體勞動者等）。顯然與改革初期相比，企業普通職工的工資占GDP的比重大幅度下降了。

從再分配方面看，2000年國家財政收入是1.3萬億元，2004年上升到26萬億元（不包括行政性收費和出口退稅）。僅4年時間，財政收入就翻了一番，而工資占GDP的比重1989年是16%，2004年則下降到12.6%。以2004年為例，居民工資總額大約為1.69萬元，而當年財政收入達到2.64萬億元。也就是說，2004年國家財政收入比全國居民工資多1萬億元，但國家本應承擔的公民教育、醫療、養老等社會保障卻十分有限，這也是居民收入差距拉大的原因之一。

在市場經濟中，社會財富相差懸殊並不重要，重要的是個人財富的獲得方式和途徑——通過市場化的方式還是通過政府權力等非市場化的方式；如果是前者，其屬於市場法則和政府自我調整的方式，如果是后者就必然造成整個社會階層的對立，甚至導致整個社會的不穩定。要改變后一種局面，就得要求政府為市場確立有效的規則，對現行制度安排全面改革，保證個人經濟生活的權利不受侵害，擴張民眾經濟生活的空間，讓民眾在公平的基礎上創造與累積自己的財富。

3. 解決收入差距懸殊問題是中國目前面臨的迫切問題

改革開放以來，中國實行不平衡發展戰略，提倡「一部分人先富起來」。雖然從政府的層面說一直主張防止出現貧富兩極分化的現象，但事實上這一趨勢並沒有得到遏制，反而日益擴大。根據世界銀行2003年9月發布的《中國：推動公平的經濟增長》的看法，一方面，大規模地減少貧困人口是改革以來中國所取得的最大成就之一；另一方面，貧富兩極分化已演化成越來越嚴重的社會經濟問題。該報告認為中國已經從20世紀80年代初期世界上收入比較平等的國家，成為目前世界上收入不平等程度比較嚴重的國家，儘管還不是世界上收入不平等最嚴重的國家，但是貧富兩極分化的趨勢已經十分明顯。

相對於改革開放前的平均主義分配制度來說，合理的、適當的收入差距有利於調動廣大勞動者的積極性，對於促進社會經濟的發展具有積極的意義。但是差距過大帶來的負面影響也是顯而易見的。其一，差距過大說明廣大農民、工人以及一部分其他勞動者不能合理地分享改革與發展帶來的成果，他們是物質價值和精神價值的主要創造者，卻不能享受自己創造的勞動成果。這必然會傷害他們作為社會主義社會建設者

的積極性。其二，中國經濟的發展應該主要靠內需來拉動。低收入人口過多，收入分配差距過大，必然造成消費需求不足，出現「想要的沒錢買，有錢買的不想要」的矛盾現象。只有著力解決收入分配差距過大問題，才能促進經濟的發展。

《中共中央關於制定國民經濟和社會發展第十一個五年規劃的建議》指出：「著力提高低收入者收入水平，逐步擴大中等收入者比重，有效調節過高收入，規範個人收入分配秩序，努力緩解地區之間和部分社會成員收入分配差距擴大的趨勢。」即「提低，擴中，調高」是黨和政府針對地區間和部分社會群體間收入差距過大而明確提出的改革思路，也是中國個人收入分配制度的改革方向。

第二節　中國居民個人消費

一、個人可支配收入與個人消費

個人可支配收入是個人收入中減去納稅后的余額。

個人可支配收入可以分解為個人消費支出，現金持有和個人儲蓄或投資。其中，個人消費支出在個人可支配收入中的比重稱為消費傾向。個人可支配收入水平的變化，有可能引起消費支出的變化和消費傾向的變化。個人新增消費支出在個人新增可支配收入中的比重稱為邊際消費傾向。

個人可支配收入中分解為個人現金持有和儲蓄或投資的部分，有可能轉化為即期消費，也可能轉化為未來或遠期消費。居民持有現金往往是為保持貨幣的流動性，隨時滿足個人生活中的常規性需要和預防性需要。現金的持有量就個人而言，主要與個人實際支出增減額和個人儲蓄存款增減額相關，但存在不規則性，即現金額的確定容易受個人主觀因素的影響，可能出現隨意性。

個人可支配收入中的收入與儲蓄之間的關係可以通過儲蓄傾向反應。所謂儲蓄傾向是指儲蓄在收入中的比例。居民儲蓄的變化直接取決於居民可支配收入和居民消費的變化。消費不變，儲蓄與收入成正比；收入不變，儲蓄與消費成反比。消費與收入同時變化，因變化的方向和程度不同，對儲蓄的影響不一樣。儲蓄增加可以反應出居民生活水平的上升，但儲蓄增長過快，有可能減少消費。

個人消費存在一定的穩定性，人們經常會保持一定的消費內容或結構。一是由消費者本人的消費習慣決定；二是由消費者所受到的周圍環境的影響。就前者而言，消費者的習慣是在本人長期的收入和消費支出的影響下逐步形成的。而一旦形成以後，將具有某種相對穩定的性質，在收入不發生持續和較大幅度變動的情況下，不會發生較大變化。由於個人可支配收入被分解為個人消費支出、個人儲蓄存款（包括個人投資）和個人現金持有額，所以，消費者在個人可支配收入水平暫時變動或略有變動時，通過變動儲蓄（投資）和現金持有額來維持或基本維持原有的消費水平。就後者而言，消費者對周圍環境的反應包括消費中的示範效應。人們會在他人消費的帶動下，確定自己的消費選擇，追求新的消費目標，至少要維持已經達到的消費水準。

中國改革至今，全社會的城鄉居民儲蓄有了大幅度的提高，2005年末達到147,054億元，其中人民幣存款達到141,051億元，比2001年的73,762億元增長了91%。

二、中國居民個人消費由計劃向市場轉變

(一) 消費品的計劃供給制

在改革之前，中國居民個人消費體現了計劃經濟特徵。新中國成立初期，在軍隊內部和機關人員基本堅持了革命戰爭時期供給制的一套辦法，主要特徵是保證每個人必要的衣食等生活需要，供給標準較低，大體平均，略有差異。1952年開始，曾經試圖通過工資制改革，實現較大程度上的消費自理，但1958—1959年供給或半供給的消費模式不但沒有縮小，反而重新擴大，不僅在幹部中，而且擴大到工人和職工家屬，甚至在廣大的農村人民公社中，也實行了供給或半供給制。居民個人的衣食消費作為計劃的一部分，定量、定點和定時配給，城鎮居民的住房消費基本依賴於個人所在單位，城鎮居民的醫療、教育、交通等個人消費主要依賴於國家。各種票證如糧票、布票、肉票、蛋票、工業券、購貨本等作為個人消費的主要憑證或依據，定量發放。否定市場對消費的作用，消費品的定價不是真正意義上的市場價格，即不完全依賴產品或服務本身的價值，而是由國家統一規定的計劃價格決定。與居民生活密切相關的消費品生產企業和服務行業實行單一公有制，造成吃「大鍋飯」，使效率低下。總之，計劃經濟的短缺使居民可供選擇的消費受到極大限制。

在計劃供給制下，一方面，個人的消費選擇權受到限制，只能作為被動的接受者接受有限的消費；另一方面，相當一部分消費品實際脫離了貨幣形式，變成非貨幣的實物分配形式，個人可支配收入對消費的約束降低，出現全社會消費水平與消費結構的趨同現象。

居民個人消費採取供給制的做法在其他許多國家中也會發生，但一般都在特定時期或特定條件下。例如在消費品嚴重短缺時期，包括戰爭、自然災害等各種特殊時期，通過社會範圍的統一分配，可以將有限的生活資料平均地分配給全體居民消費，以渡過特殊困難期。但像中國這樣在長期內採取計劃配給的方式分配消費品，只有在計劃經濟體制下才會發生。這種對個人消費品的計劃供給制影響了居民的消費選擇，使消費對生產的約束和刺激作用降低，居民個人消費只能長期在低水平上徘徊。

(二) 改革后消費品供給制度的變化

改革前之所以實行限制消費的政策，是因為中國那時處於工業化的特定時期，可供消費和擴大再生產的國民收入就那麼多，消費與累積的關係是同分一塊餅的關係。所以為了實現工業化優先發展的目標，政府不得不要求全國人民勒緊褲帶、減少消費，以盡可能多地將資金投入到生產過程中去。

從總體看，無論中外，都經歷了「抑制消費以擴大生產」和「刺激消費以擴大生產」這兩個階段。本來追求更高的消費是人與生俱來的本能，但工業化的出現與發展導致了人與資本之間關係的顛倒。在世界工業化初、中期，在西方經濟學中占主導地位的理論認識是：擴張消費會阻礙社會經濟發展。所以今天的發達國家在那個階段也

曾經歷過抑制消費以擴大生產的過程。中國古代為抵禦強大的自然力量，農業文明下的自然經濟十分推崇「勤儉」。「勤」的經濟性含義是盡量多地追加投入，「儉」的經濟性含義就是盡可能地抑制消費。中國進入工業化階段后，累積的必要性更強化了社會對消費的排斥。

改革帶來的社會財富急遽增加，使人民的收入水平得到快速提高，消費品供給日益豐富。在城市，隨著經濟體制的改革，松動了配給制的根基，使體現職工自理的工資比重增加，體現供給制的國家和企業補貼及分配的比重減少。特別是住房制度和社會保障制度的改革，使供給型消費逐步被自理型消費所替代。到20世紀90年代中期以後，中國消費品市場出現了由供不應求轉向供過於求的市場階段，中國開始從「抑制消費以擴大生產」轉向「刺激消費以擴大生產」的歷史階段。時至今日，中國居民已經成為市場經濟下的消費者，除極少數消費品（如部分城市居民供暖等）以外，個人消費品基本實現了貨幣化。

三、中國居民消費水平現狀與變化

（一）中國居民消費水平普遍提高

消費水平指國民收入使用額中的人均居民消費總額（指常住戶在一定時期內對於貨物和服務的全部最終消費人均支出）。消費水平反應消費者消費狀況的高低。改革后中國居民消費水平明顯提高。這可以分別從農村居民消費水平和城鎮居民消費水平的變化反應出來，如圖9-2所示：

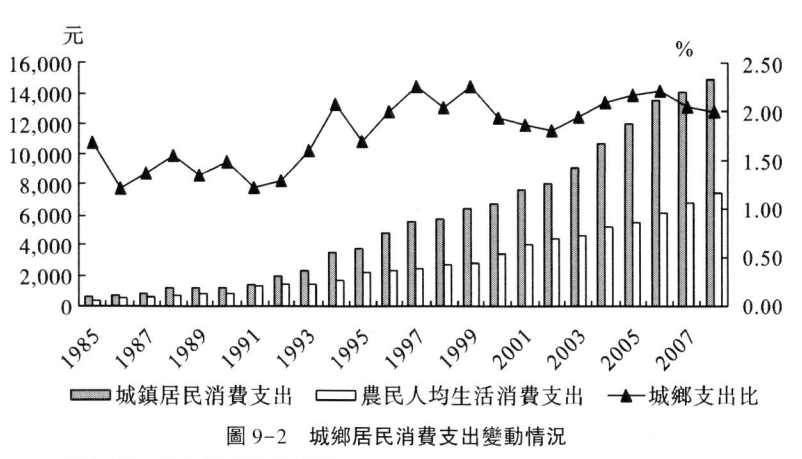

圖9-2　城鄉居民消費支出變動情況

資料來源：根據《中國統計年鑒》。

（二）個人消費水平存在明顯差距

在居民消費水平普遍提高的同時，個人之間的消費水平提高幅度差異非常大。城鄉之間、地區之間、單位之間，不同的個人同一時期的消費水平明顯不同。

中國居民消費水平提高的主要原因是居民可支配收入的提高。但需注意的一點是，在體制改革的過程中，由於制度不健全，一些個人消費是通過公款消費支出實現的。

因此，一些個人的實際消費遠大於個人可支配收入所支撐的消費數額。當測定收入對個人消費的制約程度時，不能簡單地以個人直接所得收入為依據，還需考慮個人的間接收入和「隱形收入」。

(三) 中國居民消費結構變化

消費結構指各類消費支出在總支出中的比重。不同的收入水平下，消費結構各不相同。一般說來，收入水平越高，用於必需品的支出在總支出中所占比重越小，用於奢侈品的支出在總支出中所占比重越大。衡量消費結構變化的重要指標為恩格爾系數。

1. 恩格爾系數持續下降

恩格爾系數（Engel Coefficient），指食品消費支出占消費總支出的比重。計算公式為：

恩格爾系數＝食品支出金額÷消費性總支出金額×100%

圖9-3表明，中國居民自改革以來，反應消費結構的恩格爾系數在不斷降低，同時，由於城市居民的收入水平高於農村居民收入水平，因此，城市居民用於食品消費的比例明顯低於農村居民。當然，恩格爾系數並非隨收入的提高而急速直線下降，而是緩慢曲折的運動過程。例如食品加工深度擴大使食品價格提高、食品本身價格上升、食品以外的其他生活消費品價格偏低等，都會使恩格爾系數提高。此外，人們在吃飽的基礎上希望吃好的慾望同樣會引起食品支出比重的加大。因此，恩格爾系數的變化儘管可以反應消費水平的提高，如從溫飽型到小康型的變化，但不能絕對地反應生活水平的波動，客觀界定消費變化是十分必要的。

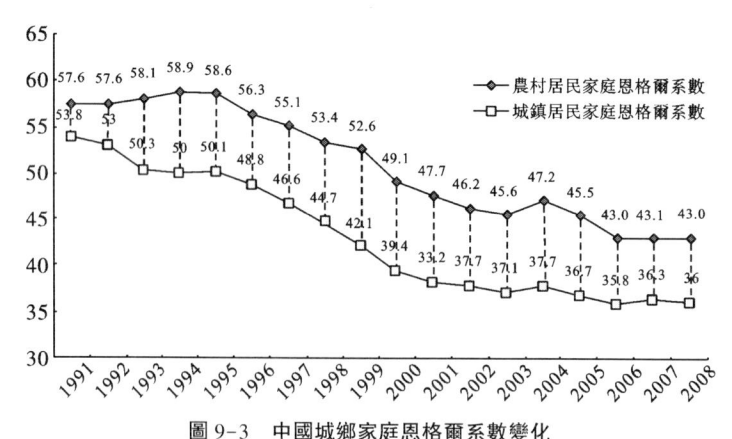

圖9-3 中國城鄉家庭恩格爾系數變化

資料來源：國家統計局，2008年數據為預計數據。

總體看，恩格爾系數的下降表明消費結構的提升。

2. 消費結構由生存型向享受型和發展型轉變

消費結構一般分為三個層次：

（1）生存型消費結構：指收入主要用於生活的必需品消費。

（2）享受型消費結構：指收入主要用於耐用消費品、奢侈品的消費。

（3）發展型消費結構：指收入主要用於教育、文化等為自己未來發展的投資消費。

恩格爾系數下降后，意味著總支出中用於生活必需品的支出比重下降（是相對值減少，不是絕對值減少），而體現享受與發展需求的耐用消費品消費、住房消費、交通通信、各項服務、旅遊、文化教育娛樂以及醫療保健等支出比重上升。20世紀90年代中期以后，中國進入消費結構升級換代時期。由「吃、穿、用」的消費結構逐漸轉向「吃、穿、用、住、行、教育、文化、休閒娛樂」等多元消費結構，多層次消費明顯，如表9-2所示：

表9-2　　　　　　　　　城鄉居民基本消費結構變動　　　　　　　　單位:%

年份	食品	衣著	家庭設備用品	醫療保健	交通通信	娛樂教育文化服務	居住	雜項
1986	64.87	14.35	7.52	1.44	0.73	6.11	4.97	
1988	58	13.84	10.95	1.77	0.82	8.2	5.12	1.26
1989	57.78	12.05	9.28	1.87	0.83	8.89	5.38	3.9
1990	58.44	12.74	7.8	2.2	0.94	8.48	5.39	3.98
1991	57.29	13.29	7.99	2.33	1.09	8.48	5.66	3.84
1992	58.29	13.7	6.13	2.57	1.77	8.2	5.8	3.53
1993	56.27	13.56	6.35	2.71	2.44	8.57	6.75	3.34
1994	57.75	12.57	6.01	3.17	3.15	7.94	6.39	2.99
1995	57.12	12.22	5.09	3.10	3.6	8.34	7.42	3.09
1996	54.82	12.19	5.36	3.62	4.18	8.52	8.01	3.31
1997	59.68	10.97	1.86	4.00	3.65	8.55	8.94	2.35
1998	57.61	9.74	1.73	4.63	4.21	9.86	9.79	2.4
1999	54.36	9.32	2.40	5.05	4.41	11.69	8.67	2.29
2000	51.86	8.72	2.81	5.88	5.39	11.33	11.43	2.55

數據來源：龍志和. 中國居民消費—儲蓄模式研究與實證分析［M］. 廣州：華南理工大學出版社，2003.

3. 消費檔次拉開，消費方式出現根本性改變

中國擁有13億人口，收入差距拉開的現實決定了消費必然是多層次的。收入的多層次性決定了消費的多層次性。中國居民消費已呈現出居民消費層次分化日益明顯的特點。按聯合國制定的生活發展標準，中國高收入戶已跨越小康，達到富裕水平，最高收入戶已與國際富豪消費水平接軌；而最低收入戶卻在溫飽以外的最低生活線下徘徊。所以現在中國高、中、低檔產品都有各自的消費市場。頂級富豪消費的名車、豪宅和普通大眾的消費品，都有與之對應的消費群體。中國市場消費的多層次性日益明顯。

中國居民的消費方式和消費觀念也都發生巨大變化。「量入為出」的傳統消費觀念被打破，貸款消費越來越多。2005年全部金融機構人民幣消費貸款餘額達到2.2萬億

元，與全部農村金融合作機構人民幣貸款余額相當。貸款買房、買車和上學已成時尚。隨著假日閒暇時間的增加，人們旅遊消費快速增長。網上購物和家庭影院也逐漸走入居民家庭。參見資料連結9-4：

資料連結9-4

2005年10大超級豪宅排名

2005年9月8日，《世界經理人週刊》與世界地產研究院發布「2005年度中國10大超級豪宅」排行榜。10大超級豪宅中，單套為最高價1.5億元的上海檀宮，平均價格為5,518.3萬元，相比2004年10大超級豪宅4,602.5萬元的均價又有大幅度提升，是真正意義上的世界級「奢豪居所」。入選「2005年中國10大超級豪宅」排行榜的項目均為別墅，這種傳統的獨立型豪宅以其低容積率、較高私密性，以及舒適、安全的特點而成為富豪的「府邸」。

據悉，入選2005年的「中國10大超級豪宅」的獲獎品牌將參加在紐約、硅谷、倫敦、巴黎、東京、中國香港、臺灣臺北市等城市和地區舉行的「世界豪宅巡迴展」。

此次評選的主辦方為世界經理人集團及旗下的《世界經理人週刊》和世界地產研究院。由諾貝爾經濟學獎得主蒙代爾擔任主席。世界經理人集團首席執行官丁海森表示：「根據我們的調查，全球奢侈品的消費市場正從英、法、美、日等發達國家向東方的中國轉移，因為中國已經有一個相當規模的富有階層：中國的千萬富翁有30萬人，而億萬富豪超過1萬人。另外中國還擁有一個由1,000萬高級經理人組成的高收入階層，他們需要有不同層次的商品和服務。」

10大超級豪宅排名：

1. 檀宮（上海）
2. 匯景新城（廣州）
3. 金海灣花園（廣州）
4. 東山墅（北京）
5. 上海紫園（上海）
6. 香蜜湖1號（深圳）
7. 玫瑰園（北京）
8. 高爾夫山莊（珠海）
9. 紫玉山莊（北京）
10. 綠寶園（上海）

（資料來源：根據2005年9月8日《世界經理人週刊》改寫）

4. 農村居民消費結構已由自給型向市場型轉變

伴隨農村自然經濟秩序的打破，數億農民告別了自給自足的生活而進入市場經濟中。由農民自己生產自己消費的「自給性」消費模式已讓位於從市場購買進行消費的模式。「自給性」部分的支出占農民生活費用的比重逐年下降，商品性支出的比重逐年

上升。農民對市場的依賴性加強，市場對農村居民消費的影響越來越大。

然而，農民收入偏低，造成農村居民的消費額在全國居民消費額中的比重偏低。2005 年社會消費品零售總額為 67,177 億元，其中城市為 45,095 億元，占 67.13%；縣及縣以下消費品零售額為 22,082 億元，占 32.87%。而城市人口只占總人口的 43%，農村人口卻占到 57%。這不僅影響農村經濟的發展，而且使得整個國民經濟發展受到拖累，成為許多商品過剩的一個重要原因，制約了整個國民經濟的發展。所以，提高農民收入，增加農村消費，是中國下一步面臨的重要任務。

隨著中國居民生活水平提高經歷的貧困型、溫飽型、小康型和富裕型等幾個階段的轉化，消費結構將會持續發生改變。從小康向中等發達國家消費水平的轉變是中國社會主義現代化建設的重要戰略目標，在這一時期，中國人民消費結構還將進一步提升，包括消費總量擴大、消費結構改善、消費質量提高、消費內容豐富、消費方式也將更為先進。

第十章　中國財稅體制

第一節　公共財政

經濟學把社會經濟活動的主體分為三類：個人（家庭）、企業、政府。前兩類主體屬於私人領域，后一類則屬於公共領域。與之相對應，財務活動也分成兩部分：私人財務和公共財政。財政就是公共財政的簡稱。

一、公共財政的產生

（一）公共財政產生的原理

在市場經濟條件下，我們日常消費的普通私人物品，都是通過市場實現資源配置而生產出來的。凡是可以由民間提供產品和服務的投資領域，市場配置資源的機制是最有效率的。但由於市場本身存在著「公共性失靈」的缺陷，對一些公共物品和公共服務的投資領域，民間生產者不願意進行投資，或者供給缺乏效率，因而這些領域的供給活動依靠市場來配置就是不適合的，必須由政府部門提供公共物品來彌補市場失靈的缺陷，這就產生了公共財政。

公共財政的含義就是，政府通過非市場機制提供公共物品以滿足公共需要的財政行為。財政制度就是確保這種活動發生並且有效率的基本規則體系。

按照著名古典政治經濟學家亞當·斯密的觀點，政府應該承擔三項義務：維護國家安全以保護其不受其他社會的侵犯、建立公正的司法機構以保護社會每個成員不受其他任何成員的壓迫、建設和維持某些公共事業及公共設施。進入現代社會以後，政府要承擔的職責義務越來越多，財政就是憑藉一定的收支活動實現這些政府職責義務的手段。

這就是說，政府部門提供各種公共物品、對社會進行管理、執行各項職能，都是要耗費資源的，因此自從有了政府，就有為它籌措資源的財政活動。財政是政府活動的經濟基礎。

由於在不同的制度下政府的職能各有不同，即政府起作用的範圍和方式不同，所以財政制度會有很大差異。隨著政府在社會生活中的作用日益增強，各國都不同程度地發生了財政在 GDP 中所占比重逐漸上升、財政收支活動對整個經濟活動的影響越來越大的變化。

改革迄今，中國政府的財政職能逐漸從計劃經濟時代的生產投資型財政向公共服

務型財政轉變。中國財政體制改革的方向是建立公共財政。

(二) 中國建立公共財政制度的前提條件

1. 明確界定政府經濟職能

明確界定政府經濟職能是建立公共財政的前提。公共財政是政府的財政，公共財政涉及的領域取決於政府的職能和行為。中國在計劃經濟條件下的財政職能覆蓋過廣，「一要吃飯，二要建設」，所以當時的財政不是嚴格意義上的公共財政。中國在市場經濟條件下要建立的公共財政與原來計劃經濟條件下的國家財政的最大不同在於：公共財政僅限於向社會提供公共物品和公共服務。能否使新型的財政體制符合這一原則，有賴於政府的職能能否嚴格恰當地界定清楚。如果政府活動範圍超越了市場經濟的要求，政府行為就會越位，公共財政也就會越位，這就不成其為公共財政了。因此，市場經濟條件下的政府只有從直接的私人物品投資領域退出來，才能保證公共財政僅限於提供真正的公共物品。

2. 財政運行機制的法制化和公開化

運行機制的法制化和公開化是公共財政的本質要求。公共財政所提供的公共物品應該體現的是公共利益，滿足的是社會需要。所以公共財政制度要求建立在法制的基礎上，公開預算，把財政收支置於廣大人民的直接監督之下，做到有法可依，依法理財。

3. 確立非市場盈利原則

非市場盈利原則是公共財政的立足點。公共財政的投資行為與民間市場主體的投資行為是完全不同的。公共財政僅僅參與一般競爭性領域之外的物品和服務的提供，是不與民爭利的。因此，公共財政中的財政收入，僅以彌補公共物品供給中發生的必要成本為限度。換句話說，政府的職能決定了公共物品的提供界限，公共財政支出決定了公共財政收入的界限。在這個意義上，「以收定支」是公共財政的收支準則。

顯然，上述三個前提條件在中國目前尚不完全具備，還有賴於改革的進一步深化來創造這些條件。中國的國家財政目前仍然具有社會管理和經濟建設的雙重職能。但是，以人為本，經濟社會自然統籌協調發展的治國方略，在大方向上已規定了政府從完全以經濟增長為中心向公共財政、公共服務型政府的必然轉變。

二、公共財政的職能

根據市場經濟的一般規定和社會主義市場經濟的內在要求，中國政府的財政職能包括資源配置職能、收入分配職能、調控經濟職能和監督管理職能四個方面。

(一) 資源配置職能

財政的資源配置職能，就是將一部分社會資源集中起來，形成財政收入；然後通過財政支出分配渠道，由政府提供公共物品或服務，滿足社會的需要。

在市場經濟中，財政不僅是一部分社會資源的直接分配者，而且也是全社會資源配置的調節者。這一特殊地位，決定了財政的資源配置職能既包括對資源直接分配，又包括對全社會資源的間接調節兩個方面。財政調節社會資源在政府部門和非政府部門之間的配置，使之符合優化資源配置的要求。

1. 財政在政府部門內部配置資源

主要是根據不同時期政府職能的變化，通過財政對自身支出結構的調整，將財政資金分別用於滿足各種社會公共需要。

2. 財政對非政府部門資源配置的調控

儘管非政府部門的資源配置活動主要是由市場來完成的，但財政作為彌補市場缺陷的主要手段，通過財政資金的分配以及制定和執行有關政策，可以引導非政府部門的資金投向。如對某些需要發展的產業和地區，在市場機制難以引導資金投入時，財政可通過提供補貼（包括財政貼息）或稅收優惠等手段，引導投資流向，鼓勵和支持相關產業和地區的發展。

（二）收入分配職能

收入分配職能，是指政府財政收支活動對各個社會成員收入在社會財富中所占份額施加影響，以實現收入分配公平的目標。

在政府對收入分配不加干預的情況下，市場一般根據生產要素對生產所做貢獻大小等因素，將社會財富在社會各成員之間進行初次分配。這種分配可能是極不公平的，而市場對此無能為力，只有依靠政府的力量，對這種不公平現象加以調整。這種調節分配主要從兩方面進行：

1. 通過稅收調節收入差距

通過累進的個人所得稅，調節個人勞動收入和非勞動收入，使之維持在一個相對合理的差距之內，實現社會基本公正；通過企業所得稅，調節不同企業的利潤水平；通過遺產稅和贈與稅（中國尚未開徵），調節個人財產分佈等。

2. 通過轉移支付給低收入群體以補貼

轉移支付是指政府不以獲得商品和勞務為目的的支出。政府通過稅收的手段，從高收入階層手中和富裕地區集中起來的收入，通過財政支出的方式，轉移給低收入階層和貧困地區，具體有社會保障支出、救濟支出和補貼等，使每個社會成員得以維持基本的生活和福利水平。

（三）調控經濟職能

財政的調控經濟職能，是指通過實施特定的財政政策，促進較高的就業水平、物價穩定和經濟增長等目標的實現。

財政調控經濟的職能主要是通過制定和實施財政政策的方式來實現的。

（1）在經濟發展的不同時期，分別採取不同的財政政策，實現社會總供給和總需求的基本平衡。

當經濟蕭條的時候，社會總需求不足，失業增加，這時政府應採取擴張性的財政政策，增加財政支出，同時減少稅收，以便刺激總需求的擴大，減少失業現象；當經濟膨脹的時候，社會總需求過度，會引起通貨膨脹，這時政府應採取緊縮性的財政政策，減少財政支出，同時增加稅收，以便抑制總需求，緩解通貨膨脹。

（2）通過發揮個人所得稅等制度的「內在穩定器」作用，幫助社會來穩定經濟活動。

如累進的個人所得稅，使徵稅額在經濟蕭條時趨於下降，從而有利於經濟的復甦；在通貨膨脹時期趨於上升，從而有利於經濟的降溫，這是保證經濟健康運行、減小經濟週期性波動的一個重要因素。失業救濟金制度也具有這樣的功能。蕭條時人們被解雇，開始領取失業補助金；復甦時重新找到工作，失業補助金停止支付，從而有利於經濟的穩定。

(四) 監督管理職能

在市場經濟條件下，由於利益主體的多元化、經濟決策的分散性、競爭的自發性和排他性，所以需要財政的監督和管理。

1. 財政對宏觀經濟的管理

財政部門通過建立健全財政、稅收的法規制度，為市場競爭提供基本規則。對宏觀經濟運行進行監督管理，跟蹤、監測宏觀經濟運行指標，及時反饋信息，為國家宏觀調控提供決策依據。

2. 財政對微觀經濟的管理

財政部門通過對微觀經濟運行的監督管理，規範經濟秩序，嚴格執行財政、稅收、會計法規，保證國家財政收入。

3. 財政對國有資產的管理

財政部門通過對國有資產營運的監督管理，實現國有資產的保值和增值，促進國家財力的壯大，不斷提高財政分配效益和財政管理水平。

第二節　財政收入與財政支出

財政收入是國家利用稅收等財政手段組織收入而形成的國家財政資金。財政收入是財政支出的基礎，是國家為滿足社會公共需要，實現國家的經濟、政治職能的物質基礎。

一、財政收入

(一) 中國財政收入的形式

財政收入的形式主要有：稅收收入、國有資產收入、債務收入、專項收入、其他收入等形式。

1. 稅收收入

稅收是國家以社會管理者身分，憑藉政府權力，為滿足社會公共需要，按照法律所規定的程序和標準，強制地、無償地取得財政收入的一種方式。稅收在各國的財政收入中都佔主體地位。

2. 國有資產收入

國有資產收入是國家以所有者身分憑藉所有權取得的收入。國有資產包括通過國家投資而形成的國有資產和以自然資源為主體的國有資產。所以國有資產收入包括國

有獨資企業上繳的利潤、國有股份制企業和其他企業中的國有股上繳的股息紅利以及屬於國家所有的自然資源的使用費如土地使用費等。

3. 債務收入

債務收入是國家運用信用方式取得的財政收入。包括國內債務（內債）和國外債務（外債）兩部分。國家的債務收入，是彌補赤字、調控宏觀經濟的重要手段。它與一般的財政收入有很大區別。一般的財政收入來自於當年的國民收入，而債務收入的來源有多種途徑，與當年國民收入並無必然聯繫。因此，債務收入不能列入預算收入。

4. 專項收入

專項收入是國家以社會管理者身分，根據行政法規取得的收入，用於形成特定目的的社會基金，包括國有企業養老保險基金收入、國有企業職工失業保險基金收入、教育費附加收入、排污費收入等。

5. 其他收入

這包括事業收入、規費收入、罰沒收入等。

在上述財政收入形式中，稅收收入構成財政收入的主體部分，一般要占到90%以上。

(二) 中國的稅收制度

稅收在各國都是最主要的一種財政收入形式，它對經濟運行、資源配置和收入分配都具有重要作用。稅收具有強制性、無償性、固定性三大特徵，西方國家流傳一句話——「只有死亡和納稅是不可避免的」，因而稅收有利於保證財政收入的穩定。

1. 稅收的原則

稅收是政府對國民經濟進行的一種再分配，這種再分配依據的原則主要有稅收公平原則和稅收效率原則，這是人們公認的當代稅收的兩大原則。

（1）稅收公平原則

稅收公平是指國家徵稅要使各個納稅人承受的負擔與其經濟狀況相適應，以保證各納稅人之間的負稅水平均衡，即公平地分配稅收負擔。為了實現這種稅收的公平，必須遵循受益原則和支付能力原則。

受益原則實際上是把市場機制運用於稅收分配，每個人從政府的服務中受益，則應相應地向政府納稅，即稅收應依據納稅人從政府提供的服務中得到的利益來分配。

支付能力原則就是按照人們的納稅能力負擔政府費用，即政府在徵稅時要考慮納稅人的收入、家庭的境況等問題。由此而提出具有相同經濟情況的人應按相同的數量繳納稅款，具有不同經濟情況的人應按不同的數量繳納稅款。前者稱為橫向公平，後者稱為縱向公平。

橫向公平是指經濟能力或納稅能力相同的人應當繳納相同數額的稅金，即稅制以同等的方式對待條件相同的人。稅制不應該因納稅者的種族、膚色等差異實行歧視性待遇，而只能根據其所處的經濟環境來判別是否與他人享有同等的稅收待遇。

縱向公平是指經濟能力或納稅能力不同的人應繳納數額不同的稅收，即稅制應區別對待條件不同的人。收入水平高的納稅人應當多納稅，反之則應少納稅或不納稅。

當前各國在所得稅和財產稅制度中實行的累進課徵制度，對高收入者按較高稅率課徵，對低收入者按較低稅率課徵甚至免稅，即為縱向公平的具體體現。

(2) 稅收效率原則

稅收的效率是指稅收對經濟有效運轉的影響程度。稅收效率原則是指國家徵稅要有利於資源的有效配置和經濟機制的有效運行，以提高稅務行政的管理效率。

有效率的稅收應使社會經濟資源達到最有效地使用。如果在私人經濟中資源的配置是有效的，而政府的徵稅使經濟資源脫離了最有效的使用途徑，那麼說明稅收降低了資源配置的效率。如多環節課徵的營業稅，對全能企業的稅收負擔比對生產同一類產品的專業化企業的稅收負擔要輕，其結果會促使企業縱向聯合，而不是向專業化發展，這就是對經濟有扭曲作用的稅收。而增值稅可以避免全能企業與非全能企業之間的稅負不平等的矛盾，有利於專業分工合作和生產力的提高，所以增值稅較好地體現了稅收效率原則。

有效率的稅收應當促進經濟有效地運轉。當市場機制有效地運轉時，政府的徵稅盡量不要干擾市場價格的平衡，以免使私人的生產和消費決策受到影響。但是當市場機制失靈時，需要通過稅收糾正市場存在的缺陷。例如在經濟週期性地波動過程中，可以利用減稅或徵稅措施調節社會需求，從而達到穩定經濟和促進經濟增長的目的。

有效率的稅收在稅務管理方面，應給納稅人以便利；稅額應是確定的，稅法應規定得很明確；在徵收費用方面應盡量節約，降低徵稅成本。

2. 稅收的分類方法

稅收按不同標準可分為不同的類型：

(1) 以稅收徵收的實體為標準，可將稅收分為貨幣稅與實物稅兩類。貨幣稅是國家以貨幣形式徵收的稅；實物稅是國家以實物形式徵收的稅。

(2) 以稅收收入歸屬於哪一級政府支配使用為標準，可將稅收分為中央稅、地方稅和共享稅。屬於中央政府固定收入的稅種，稱為中央稅；屬於地方政府固定收入的稅種，稱為地方稅；屬於中央政府和地方政府共同享有、按照一定比例分成的稅種，稱為共享稅。

(3) 稅收以其是否轉嫁為標準，可分為直接稅和間接稅兩種。對直接稅和間接稅的區分可按多種標準進行分類。一是按照稅源區分，通常把對財產和對所得的課稅稱為直接稅，對商品和服務的課稅稱為間接稅；二是按照課徵方式區分，直接稅是由稅務機關直接徵收，納稅人直接向稅務機關繳納，間接稅是稅務機關通過廠商為仲介，間接向納稅人徵收；三是按照稅負歸宿區分，直接稅是對承擔稅負的人徵收，間接稅是納稅人能夠通過交易過程將稅負轉嫁他人負擔。直接稅包括對個人收入、企業利潤、財產等課徵的稅，如個人所得稅、企業所得稅、財產稅等；間接稅則包括增值稅、消費稅、營業稅、關稅等。

(4) 按課稅對象的性質，中國稅收分為五大類：一是對流轉額課稅，如消費稅、增值稅、營業稅、資源稅、關稅、土地增值稅等；二是對所得課稅，如企業所得稅和個人所得稅等；三是對財產課稅，如房產稅、契稅、遺產和贈與稅等；四是對目的或行為課稅，如城鎮土地使用稅、車船使用稅、城市維護建設稅、固定資產投資方向調

節稅、印花稅、證券交易稅、屠宰稅、耕地占用稅等；五是對農業課稅，如農業稅、牧業稅、農業特產稅等，從 2006 年開始，農業稅、牧業稅都已在全國範圍內取消，農業特產稅中除了菸草稅外，其他都已經取消。

（5）按照稅收與社會再生產諸環節的內在聯繫，把現行稅收劃分為生產環節課稅、分配環節課稅、流通環節課稅、消費環節課稅四大類。

經過 20 多年的改革，目前中國的稅收制度已經接近市場經濟國家的稅收標準，主要由以下兩部分構成：流轉稅和所得稅。

（1）流轉稅

流轉稅是以流轉額為徵稅對象的稅收。流轉額即商品的銷售收入額或勞務收入額。應徵稅額以商品價格和服務收費作為計稅依據，不受成本和盈利水平的影響。對流轉額徵稅，對於保證國家財政收入的及時、穩定、可靠，促進企業加強經濟核算，改善經營管理，提高經濟效益有重要作用。中國現行的流轉額徵稅，主要包括增值稅、消費稅、營業稅、關稅、資源稅等。

流轉稅的計稅方法，可分為兩大類：一類是根據流轉額中增值部分計稅；另一類是根據流轉額全額計稅。採用后一種方法計稅的，是除了增值稅以外的全部流轉稅。

①增值稅。增值稅以在中國境內生產和進口應稅產品的增值額為徵稅依據。增值額是指一個企業在生產經營活動中，產品新增加的價值，即納稅人在一定時期內銷售產品或提供勞務取得的收入大於購進原材料等支付的成本差額。增值稅即對此差額課徵。凡在中國境內從事經營、生產和進口應稅產品的單位和個人，都是增值稅的納稅人。增值稅以不含稅的價格為計稅依據，故也叫價外稅，不增加企業負擔。

②消費稅。消費稅是全額徵稅的一個典型稅種，其納稅人是在中國境內從事生產和進口消費品的單位和個人。消費稅以產品銷售收入金額、進口商品計稅價格或銷售數量為計稅依據。這是運用稅收槓桿對某些特定消費品進行的特殊調節。

2006 年 3 月 21 日財政部、國家稅務總局聯合下發通知，從當年 4 月 1 日起，對中國現行消費稅的稅目、稅率及相關政策進行調整。這次新增稅目具體包括成品油、木製一次性筷子、實木地板、遊艇、高爾夫球及球具、高檔手錶等。對原來的小汽車、摩托車、酒及酒精、汽車輪胎的稅率進行了調整，取消了原有的護膚、護髮品稅目。菸、鞭炮、焰火稅率未予調整。

③營業稅。營業稅是以交通運輸業、建築業、金融保險業、郵電通信業、文化體育產業、娛樂業、服務業等行業中的單位和個人提供的勞務和服務，轉讓無形資產、銷售不動產等取得的營業額作為課徵對象的一種流轉稅，主要以第三產業為課徵對象。營業稅的應納稅額等於營業額乘以稅率。參見資料連結 10-1：

資料連結 10-1

增值稅

按照「稅收中性」原則設立的增值稅（Value Added Tax，VAT）始於法國，后來在西歐和北歐各國得到推廣，現在已經成為許多國家廣泛採用的一個稅種。增值稅的

特點是對產品在其生產過程中每個階段的價值增值部分徵稅。在從生產到銷售的每一個階段，即生產者把產品出售給批發商，批發商又把它轉售給零售商，最後由零售商出售給消費者等，都按照產品的增值，即出售價格減去外購的投入成本徵稅。增值稅實際上等同於零售稅，但是它不是在零售的最後環節，而是在生產和分配過程的幾個不同階段分別徵收的。

增值稅可以分為三種類型：①生產型增值稅，即對任何購進固定資產的價款不做抵扣；②收入型增值稅，即只能抵扣當期應計入產品成本的折舊部分；③消費型增值稅，即一次抵扣當期購進的用於生產應稅產品的固定資產價款。由於計稅依據有差別，因此不同類型增值稅的收入效應和激勵效應是不同的。從財政收入著眼，生產型增值稅的效應最大，收入型增值稅次之，消費型增值稅最小；從激勵投資著眼，則次序相反。

從理論上講，增值稅的計徵方法有三種：①將納稅單位納稅期內新創造的價值逐項相加作為增值額，然後按適用稅率求出增值稅額；②將從企業單位納稅期內的銷售收入額減去法定扣除額后的余額作為增值額；③不直接計算增值額，而是從按銷售收入額計算的稅額中扣除法定外購商品的已納稅金，以其余額作為增值稅應納稅額。

增值稅的優點，一是徵稅工作環環相扣，容易核查，有利於杜絕偷漏稅；二是稅收額的大小不受流轉環節多少的影響，避免重複徵稅；三是可以保證財政收入的穩定；四是對出口需要退稅的商品可以實行「零稅率」，比退稅不徹底的一般流轉稅更能鼓勵外向型經濟的發展。

（資料來源：轉引自吳敬璉《當代中國經濟改革》，第260頁）

2. 所得稅

所得稅是對納稅人的純收益額所徵收的稅。純收益額是總收入扣除成本、費用後的余額。所得稅直接依據納稅人收益的有無和多少徵收。它的主要特點是所得多的多徵，所得少的少徵，無所得（或達不到起徵點）的不徵。對所得徵稅具有調節各地區、各部門之間以及個人之間收入的特殊作用。

所得稅的稅基雄厚，其稅率結構採用累進稅率和比例稅率兩種，所得稅可區分為企業所得稅和個人所得稅兩大類。中國目前的企業所得稅區分為企業所得稅與外商投資企業和外國企業所得稅兩種。

（1）企業所得稅

實行獨立經濟核算的企業為企業所得稅的納稅人，包括國有企業、集體企業、私營企業、聯營企業、股份制企業以及其他有經營收入的單位。

外商投資企業和外國企業所得稅的納稅人為在中國境內的外商投資企業和外國企業。外商投資企業指中外合資經營企業、中外合作經營企業和外國企業。外國企業指在中國境內設立機構、場所，從事生產、經營和雖未設立機構、場所但有來源於中國境內所得的外國公司、企業和其他經濟組織。外國企業在中國境內未設立機構、場所但有來源於中國境內的利潤、利息、租金、特許權使用費和其他所得，或者設立機構、場所但所得與機構、場所沒有實際聯繫的，以支付人為扣繳義務人，實際受益人為納

稅義務人。

企業所得稅的徵稅對象為納稅人納稅年度內來源於中國境內、境外的全部生產經營所得和其他所得。外商投資企業和外國企業所得的徵稅對象是指外商投資企業在中國境內、境外的所得和外國企業來源於中國境內的所得。

中國企業所得稅實行比例稅率，法定稅率為25%。目前內資企業與外資企業的所得稅率已統一。

（2）個人所得稅

個人所得稅是對個人取得的工資、薪金、勞務報酬等純收益徵收的一種稅，徵稅對象包括工資、薪金所得、承包經營所得、勞務報酬所得、特權使用費所得、利息和其他所得等。

2011年6月30日，十一屆全國人大常委會第二十一次會議表決通過了個稅法修正案，將個稅起徵點由先前的2,000元提高到3,500元，適用超額累進稅率為3%~45%，自2011年9月1日起實施（表10-1）。

表10-1　　　　　　　　　　個人所得稅稅率

級數	全月應納稅所得額 （含稅級距）	全月應納稅所得額 （不含稅級距）	稅率 （%）	速算扣除數 （元）
1	不超過1,500元	不超過1,455元的部分	3	0
2	超過1,500元至4,500元的部分	超過1,455元至4,155元的部分	10	105
3	超過4,500元至9,000元的部分	超過4,155元至7,755元的部分	20	555
4	超過9,000元至35,000元的部分	超過7,755元至27,255元的部分	25	1,005
5	超過35,000元至55,000元的部分	超過27,255元至41,255元的部分	30	2,755
6	超過55,000元至80,000元的部分	超過41,255元至57,505元的部分	35	5,505
7	超過80,000元的部分	超過57,505元的部分	45	13,505

資料來源：稅率資訊網。

二、財政支出

財政支出是指國家把已集中的財政資金進行再分配，以滿足社會公共需要。根據財政支出的性質，中國通常把財政支出劃分為經常性支出和建設性支出兩大類。

（一）經常性支出

經常性支出是指國家以社會管理者身分對社會事務進行管理所發生的各項支出。由於經常性支出主要用於非營利的非生產單位，所以，這類支出一般採取無償分配的形式。經常性支出具體包括國防支出、行政管理支出、公檢法支出、外交和援外支出、文教科衛支出、社會保障支出和財政補貼支出等項內容。

1. 國防支出

國防支出是國家財政用於國防建設、國防科技事業及軍隊正規化建設和民兵建設方面的軍事支出，其內容包括：國防費、國防科研事業費、民兵建設費、專項工程支出和其他支出等。其中主要用於陸、海、空各軍兵種、各集團軍的經常性費用，以及各項國防建設和國防科研費，還包括戰時的作戰費用。國防支出純屬社會公共消費支出，不能直接創造社會物質財富，但對一個國家來說這種支出又是必不可少的。

2. 行政管理支出、公檢法支出、外交和援外支出

行政管理支出是國家財政用於國家各級權力機關、行政管理機關、黨派團體行使其職能所發生的費用開支。國家權力機關是指全國人民代表大會和地方各級人民代表大會及其常務委員會；國家行政管理機關是指國務院和地方各級人民政府及其工作機構；黨派團體是指中國共產黨、各民主黨派和工青婦等群眾組織。行政單位屬於非生產性組織，不創造物質財富，沒有經常性收入來源，其所需經費完全由國家預算撥給。行政管理支出按用途分類，包括人員經費和公用經費兩項內容。人員經費是行政管理機關用於工資、補助工資和職工福利等項經費的開支。公用經費是各行政管理機關為完成行政工作任務而用於各項公務活動的經費，包括公務費、設備購置費、修繕費和業務費等內容。

公檢法支出是國家用於公檢法部門行使職能所發生的費用開支。外交和援外支出是外交機構行使職能所發生的費用及對外援助費用。

3. 文教科衛支出

文教科衛支出是指國家財政用於履行國家的社會公共職能，滿足人民日益增長的物質文化需要，發展科學、教育、文化、衛生、體育等事業，改善國民經濟發展的社會條件的支出總稱。其主要包括：科學事業費、教育事業費、文化事業費、衛生事業費、體育事業費、計劃生育事業費和通信廣播電視事業費等。總之，文教科衛支出，是社會消費基金的重要組成部分，雖屬於非生產性支出，但它是保證社會生活穩定有序進行的必要支出，對於社會主義物質文明和精神文明建設，對於人民生活水平的提高具有重大作用。

4. 社會保障支出

社會保障支出，是國家財政用於勞動保險、社會救濟、社會優撫和社會福利等方面的支出，包括勞動保險費、社會救濟事業費、社會優撫事業費、社會福利事業費。

5. 財政補貼支出

財政補貼是國家為了實現經濟發展和社會穩定的目標，通過財政資金的再分配，給社會經濟組織和居民個人以一定的財政性特定補助。財政補貼支出具有很強的政策性，是國家調節經濟的一種經濟槓桿。

財政補貼的內容分為價格補貼、政策性補貼、利息補貼。價格補貼是指由於價格政策的客觀因素形成虧損或超支，而由國家財政給予生產者、經營者或消費者的特殊補助。價格補貼存在的原因，主要是由於國家在一定時期內，實行某種價格政策，致使某些商品價格與其價值背離，造成企業虧損或微利。政策性補貼，是為了貫徹產業政策需要而進行的補貼。利息補貼，又稱財政貼息，是對某些生產部門和經營部門的

投資貸款利息支出的補助，可以有效地調節宏觀經濟，起到「四兩撥千斤」的作用。

(二) 建設性支出

建設性支出是國家財政用於社會物質生產部門的建設投資支出，這是國家經濟管理職能的重要體現，是國家對宏觀經濟進行調控的物質基礎。為提高財政資金支出的使用效益，國家財政用於建設性的支出一般採用有償形式。目前，中國財政建設性支出主要包括基本建設投資、企業挖潛改造投資、增加企業流動資產的投資、支農貸款和債務支出等。

1. 基本建設投資

基本建設是指國民經濟各部門新建、擴建、改建和恢復工程以及設備購置等為基本內容的固定資產再投資。基本建設支出是國家財政用於固定資產擴大再生產和一部分簡單再生產的支出。中國進行固定資產的投資有國家預算投資、企業和地方自籌資金投資、銀行貸款和利用外資等多種資金來源渠道。

2. 企業技術改造和新產品試製費

企業技術改造支出是國家財政用於企業挖掘現有固定資產生產潛力、進行技術革新和設備改造方面的專項資金支出。除財政預算內安排外，企業挖潛改造資金來源還有銀行貸款、各級主管部門、企業的發展基金和折舊費等多種投資。通過國家預算安排的企業挖潛改造資金，主要用於老企業的固定資產更新和生產設備的技術改造，以及解決企業生產薄弱環節和綜合利用所採取的措施。這種支出一般採取有償貸款形式。

新產品試製費，是指全國範圍內從未試製生產過的產品和對於現有產品確有重大改進，需要進行試製所需要的各種費用。

3. 發展農業支出

發展農業支出是國家財政用於發展農業、改善農業生產條件方面的資金支出。中國財政用於農業的支出包括直接支出和間接支出。

國家財政直接用於發展農業的支出主要有：

（1）農林水利方面的基本建設投資。

（2）農村企業挖潛改造資金支出。

（3）農業部門的新產品試製、中間試驗和重要科學研究補助費等科學技術三項費用。

（4）國家財政對農、林、水利、氣象等國有企業新建和擴大規模時增撥的用於流動資產的支出。

（5）農、林、水利、氣象等部門的事業費。

（6）支援農村生產支出，包括小型農田水利和水土保持補助費；支援農村合作生產組織資金；農村農技推廣和植保補助費、農村草場和畜禽保護補助費；農村造林和林木保護補助費，以及農村水產補助費等。

國家財政間接用於發展農業的支出主要有：

（1）用於為農業服務的工業、交通、教育科研事業的支出。

（2）對農業和鄉鎮企業實行輕稅和必要的減免稅收政策以及對支農工業品的低稅

政策的支出。

（3）財政增撥銀行信貸基金，支持銀行發放農業貸款等。

三、財政赤字和債務

（一）財政赤字

財政赤字指財政支出大於財政收入形成的差額。在現實經濟運行過程中，財政收入和支出之間有大於、等於、小於三種情況。財政收入大於財政支出的差額是黑字，財政收入小於財政支出的差額就是赤字。自第二次世界大戰結束，凱恩斯主義成為主流經濟學以來，各國都逐漸放棄了財政收支平衡的理念，赤字的存在成為一種普遍的現象。

中國自改革開放以來，赤字問題日益突出。從 1979 年到 2004 年，25 年間只有 1981 年和 1985 年兩年為黑字，其餘全部為赤字。

出現財政赤字后需要採用各種手段彌補。發行國債是彌補赤字的重要手段之一。

中國改革以來財政赤字與國債發行情況是赤字和國債發行的增幅都比較快，絕對額也相當大。

（二）政府債務

中國政府的債務分為顯性債務和隱性債務兩類。

1. 中國政府的顯性債務

顯性債務是指政府正式向外公布並列入預算管理的債務，既包括向國內機構和個人發行的各種國債及國庫券等國內債務，也包括向國際市場籌資借入的各種外債。

按照國際上通行的看法，只要中央財政國債餘額占 GDP 的比重低於 60%、當年中央財政赤字占 GDP 的比重低於 3%，就是在財政安全的警戒線內。從這點看，中國政府的顯性債務是安全的。

2. 中國政府的隱性債務

隱性債務又稱或有債務，指未被納入預算的政府債務和必然由政府承擔最終償債責任的預算外債務。

（1）國有銀行的不良貸款和債務。包括國有商業銀行的不良貸款損失；已有的債轉股損失；政策性銀行的呆、壞帳損失；地方金融機構的支付缺口等。

（2）地方政府支付缺口和債務。如基層政府拖欠公務員工資等；縣鄉政府通過各種不規範的方法舉債。

（3）社會保障基金的損失和缺口。這些債務並未正式列入政府預算，但由中國的經濟體制決定，這類債務如果不能在運行過程中化解，最終實際上是必須由政府來承擔的。

資料連結 10-2

朱鎔基在九屆人大五次會議后就赤字問題答記者問

記者：請問總理，如何看待中國的財政風險，這對下屆政府有沒有影響？

朱鎔基：前天我看到香港有一份報紙，送給我一個榮譽稱號叫「赤字總理」。我從來不接受榮譽稱號或者榮譽學位，因此，對這個問題我需要解釋幾句。

我查了手頭的資料。我只查了二十幾個國家，2000年，19個國家都有赤字，包括一些發達的大國。因此，問題不在於你的財政有沒有赤字，而是你這個赤字的水平是否在承受能力以內，特別是你這個赤字是用在什麼地方，你赤在什麼地方。

中國今年預算的赤字 3,098 億元人民幣，相當於當年的國民生產總值的 3% 左右。國債發行的餘額總計 25,600 億元，占國民生產總值的 18% 左右。這兩個數字都在公認的國際警戒線以內，還差得遠呢。至關重要的是我這個赤字不是用在彌補經常性的預算方面，沒有把它吃掉，而是用在基礎設施建設方面。

本屆政府 5,100 億元國債，帶動了銀行資金和其他資金渠道，一共完成了 2 萬億元的工程，這 2 萬億元的工程包括 10 萬公里的公路，其中 13,000 公里是高速公路，5,000 公里的干線鐵路，還包括電氣化、雙軌改造在 1 萬公里以上。建設了 95,000 萬千瓦的電站，全部改造了農村的電網，中國的移動電話和固定電話增加了 3.2 億部，這都是實實在在地擺在那個地方的。

因此，我留給下屆政府的不只是債務，而是 25,300 億元的優質的資產，在將來中國的經濟發展中將長期發揮巨大的經濟效益和社會效益。

更為重要的是，這 5,100 億元的國債加上銀行配套的貸款，拉動了整個工業生產，帶動整個國民經濟高速地發展，財政的收入每年大幅度地增加，這才使我們有可能大力地改善職工的生活。最近幾年，職工的工資差不多增加了一倍，使我們構築了一個比較健全的社會保障體系，也使我們有大量的資金投入教育和科技戰線。

與此同時，人民群眾的銀行儲蓄存款在最近幾年裡面，不斷地增加，保持每年增加 7,000 億~8,000 億元人民幣的水平。也就是說，如果我們不是採取這種積極的財政政策和穩健的貨幣政策，中國經濟也許垮了。所以對不起，我不能接受「赤字總理」這個榮譽稱號，奉送回去。我們國家能夠實行積極的財政政策，不但克服了亞洲金融危機帶給我們的影響，而且利用這個機遇空前地發展了中國的國民經濟，我為此感到自豪！謝謝。

第三節　財稅體制改革

中國在由計劃經濟向市場經濟轉軌的過程中，財稅部門作為為政府理財的主要部門，經歷了由政府的公共財政與企業財務合一、組成統一的國家財政系統逐漸向公共財政方向的轉變。財稅體制經歷了深刻的變革，這種變革，至今仍然在繼續進行。

一、改革前中國財稅體制的基本特點

中華人民共和國建立以後，隨著向社會主義過渡的完成，中國建立起了符合計劃經濟特點的財政稅收體系，並經歷過多次變動。

1953—1979 年的大部分時間裡，中國的財稅體制具有以下特點。

1. 政府的公共財政與企業財務合一，組成統一的國家財政系統

計劃經濟的特點是把全社會組織成為一個大企業（「社會大工廠」或「國家辛迪加」），這樣，也就消除了公共部門（public sector）與私人部門（private sector）的區別。政府作為國家大公司的總管理處，不但負責公共物品的提供，而且負責私人物品的提供。因此，計劃經濟下財稅體制具有的最大特點，就是公共財政與企業財務合二為一。

2. 政府運用自己的權力組織預算收入，收入主要來自國有工業

在計劃經濟的條件下，政府能夠運用自己手中的定價權，對農產品原料和糧食等初級產品規定很低的價格，將非國有部門創造的剩餘轉移到國有工商業部門，然後通過國有工商企業的利稅上繳把國民經濟的剩餘納入預算。與其他正在進行工業化的國家相比，中國工業部門在 1956 年全面建立計劃經濟體制以後，一直保持很高的盈利率。只是在 1978 年年末，開始改革以後，情況才逐漸改變。這樣，從 1957 年到 1980 年，工業部門上繳的利潤和稅收，始終占財政收入的 50%～66%。

3. 在不同部門和不同企業之間利稅等財政負擔存在很大差異

由於計劃經濟下全國是一個大企業，被稱為「企業」的經濟單位只是國家的一個車間或班組，不論是稅收還是利潤，從一開始就都屬於國家。之所以還要以「稅」的形式交給稅務部門，是因為稅收在計劃經濟下的企業經濟核算中有所謂「稅擠利、利擠成本」的作用。因此，在設計稅率時，通常採用「合理留利」的原則，運用稅率槓桿，給企業留下等於某一社會平均利潤率的計劃利潤。此外，政府還廣泛運用稅收政策貫徹自己在產業發展上的意圖，對不同部門和產品規定了差別很大的稅率。因此，計劃經濟不實行「稅賦平等」的原則，而是規定差別巨大、十分複雜的稅率結構。例如，1980 年輕工業應繳工商稅的平均稅率為 18.9%（其中卷菸為 317%），重工業應繳工商稅的平均稅率為 4.6%，造成了「鞭打快牛」的棘輪效應、部門之間和企業之間「苦樂不均」、不能平等競爭的狀況。

二、中國財稅體制的改革過程和內容

（一）1980—1993 年的財稅改革

1976 年「文化大革命」結束後，百廢待興，為解決生產和生活上多年「欠帳」問題，公共財政出現多種增支減收因素；加之 70 年代末開始的國有企業「擴大企業自主權」改革，擴大企業財權，增加工資、發放獎金，更增加了對財政平衡的困難。於是，在 1979 年出現了巨額的預算赤字。為了調動地方政府增收節支的積極性和保證中央財政收入，從 1980 年起，中國的財政預算體制由單一制（unitary system）轉向包干制，

既給予地方政府增收節支的刺激，又維持中央政府的財政收入不再下降。

1.「分竈吃飯」

1980年，除北京、天津、上海三個直轄市仍實行接近於「統收統支」的辦法外，其他省和自治區均實行「分竈吃飯」，即在中央與地方之間按預先規定的辦法分配收入的財政管理體制。25個省和自治區中，「分竈吃飯」有四種不同的形式。

（1）對江蘇省繼續實行固定比例包干辦法。江蘇省從1977年起就開始試行固定比例包干的財政管理體制。具體做法是根據該省歷史上地方財政支出占收入的比例，確定一個上交比例，4年不變。實際上每年都有調整，上交中央和地方留用的比例，1977年為58：42，1978—1980年為57：43，1981年為61：39。

（2）對廣東、福建實行「劃分收支，定額上交或定額補助」的辦法。以它們1979年財政收支決算數字為基數，確定一個數額，5年不變。廣東每年固定上交10億元，福建每年固定補貼10億元。執行中收入增加或支出節餘全部留歸地方使用。

（3）四川、陝西、甘肅、河南、湖北、湖南、安徽、江西、山東、山西、河北、遼寧、黑龍江、吉林、浙江15個省，實行「劃分收支，分級包干」的辦法。「劃分收支」指按照隸屬關係，明確劃分中央和地方的收支範圍，「分級包干」指按照劃分的收支範圍，以1979年收入預計數字為基數計算，地方收入大於支出的，多餘部分按比例上交；支出大於收入的，不足部分中央從工商稅中確定一定比例進行調劑。如仍不夠，中央給予定額補助。分成比例和補助數額確定後，5年不變。在包干的5年中，地方多收可以多支，少收就要少支，自行安排預算，自求收支平衡。

（4）內蒙古、新疆、西藏、寧夏、廣西和雲南、青海、貴州三個少數民族較多的省，仍然實行民族自治地方財政體制，保留原來的特殊照顧，並作兩條改進：一是比照15省也採取包干的辦法，劃分收支範圍，確定中央補助的數額，由一年一定改為5年一定不變；二是地方收入增長全部留給地方，中央的補助額每年遞增10%。

1980年實行「分竈吃飯」體制時，決策者將其看做一種過渡性的財政體制，只準備實行5年，然後在1985年改為按稅種劃分中央和地方的財政收入，重新核定各級財政的支出範圍。這一設想沒有成功，「分竈吃飯」非但沒有被取消，相反還從1988年起，固化成一種正式的制度——財政大包干。

2. 財政大包干

1988年實行的財政大包干，是1980年「分竈吃飯」制的繼續和發展。其特點是將全國37個省、自治區和計劃單列市都納入包干體系，分別實行6類包干辦法。

（1）「收入遞增包干」。北京、河北、遼寧、浙江、河南、重慶市等地採用這種辦法。具體做法是：以1987年決算收入和地方應得的支出財力為基數，參照各地近幾年的收入增長情況，確定地方收入遞增率（環比）和留成、上解比例。在遞增率以內的收入，按確定的留成、上解比例，實行中央與地方分成；超過遞增率的收入，全部留給地方；收入達不到遞增率，由地方用自有財力補足。

（2）「總額分成」。山西、安徽、天津採用這種辦法。具體做法是：根據前兩年的財政收支情況，核定收支基數，以地方支出占總收入的比重，確定地方的留成和上解中央的比例。

（3）總額分成加增長分成。辦法是：在上述「總額分成」辦法的基礎上，收入比上年增長的部分，另加分成比例。實行這個辦法的有大連、武漢、青島。

（4）上解額遞增包干。廣東、湖南採取這種辦法。具體做法是：以 1987 年上解中央的收入為基數，每年按一定比例遞增上交。

（5）定額上解。山東、黑龍江和上海採用這種辦法。具體做法是：按原來核定的收支基數，收大於支的部分，確定固定的上解數額。實行這個辦法的有三個地區，它們的上解額分別為：上海市 105 億元，山東省（不包括青島市）2.89 億元，黑龍江省（不包括哈爾濱）2.99 億元。

（6）定額補助。吉林、江西、福建、陝西、海南、內蒙古、廣西、貴州、雲南、西藏、青海、寧夏、新疆、湖北等地實行這種辦法。具體做法是：按原來核定的收支基數，支大於收的部分，實行固定數額補助。

「分竈吃飯」和財政大包干本質上都屬於財政承包制，確實起到了促進各級地方政府努力增產增收的作用，但也帶來了很多問題。首先造成了各地區之間「苦樂不均、鞭打快牛」的狀況。如到 20 世紀 80 年代中期，廣東省的經濟水平已與上海接近，上海每年上交中央財政 120 億元左右，而廣東的上交定額只有 10 億元左右。其次強化了對市場割據的激勵，妨礙了統一市場的形成。「分竈吃飯」和財政大包干按照行政隸屬關係把國有企業的利潤和企業所得稅規定為所屬財政預算的固定收入，各級政府為增加收入，一方面千方百計擴大基本建設規模，用政府投資興辦地方國有企業；另一方面廣泛採用地區封鎖、稅費歧視、變相補貼等辦法保護自己的企業免受外來企業的競爭，使地方保護主義行為在全國蔓延。

（二）1994 年開始的財稅體制全面改革

1. 財政預算的分稅制

分稅制是實行「財政聯邦主義」的市場經濟國家通常採用的預算制度。其特點是按照各級政府預算的事權在各級政府間劃分支出範圍以及按照各種稅種的性質在各級預算之間劃分收入來源，同時用中央政府對各下級政府的轉移支付來平衡不同地區公共服務水平。分稅制標誌著從舊財稅體制的突破，徹底改變了地方政府的融資方式，重建了中央政府和地方政府之間的收入分配關係。中國從 1994 年 1 月 1 日起在全國範圍內實行分稅制。

分稅制的主要內容有：

（1）在政企職責分離的基礎上，明確省、縣（市）、鄉（鎮）政府的職能，按職能劃分各級政府的事權。

（2）根據事權與財權統一的原則，依照各級政府的事權，確定各自的支出範圍。中央財政主要承擔國家安全、外交和中央國家機關運轉所需經費，調整國民經濟結構、協調地區發展、實施宏觀調控所必需的支出以及由中央直接管理的事業發展支出。其餘屬於地方政府開支範圍。

（3）根據受益性質和徵管有效性原則，合理劃分稅種收入。將關係到維護國家權益和實施宏觀調控的稅種劃分為中央稅，如關稅、消費稅、中央企業所得稅等；將與

地方經濟和社會發展關係密切、稅源分散、適宜地方徵管的稅種劃分為地方稅，包括營業稅、地方企業所得稅等；將收入穩定、數額較大的主體稅種劃分為中央與地方共享稅，如增值稅（中央75%，地方25%）、資源稅（海洋、石油資源稅作為中央收入；陸地資源稅作為地方收入；證券印花交易稅）。中央與地方各分享50%（2002年這一比例調整為97：3），並使中央財政收入占總收入的60%左右，中央支出占總支出的40%左右。

（4）逐步建立按公式計算的中央財政對地方財政的轉移支付制度。將約占財政總收入20%的中央財政資源轉交給收入水平較低的地方政府，以便逐步縮小地區間政府服務水平的差距。

在進行分稅制改革的同時，中國政府還進行了一系列財政管理體制的配套改革。

一是進行稅種的改革，把過去按所有制劃分的稅率不一的各種所得稅，統一為按33%的稅率徵收企業所得稅，並合併了一些稅種。建立了以增值稅為主體、消費稅和營業稅為補充，以公平、中性、透明和普遍徵收為特徵的現代流轉稅體制。

二是對稅務機構進行了改革。分設國家稅務局和地方稅務局，前者主要負責徵收中央稅和中央與地方共享稅，后者主要負責徵收地方稅。

三是進行預算體制改革。一方面，實行和改善復式預算。復式預算把國家預算分為經常性預算和建設性預算兩部分。經常性預算收支，是國家以社會管理者身分取得的各種稅收和其他收入，並以此履行其相應的社會管理者職能的收支；建設性預算收支，是國家以國有資產所有者身分取得的收入，並以此履行這種所有者職能而進行的建設支出。另一方面，預算體制進一步完善。中國政府共分五級，相應地方政府預算也設為五級：第一級為中央預算，由中央各部門及直屬單位的預算組成，包括地方向中央上繳的收入和中央返還或補貼給地方的數額；第二級為省（22個）、直轄市（4個）、自治區（5個）預算；第三級為地區級單位（共331個）預算；第四級為縣級單位（包括縣、縣級市、市轄區等，共2,109個）預算；第五級為鄉鎮級單位（共44,741個）預算。第二到第五級預算是地方預算，每一級都由本級預算和匯總的下一級預算組成，包括向上一級上繳的收入和返還或補貼給下一級政府的數額。

2. 清理「預算外收入」

中國各級政府都有所謂「預算外收入」。在新中國成立之初實行高度集中的中央政府統收統支制度，允許地方政府作為「預算外收入」自收自支的只是農業稅附加和機關生產收入。到1957年，預算外收入也不過相當於當年預算內收入的8.5%。「大躍進」時期，由於經濟體制改革和財權的下放，預算外資金的範圍擴大。1978年改革開放以后，在預算內財政收入趨向萎縮的同時，各級政府的預算外收入卻日益增加。

政府預算外收入的膨脹，造成了政府機構和官員貪污浪費盛行、企業和居民不堪重負等一系列惡果，社會反應強烈。1998年上任的朱鎔基總理宣布實行「費改稅」，對預算外收入項目進行清理和整頓。到世紀之交，清理規範預算外收入的工作取得了明顯的成效。據財政部報告，中國政府預算外收入同預算內收入之比，最高年份是1：1，到2000年，這個比例已經降到了0.28：1。2001年財政部對各預算單位進行「收支兩條線」管理改革。這項改革的核心內容是收支脫鈎、收繳分離，逐步淡化和取

消預算外資金，全部納入預算管理。2002 年，財政部規定部門的預算外收入全部納入預算管理或財政專戶管理，34 個中央部門實現了這一改革。從 2003 年開始，所有具有「執收執罰」政府職能部門的行政事業性收費和罰沒收入都要繳入「財政專戶」，意味著「預算外收入」的終結。

3. 實現向公共財政制度的轉變

在計劃經濟條件下，中央財政是一個由全能政府實施的囊括了公共部門和私人部門財務活動的系統。雖然經過了 20 多年的改革，財政系統依然保留了計劃經濟下財政體系的許多特徵，引致一系列消極的后果。首先，繼續將大量財政資源投入競爭性領域的國有企業。由於國有企業不具有非國有企業那樣的市場適應性和競爭力，因此，這樣的配置實際上是社會資源的浪費。其次，政府缺乏足夠的資源來支持在公共安全、義務教育、公共衛生等方面的公共服務。根據最近的調查統計，由於缺乏必要的資金支持，中國大部分農村沒有普及法律所規定的九年義務教育。2003 年的一場 SARS，暴露了中國公共衛生體系的嚴重問題。這種情況說明，中國公共財政體系還沒有完全建立。

中國政府在 2000 年提出了「建立適應社會主義市場經濟要求的公共財政框架」的目標。所謂「建立公共財政的初步框架」的首要任務，是「進一步調整和優化財政收支結構，逐步減少盈利性、經營性領域投資，大力壓縮行政事業經費，把經營性事業單位推向市場，將財力主要用於社會公共需要和社會保障方面」。為此，國家財政要順應政府職能轉變的需要，進一步調整和優化支出結構，逐步規範公共財政支出範圍；要逐步退出一般競爭性領域，逐步減少對企業的經營性發展項目、應用性研究項目的資助，增加對教育、科技、衛生、公共安全、社會保障、基礎設施建設等的保障力度。與優化財政收支相配合，中國政府還在擴大推行政府採購制度等方面進行了一系列改革。

加強人民代表大會作為立法機關在政府預算制定和執行過程中的實際權力，最終實現政府預算的法制化，是推進中國預算體制改革、建立公共財政體制、提高公共物品供給效率的根本措施。

第十一章　中國金融體制

　　一個國家的經濟發展程度，歸根究柢取決於儲蓄水平和投資水平。因此金融制度的發展通常成為一個國家經濟發展水平的判斷標準。中國金融體制經歷了由計劃經濟向市場經濟的轉變。加入 WTO 后，中國以國有銀行為主導，形成壟斷控製的金融體制正在加速改革開放的步伐，向市場經濟方向轉變。

第一節　金融體制由計劃經濟向市場經濟的轉軌

　　在經濟體制改革之前，中國的金融體制是傳統的計劃經濟體制的一個重要組成部分，是為完成計劃經濟的任務服務的。當時的金融體制就是銀行體制，並且銀行體制中只有一家銀行，就是中國人民銀行。這是一種典型的單一銀行制，是模仿蘇聯而建立起來的。中國的金融改革，就是從改變蘇聯式的單一銀行制開始的。

一、單一銀行制向建立金融體制轉變

　　金融是指貨幣資金的融通，即貨幣、貨幣流通、信用以及與之直接相關的經濟活動，如：貨幣的發行與回籠；吸收存款與發放貸款；金融、外匯和有價證券的買賣；保險信託；國內、國際的貨幣支付結算等。

　　金融體制即指與資金融通相關的具體體制。由於篇幅關係，我們側重闡述金融結構體制改革。

（一）20 世紀 80 年代金融機構的改革

　　金融結構是指專門從事貨幣信用活動的仲介組織。在中國，其構成主體是銀行。

1. 建立四大專業銀行

　　改革開始后的 1979 年，根據國務院的決定，恢復了中國農業銀行作為主管農村金融業務的專業銀行。中國銀行從中國人民銀行分離出來，成為獨立的外匯專業銀行。重新組建的中國人民建設銀行成為辦理固定資產貸款的專業銀行。1983 年，國務院決定中國人民銀行專門行使中央銀行的職能，同時成立中國工商銀行承擔原來由人民銀行辦理的工商信貸和城市儲蓄業務。因此，1984 年中國工商銀行從中國人民銀行分離出來成為一家獨立的專業銀行。

　　這一階段的改革，構築了中國工商銀行、中國農業銀行、中國銀行和中國建設銀行四大專業銀行體系。專業銀行這一術語在中國具有雙重含義：一是指按服務對象劃

分，每個銀行只是專門經營某種領域的信用業務，如工商銀行主要經辦城市的工商信貸業務；農業銀行主要經辦農村的信用業務；建設銀行主要經辦中長期投資信貸業務；中國銀行主要經辦外匯業務。這是適應市場經濟條件下的分工形成的。二是相對於中央銀行而言，專業銀行從其業務性質上看，以經營存放款和結算為主要業務，以利潤為主要經營目標，即通常意義上的商業銀行。中國專業銀行具有政策性和商業性的雙重職能。

2. 建立多種形式的銀行和非銀行金融結構

除全國性的專業銀行外，中國還開始建立多種形式的銀行和非銀行金融結構。如針對 20 世紀的國內保險業務，后來設立了公司制的中國平安保險公司。1984 年以後，地方銀行、信託投資公司以及租賃公司等非金融結構也開始建立。1987 年，還恢復了以上海為基地的交通銀行，建立附屬於中國國際信託投資公司的中信實業銀行這兩個全國性的股份制商業銀行。

(二) 20 世紀 90 年代金融結構的改革

商業銀行是指以經營存放款、辦理轉帳結算為主要業務，以利潤為主要經營目標的金融企業，是以其全部法人財產獨立承擔民事責任的企業法人。進入 20 世紀 90 年代以後，隨著建立社會主義市場經濟體制目標的提出，金融改革的重點轉向建立商業銀行，以重新塑造市場經濟中的金融業的微觀基礎。

這一時期的主要改革措施是：

1. 建立中央銀行制度

中央銀行是指一國銀行體系中居於主導地位，負責制定和執行國家的貨幣信用政策，實行金融管理和監督，控製貨幣流通和信用活動的金融中心結構。

中央銀行是發行貨幣的銀行，壟斷一國的貨幣發行權。

中央銀行是銀行的銀行，集中商業銀行的存款準備金，並對商業銀行提供信貸，是「最后貸款者」。

中央銀行是政府的銀行。執行國家金融政策，代理國庫，代政府發行國債。參見資料連結 11-1：

資料連結 11-1

市場經濟國家中央銀行的作用

(1) 貨幣的發行者和外匯儲備的管理者。印製貨幣、發行紙幣和鑄幣，干預外匯市場以調節本幣對他國貨幣的匯率，管理外匯儲備以維護本幣的對外價值。

(2) 政府的銀行。為政府提供銀行存貸款的便利，同時作為政府的財政代理和保護人。

(3) 國內商業銀行的銀行。為商業銀行提供存貸款的便利，並充當資金困難的商業銀行最后可以求助的貸款人。

(4) 國內金融機構的控製者。確保商業銀行和其他金融機構嚴格按照有關的法律

規章謹慎經營業務；調節銀行的準備金率，監督地方銀行的活動。

（5）貨幣和信貸政策的操縱者。試圖操縱貨幣和信貸政策工具（包括國內貨幣供給、貼現率、匯率、商業銀行的儲蓄準備金率等）來實現主要的宏觀經濟目標，如控製通貨膨脹、促進投資、調節國際貨幣流動。

中國的中央銀行就是中國人民銀行。

黨的十四大確立了建設社會主義市場經濟的方向以後，銀行體系改革的首要任務是把中國人民銀行改造成真正的中央銀行。

1995年3月18日，第八屆全國人民代表大會第三次會議通過了《中華人民共和國中國人民銀行法》（以下簡稱《中國人民銀行法》），至此，中國人民銀行作為中央銀行以法律形式被確定下來。根據《中國人民銀行法》的規定，中國人民銀行是中華人民共和國的中央銀行，國家擁有其全部資本，中國人民銀行在國務院的領導下，依法獨立履行職責，制定和實施貨幣政策，並對金融業實施監督管理，不受地方政府、各級政府部門、社會團體和個人的干涉。中國人民銀行相對於國務院其他部委和地方政府具有明顯的獨立性。財政不得包銷政府債券。中國人民銀行的性質決定了其特殊地位。

2. 將原有4大國家專業銀行轉變為國有獨資商業銀行

1995年5月頒布的《中華人民共和國商業銀行法》，從法律上確認原有四大專業銀行即中國工商銀行、中國農業銀行、中國銀行和中國建設銀行的性質為國有獨資商業銀行，在銀行稱謂上實現了同國際慣例的接軌。

商業銀行是指以經營存放款、辦理轉帳結算為主要業務，以利潤為主要經營目標的金融企業，是以其全部法人財產獨立承擔民事責任的企業法人。

中國四大專業銀行轉變為商業銀行，意味著中國國有銀行業的重新定位，是銀行改革由計劃經濟向市場經濟轉變的標誌性事件，規定了四大銀行的改革方向。但由於改革的複雜性和艱鉅性，這種轉變不可能一蹴而就。因此在很長時間裡，四大銀行實際仍然承擔政策性任務，並沒有一步到位成為真正的商業銀行。

3. 為強化銀行業的競爭，進一步增設非國有獨資的股份制銀行

股份制銀行是指通過股東認股集資辦起來的銀行。從總體看，目前中國的股份制商業銀行股本以企業法人和財政入股為主，股份制商業銀行按照商業銀行機制運作，服務比較靈活，業務發展很快，是發展前景十分廣闊的商業銀行。

除1993年以前原有的交通銀行、中信實業銀行、光大銀行、深圳發展銀行、華夏銀行、浦發銀行、招商銀行、廣東發展銀行、福建興業銀行、中國投資銀行外，1995年銀行業增加了以民營經濟為服務對象的中國民生銀行和面向海南經濟特區的海南發展銀行兩家商業銀行。同時，原隸屬於首都鋼鐵公司的華夏銀行改組為獨立的公司制銀行，中國光大銀行成為首家吸引外國金融機構的股份制商業銀行。這些商業銀行股本結構不完全相同，像交通銀行、上海浦東發展銀行的資本金中，財政入股占相當比例；其他商業銀行主要吸收企業法人入股，也有個別銀行如深圳發展銀行屬上市公司，有一些個人股份。

此外，各地城市信用社開始合併組建為城市商業銀行。城市商業銀行的前身是城市合作銀行。城市合作銀行是在對城市信用社清產核資的基礎上，通過吸收地方財政及企業入股組建而成的銀行，因此也屬於股份制銀行。中國原有 5,000 家城市信用社，有相當多城市信用社已失去合作性質，實際已辦成小商業銀行。為規避風險、形成規模，1995 年國務院決定，在城市信用社基礎上組建城市合作銀行。其服務領域是，依照商業銀行經營原則，為發展地方經濟服務，為中小企業發展服務。1998 年各地城市合作銀行一律更名為「商業銀行股份有限公司」。

4. 成立了三家政策性銀行

政策性銀行，一般是指政府設立，以貫徹國家產業政策、區域發展政策為目的，不以贏利為目標的金融結構。建立政策性銀行的目的是實現政策性銀行與商業銀行分離，以解決中國人民銀行和國家專業銀行身兼二任的問題，割斷政策性貸款與基礎貨幣的直接聯繫，確保中國人民銀行調控基礎貨幣的主動性。1994 年 3 月、7 月、11 月，中國先後組建了國家開發銀行、進出口銀行和農業發展銀行三家政策性銀行，直屬國務院領導，主要承擔原來由中國人民銀行和專業銀行承擔的大量政策性貸款任務。

國家開發銀行，其基本職責是有效地集中資金保證國家重點建設，支持基礎產業和支柱產業的發展，緩解經濟發展的「瓶頸」制約，加強國家對固定資產投資的調控能力。

進出口銀行，其基本職責是執行國家產業政策和外貿政策，為擴大國內機電產品和成套設備等資本性貨物出口提供政策性金融支持。

農業發展銀行，其基本職責是以國家信用為基礎，籌集農業信貸性資金，承擔國家規定的農業政策性金融業務，代理財政性支農資金的撥付，促進農業和農村經濟的發展。

政策性銀行與商業銀行相比，其特點是：①任務特殊。政策性銀行經營時主要考慮國家整體利益、社會效益，著重於貫徹政府政策意圖，有自己特定的服務領域。②經營目標特殊。政策性銀行不與商業性金融結構進行業務競爭，不以贏利為目標，一旦出現虧損，一般由財政彌補。但政策性銀行的資金不等於財政資金，政策性銀行也必須堅持銀行管理的基本原則，力爭保本微利。③融資原則特殊。政策性銀行有自己特定的融資途徑，其主要資金來源是財政撥款、發行政策性金融債券。其資本金多由政府財政撥付。它不吸收居民儲蓄存款。④政策性銀行一般不普遍設立分支機構，其業務一般由商業銀行代理。

5. 允許外資銀行進入

1982 年，香港南洋商業銀行在深圳開辦了第一家營業性機構——深圳分行。1985 年，中國首家中外合資金融結構——廈門國際銀行獲準成立。進入 20 世紀 90 年代后，隨著金融業的對外開放，來華外資金融機構在數量和業務量上都得到迅速發展。中國加入世界貿易組織以來，外資銀行已經成為中國銀行業中一支重要力量。

6. 對非銀行金融機構進行改革

除了上述各類銀行外，中國還有大量的非銀行金融機構。凡從事金融業務活動，又不稱為銀行的機構，均被稱為非銀行金融機構。中國的非銀行金融機構，包括保險

公司、信託投資公司、財務公司、證券公司、信用合作社、郵政儲蓄機構等。改革后，非銀行金融機構在中國有較快發展。因為隨著市場經濟的發展，多種所有制、多種經營方式、多種市場與流通渠道，需要多種金融機構與其相適應，以滿足各種籌資者和投資者的不同要求。

（三）加入WTO前后金融機構的進一步改革

四大國有商業銀行經歷了政府機構附屬物、半官半商金融機構、與國際接軌的比較規範的商業銀行的改革歷程。國有商業銀行改革的目標就是要把國有獨資商業銀行改變成為治理結構合理、資本充足、內控嚴密、經營穩健、服務和效益以及資產質量優良、具有一定的國際競爭能力的現代股份制商業銀行，而不再是國有獨資商業銀行。這是在制度上的變革，是對中國銀行業的再造。

2004年1月8日，國務院決定中國銀行和中國建設銀行實施股份制改造試點。針對兩家試點銀行當時的財務狀況，國務院決定動用450億美元國家外匯儲備為其補充資本金。2005年10月27日，四大國有銀行之一的中國建設銀行在香港聯交所率先實現海外上市。中國建設銀行上市之后，已經從一家國有獨資銀行變為擁有25%的外資股份的國際公眾銀行。在2006年美國《財富》雜誌的排行榜上，中國工商銀行排名第199位，營業收入291.67億美元。

2006年6月1日，中國銀行以高於發行價6.8%的價格在香港聯合交易所掛牌上市，成為一家擁有國際股份的上市銀行。在2006年美國《財富》雜誌的排行榜，中國銀行排名第255位，營業收入238.6億元。

目前只有農業銀行的改革進展還比較滯后，尚未進入到上市程度。在2006年美國《財富》雜誌的排行榜上，中國農業銀行排名第377位，營業收入171.65億美元。

1. 外資銀行大量進入中國

中國加入世貿組織以來，外資銀行已經成為中國銀行業中一支重要力量。銀監會時任主席劉明康指出，到2005年9月末共有20個國家和地區的69家外國銀行在中國設立了232家營業性的機構，外資銀行在華的資產總額已經達到6,606.6億元，占中國銀行業金融機構資產額的2%左右，外資銀行在華的外匯貸款餘額，占中國整個外匯貸款市場份額的20%左右。外資銀行已經成為中國銀行體系當中不可或缺的重要力量。到2005年9月已經有138家外資銀行批准做人民幣業務，15家外資銀行機構已經獲準開辦網上銀行業務等。

2. 成立四家金融資產管理公司

1999年陸續成立了信達（建設銀行）、東方銀行（中國銀行）、華融（工商銀行）、長城（農業銀行）四家金融資產管理公司（AMCs），承接了四家國有商業銀行14,000億元的銀行不良債權，為四大商業銀行的轉制創造了條件。

經過30多年的改革，中國已形成比較完整的金融機構體系，一個開放的、競爭性的金融體系已初步建立起來。這是一個以中國人民銀行為中央銀行、以四大國有商業銀行為支柱、以股份制商業銀行為增長引擎、以地方商業銀行和外資銀行為補充，包括各種非銀行金融機構構成，如圖11-1所示。

保險23.8%

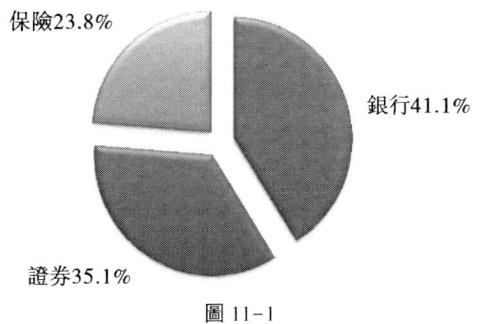

銀行41.1%

證券35.1%

圖 11-1

由圖中可見，銀行業在中國金融業中居主體地位。根據銀監會提供的數據，截至 2005 年 9 月末，中國共有各類銀行業金融機構 3 萬多家。到 2005 年 9 月末，銀行業金融機構境內本外幣資產總額 36.2 萬億元，占全國金融機構資產總額的 90% 以上。

二、建立和完善金融監管體系

現代金融體系是由銀行、證券、保險三部分組成的複雜體系，三個部分各有其特點，因此，對三者的監管要求也不盡相同。中國政府鑒於中國目前的金融發展水平、金融監管能力和三業分業經營的現狀，實行對三個行業的分業監管。2003 年 8 月 6 日，在國務院常務委員會議上，《中華人民共和國中國人民銀行法修正案（草案）》《中華人民共和國商業銀行法修正案（草案）》和《中華人民共和國銀行業監督管理法修正案（草案）》經審議獲得原則通過。三部法律草案的制定，對中央銀行和銀監會職責進行了明確的劃分。

1993 年上半年，證券市場的監管從中國人民銀行分離出來，設立了專門從事證券監管事務的中國證券監督管理委員會（簡稱中國證監會）。

1998 年 11 月，中國人民銀行將對保險業務、保險機構和保險市場的監管也交由新成立的保險監督管理委員會（簡稱保監會）承擔。

2003 年 4 月 28 日，中國銀行業監督管理委員會正式掛牌，中國銀監會屬於國務院直屬單位，統一監督管理銀行、金融資產管理公司、信託投資公司及其他存款類金融機構。銀監會的成立，使中國人民銀行的監管職能分離出來。根據職權，銀監會下設十五個部門，其中，銀行監管一部負責承辦對國有商業銀行及資產管理公司等的監管工作。銀行監管二部負責承辦對股份制商業銀行、城市商業銀行的監管工作。銀行監管三部負責承辦對政策性銀行、郵政儲蓄機構以及外資銀行等的監管工作；非銀行金融機構監管部負責承辦對非銀行金融機構（證券、期貨和保險類除外）的監管工作；合作金融機構監管部負責承辦對農村和城市存款類合作金融機構的監管工作。2003 年 3 月，中國人民銀行將對商業銀行的業務監督職能交由銀監會行使。截至 2003 年 10 月 19 日，根據銀監會統一部署和要求，銀監會 36 個省級派出機構全部掛牌成立，開始正式履行職責。中國銀行業監督管理委員會對設在地方的派出機構實行垂直管理，銀監局根據中國銀行業監督管理委員會的授權，統一監督管理轄內銀行、金融資產管理公

司、信託投資公司及其他存款類金融機構，維護銀行業的合法、穩健運行。

至此，銀行、證券、保險三足鼎立的分業監管格局基本形成。

第二節　加入WTO對中國金融業的影響

一、加入WTO后銀行業的對外開放

中國加入WTO后，開放金融業的承諾大致可分為以下三步：

第一步是全面放開外資銀行的外匯業務。

第二步是分階段放開外資銀行的人民幣業務限制。協議規定，中國加入WTO兩年后即放開外資銀行人民幣業務的服務範圍，並在四年內分五批放開20個城市的地域限制。

第三步是五年后（2006年12月）對境內所有外資銀行全面開放人民幣業務，外資銀行將享有與中國國內銀行相同的國民待遇。

二、加入WTO對中國銀行業的巨大挑戰

(一) 外資銀行對中資銀行形成直接競爭態勢

中國現行銀行業脫胎於傳統體制下政府主導型的銀行體制，許多銀行業金融結構都帶有濃厚的行政色彩。而發達國家的商業銀行是在市場經濟體制下建立發展起來的，按照國際慣例運作和管理。相比之下，國有商業銀行在這些方面存在明顯的缺陷和不足。

到2006年年底，中國加入WTO后的5年過渡期滿后，中國商業銀行市場完全開放，外資銀行可以在中國任意地點設置營業結構、經營任何銀行業務。它們將憑藉雄厚的資金實力、先進的服務技術、成熟的管理經驗和高效的服務質量與中資銀行展開對優質客戶的爭奪，從而分流國內商業銀行的資金來源，擠占國內商業銀行的市場份額。

外資銀行大多實行混業經營，業務經營多元化和綜合化，往往集商業銀行、投資銀行及證券、保險於一身，為客戶提供更全面、優質的服務，在業務競爭中佔有明顯優勢，一部分金融業務可能由中資金融結構向外資金融結構轉移。比如存貸款業務就很有可能出現這種情況，國內一部分企業和居民願意將銀行存款從中資銀行轉移到外資銀行，熟悉外資銀行業務規則的外商投資企業就更願意轉向外資銀行。

(二) 外資銀行的進入將衝擊國有商業銀行的壟斷地位

由於歷史原因和市場進入壁壘，迄今為止，中國銀行業的壟斷程度仍然很高。加入WTO的5年過渡期滿以后，四大國有銀行壟斷銀行業的局面將被打破。

與國外大銀行相比，中國四大銀行的資產規模、經營業務量、經營能力和技術手段都相形見絀，外資銀行具有足夠的衝擊力來打破現在的壟斷局面。這些國際大銀行

是金融業超大型「航空母艦」，資金實力雄厚，籌資能力強。2006年《財富》雜誌根據企業的營業收入評選出了全球最大的500強企業。位居第14位的是美國的花旗銀行集團，其2005年營業收入高達1,310.45億美元。比同年中國四大銀行的營業收入之和還高30%。另外，這些大型外資銀行通過建立國際網絡，可以進行跨國的低成本經營，在國際金融市場上的籌資成本較低，這是國內中資銀行無可匹敵的。

(三) 中國國有商業銀行面臨人才流失挑戰

人才的競爭也對國有商業銀行形成巨大的衝擊。高素質人才的缺乏，特別是那種思維敏捷，富有挑戰精神、有豐富的行業經驗並有強烈成功慾望的經營者和管理者缺乏，是制約中國銀行業未來發展的關鍵問題。國內商業銀行由於受現有體制條件的約束，員工個人收入偏低且內部分配過於平均，對優秀人才的吸引力不足，很難留住優秀人才。而外資銀行先進的硬件設備、優厚的工資待遇、高素質的人才隊伍和富有生機的經營管理機制，將吸引一大批優秀的金融人才。

三、加入WTO有利於推動中國銀行業的發展

反過來說，加入WTO對中國金融業的發展也將起到極大的推動作用。外資金融機構的進入形成競爭，迫使國內金融機構改革。隨著金融市場的開放，中國原有的一些金融限制會逐漸消失，中國金融機構將全面融入國際金融市場。

(一) 促進中國銀行業的體制改革

加入WTO過渡期滿後，隨著對外資銀行設置地域和業務範圍限制的逐步放寬乃至取消，更多的外資銀行在更多的城市開設營業機構，業務競爭將從外匯擴大到人民幣。外資銀行高效的服務水平和卓越的商業信譽必將對國內商業銀行形成一定的衝擊和壓力，產生競爭的激勵效應，促進中資銀行變壓力為動力。這樣不僅有利於促進國內商業銀行深化體制改革，轉換經營機制，提高總體競爭力；而且在外資銀行的競爭壓力下，國有商業銀行的經理人員和廣大職工將有充分的積極性改善管理，提高效率。

(二) 提高國內金融機構的金融服務質量

目前全球性的100多家大商業銀行均已先後進入中國市場，且絕大多數都已開始了業務運作。外資銀行的湧入，會在經營管理、運作機制、業務技術和金融創新上對中國銀行產生強烈的技術外溢效應和示範效應。外資銀行經過幾百年的發展，各方面都已相當成熟，中國的銀行與之有一段較大的差距。加入WTO後，金融市場逐步開放，一方面可以促使國內商業銀行奮起直追，縮小差距；另一方面外資銀行在金融衍生產品、電子金融、風險管理、項目融資、基金管理、營銷策略等方面的成功經驗將為中國銀行提供有益的借鑑。這些都有利於推動中國銀行業的現代化進程。

(三) 有利於國內金融機構拓展海外業務，參與國際競爭

根據WTO的對等與互惠原則，在我們開放金融市場、允許大量外資銀行進入中國的同時，中國開展海外業務的市場准入限制也會逐漸取消，且世貿組織要求成員國允許外方進入金融服務領域。這就為中國金融機構在國際金融市場上爭取更廣泛的生存

發展空間創造了條件，有利於中國金融機構在海外擴大知名度，參與國際競爭，提高國際競爭能力，增加市場佔有率，培育新的利潤增長點，促進中國金融業務的多元化和國際化。

(四) 促進國內金融機構進行結構調整

國內金融機構植根於本國經營的土壤，熟悉國情特別是地方企業的情況，有厚實的客戶基礎和龐大的經營網點，特別是有遍布全國各地的經營網絡，這是我們的比較優勢。外資金融機構的進入將促使我們更加注重發揮自己的比較優勢，加快對金融組織體系的改革，促使國內金融機構的結構向更加合理的方向轉變。

第三節　中國金融業改革面臨的新課題

從總體看，中國金融業的改革相對於其他領域的改革來說，是比較滯后的。經濟生活中層出不窮的新現象、新問題，不斷對金融業提出深化改革的要求。

一、中小企業融資難問題

改革開放以來，生產、流通等領域對民營經濟早已放開，大量非國有企業（以中小企業為主）迅速成長起來。根據國際經驗，企業的成長需要大量融資，因此大量的中小企業要求有大量的中小銀行與它們配套發展起來。大銀行由於經營成本等方面的問題，不適宜成為為中小企業提供貸款的金融機構主體，因而各國一般都有大量的中小銀行與中小企業配套。

但是在中國，由於金融業對穩定國民經濟有特殊重要的作用等原因，中國銀行業一直實行的是以四大國有銀行為行為主體的壟斷制度，維持嚴格的市場准入制度。大量民間中小資本無法像進入製造業那樣自由進入金融業開辦金融企業，民間設立金融機構難上加難，這就使中小企業始終面臨融資困難的問題。

從現實情況來看，以國有商業銀行為主的銀行體系已難以適應市場經濟發展的需要。這表現在銀行結構和國民經濟的企業結構嚴重不對稱。這些年來中國非國有企業創造了全國將近70%的產值，卻只能獲得大概不到30%的貸款。而國有企業創造全國30%的產值，卻獲得70%的金融資源。正是這種不合理的資源分配體制，導致金融資源分配出現扭曲和無效率。中小企業貸款難問題突出。這種情況的后果是一方面在國有企業和國有銀行之間存在大量的壞帳，而另一方面則是非國有經濟的融資渠道不暢，制約著整個經濟的進一步發展，也制約著金融市場的成熟和發展。

二、中國「地下金融」的問題

地下金融是指處於正規金融體制之外、國民經濟統計核算未予覆蓋的金融形態。它是地下經濟的組成部分，如標會、抬會、地下錢莊等。

正由於廣大中小企業尤其是民營中小企業存在著嚴重的融資難問題，因此地下金

融作為非正規金融體制的主要組成部分屢禁不止。中央財經大學課題組在國家自然科學基金資助下於 2005 年初完成了一項專題研究。該調查測算結果表明，2003 年中國地下信貸規模介於 7,400 億元和 8,300 億元之間。事實上，這仍可能是一個保守的數字。根據此前的地區性研究和估算，僅溫州一個城市的地下金融就有 1,500 億元左右，廣東省的規模則可能達到 5,000 億元左右。

中國政府對金融業實行嚴格的行業准入制度，地下金融一直是政府打擊和取締的對象。

三、民間金融合法化問題

金融業是否應當對民間資本開放，是中國金融界長期爭論而遲遲未能達成共識的一個重要問題。其實，時至今日，民營資本進入中國銀行業已不存在法律障礙。首先，《中華人民共和國商業銀行法》並沒有禁止民營資本參與商業銀行的設立。《農村商業銀行管理暫行規定》中明確規定：農民、農村工商戶、企業法人和其他經濟組織都可以作為農村商業銀行的發起人。《關於規範向農村合作金融機構入股的若干意見》提出，自然人、企業法人和其他經濟組織符合向金融機構入股條件的均可向其戶口所在地或註冊地的農村合作金融機構入股。對非銀行金融機構，如《信託投資公司管理辦法》《金融租賃公司管理辦法》《企業集團財務公司管理辦法》《汽車金融公司管理辦法》《貨幣經紀公司管理辦法》等均沒有限制民營資本參與金融機構的規定。

不僅法律法規沒有規定民間資本不得進入金融業，而且《國務院關於鼓勵支持和引導個體私營等非公有制經濟發展的若干意見》第五條也明確規定：「允許非公有資本進入金融服務業。在加強立法、准入、嚴格監管、有效防範金融風險的前提下，允許非公有資本進入區域性股份制銀行和合作性金融機構。符合條件的非公有制企業可以發起設立金融仲介服務機構。」

事實上，民營資本已成為中國銀行業金融機構資本金的重要組成部分。目前，民營資本已經進入中國銀行業的各個領域。

中國銀監會對民資進入銀行業總的態度是：區分兩種准入，歡迎民營資本，防止關聯交易，審慎設立機構。這就是說，民營企業資本銀行業不存在法律障礙，而且目前已經出現了一大批民營資本參股甚至控股的商業銀行。但在機構交往上，監管當局一直持審慎態度。這種審慎態度從目前銀行業潛在風險仍然較大，懂業務、會管理的專門人才仍然十分緊缺，從維護存款人利益和防範金融風險的角度出發，是可以理解的，但這也使地下金融問題遲遲得不到解決。

四、農村金融問題

農村金融是公認的世界性難題。雖然中國已經多次對農村金融進行局部乃至全局性改革，但目前，農村金融體系依然無法滿足「三農」對金融服務的巨大需求，這也成為中國新農村建設的嚴重阻礙。

根據中央財經大學課題組測算結果，全國 15 個省份農戶非正規金融途徑取得的借貸規模指數為 56.78，也就是說，農戶只有不到一半的借貸是來自銀行、信用社等正規

金融機構，非正規金融途徑獲得的借貸佔農戶借貸規模的比重超過了一半。

農村金融涉及中國農業銀行、中國農業發展銀行、農會商業銀行、農村合作銀行、農村信用社和郵政儲蓄。現在農村金融問題，首先是國有大型銀行實行戰略調整和業務轉型後遺留的問題，是中國金融改革過程中的問題。國有大型銀行經歷持續的機構撤並和人員裁減，農村金融市場的「正規率」讓位後，其他金融主體沒有及時補位，資金供給出了問題。其次是機制問題。農村資金需求有其自身的特點：第一，農村的經營主體小而分散，對貸款的需求也是小而分散；第二，資金需求臨時性強，週期性短。農業貸款有很強的季節性，不像城裡的房地產開發貸款那樣20年、30年。這就要求審批手續簡便易行。按照國有銀行改革的路徑，不可能以農村為主要市場，農民的需求小而快，而國有銀行實行規模經營，追求股本回報，無論是經營戰略還是經營模式都無法適應農村資金需求，因而農村金融市場的發展在結構上出現問題。

2006年中央一號文件第25條規定：「在保證資本金充足、嚴格金融監管和建立合理有效的退出機制的前提下，鼓勵在縣域內設立多種所有制的社區金融機構，允許私有資本、外資等參股。大力培育由自然人、企業法人或社團法人發起的貸款組織，有關部門要抓緊制定管理辦法。引導農戶發展資金互助組織，規範民間借貸。」這意味著外資、個人可以直接進入農村金融，開辦社區銀行，而過去這些都是非法金融、非法集資。這是一個制度上的重大突破。縱觀整個農村金融體系的發展前景，應該是建立一個多層次的服務於鄉鎮或者區域經濟的新型的農村金融機制。

五、中國銀行業的不良貸款問題

不良貸款是指借款人未能按原定的貸款協議按時償還商業銀行的貸款本息，或者已有跡象表明借款人不可能按原定的貸款協議按時償還商業銀行的貸款本息而形成的貸款。

從2000年開始，中國人民銀行根據國際銀行業監管標準的要求，開始推行國際銀行業普遍採用的貸款「五級分類標準」。貸款分為正常、關注、次級、可疑和損失五個類別，其中次級、可疑和損失為不良貸款。

根據國家統計局的數據，按照「五級分類標準」，2003年年末主要金融機構不良貸款餘額為2.44萬億元，不良貸款率為17.8%。根據中國銀監會公佈的最新權威數據，截至2006年第一季度，中國商業銀行不良貸款繼續保持「雙降」，主要商業銀行（國有商業銀行和股份制商業銀行）不良貸款餘額為12,068.4億元，比年初減少127.9億元，不良貸款率為8.3%，比年初下降0.6個百分點。

中國的商業銀行不良貸款的產生，既有歷史上的原因，也有經濟體制改革因素的影響；既有整個社會經濟環境的原因，也有商業銀行自身的經營管理機制方面的原因。具體說來，中國商業銀行不良資產的產生與下列因素有關：

1. 社會融資結構和國有企業經營機制的影響

中國傳統上是以商業銀行為主的融資格局，資本市場的發展相對滯后。企業普遍缺少自有資金，主要依靠間接融資，使得社會的信用風險集中到商業銀行中。而在改革過程中，企業的經營機制沒有很好地解決，企業效益不好，難以償還銀行的貸款。

這是中國銀行業大量不良貸款產生的重要原因。

2. 宏觀經濟體制的影響

長期以來中國的經濟增長主要依靠政府主導的粗放型經營模式，國有銀行根據政府的指令發放貸款。這種貸款既包括地方政府為追求政績、緩解地方經濟困難而要求銀行發放的商業貸款，也包括國家根據宏觀經濟發展的需要而要求銀行發放的政策性貸款。經濟轉軌後，這些貸款相當多都收不回來，改革的成本大部分都由銀行承擔，由此形成大量不良貸款。

3. 商業銀行本身改革不到位

中國的國有商業銀行在由計劃經濟向市場經濟轉軌的過程中，受制於一系列內部與外部條件的約束，市場化步履維艱。未能建立起有效的法人治理結構，在經營機制和管理方面都存在著影響銀行資產質量提高的許多問題。另外，社會信用環境不好，有的企業沒有償還銀行貸款的動機，相關的法律法規也沒有很好地得到實施。對商業銀行的監管工作不足，這些也都是不良貸款形成的影響因素。

貸款是由存款形成的，銀行到期必須向存款儲戶支付本息，這是一種硬約束。不良貸款比例過高，勢必危及國家的金融安全和儲戶的切身利益；影響到國有銀行對國民經濟發展的支持能力；增加了財政風險，損害納稅人的利益；容易誘發社會性的道德風險；還可以引發地區性的或者全球性的金融風險。為了避免這種危機發生，中國政府支付了巨額成本。

第十二章　中國政府的宏觀調控

第一節　政府實行宏觀調控的經濟學原理

一、政府進行宏觀調控的理論分析

(一) 宏觀調控的定義

宏觀調控，是指在市場經濟條件下，為了實現社會總供給與總需求的總量及結構的相互協調，政府對國民經濟進行的調節與控製。其目的在於使國民經濟均衡協調發展，實現社會經濟資源的優化配置，為微觀經濟運行提供良好的宏觀環境，以實現經濟發展戰略目標。

宏觀調控（尤其是間接宏觀調控）通常是通過調節宏觀經濟變量達到某種政策目的的干預行動。宏觀經濟變量作為經濟學的基本概念，指的是內涵外延能夠覆蓋經濟的整體變量，如一般物價水平、失業率、利率、匯率、稅率等。

(二) 政府宏觀調控的原因和由來

1. 「市場缺陷」客觀上需要政府宏觀調控

經濟學上所講的宏觀調控是二次調控。一次調控是市場自發的調控；二次調控是針對市場的缺陷由政府進行的調控。一般來說，如果市場的一次調控可以把資源配置到經濟社會協調發展的程度，政府的一次調控就可以完全不必要。但在前面我們曾經說過，市場經濟存在宏觀性失靈、信息性失靈、公共性失靈、壟斷性失靈、外部性失靈、分配性失靈這 6 種失靈（缺陷），這些失靈（缺陷）構成了政府調控或干預經濟的直接理由。政府在調控宏觀經濟時，主要是針對這些市場缺陷而展開的。

從理論的角度看，政府在經濟運行和調節中發揮作用，首先並不是基於「政府優越」的考慮，而是基於「市場缺陷」的考慮。在經過幾百年市場經濟的發展後，人們發現市場愈益表現出自身無法克服的缺陷，有一些事務，特別是屬於宏觀範疇的事務，靠市場是沒有辦法解決好的。市場的缺陷不能用市場的辦法來解決，所以政府對經濟的宏觀調控是十分必要的。

2. 自由競爭時代不存在政府宏觀調控

在自由競爭的時代，是沒有政府宏觀調控一說的。宏觀調控大體上是從 1929—1933 年大危機以後才出現的政府行為。從 1776 年亞當·斯密的《國富論》問世以來，「看不見的手」的理論一直是古典學派信奉的教條。他們十分迷信市場機制的自發調節

作用，認為市場經濟是一架精巧的機器，每個行為人在自身利益驅動下的自由選擇會形成一種自然秩序。市場機制作為一個自由體系具有自發實現人類經濟生活平衡的功能，這種功能猶如一只看不見的手，促使每個人去實現並非屬於他原來意圖的目標。因此，在完全競爭的市場條件下，市場機制的自發調節作用可以實現總供給與總需求的平衡，無須政府干預或調控。

亞當·斯密認為「最好的政府是管得最少的政府」，主張建立起「小政府、大市場」的理想模式。他認為政府只需承擔三大職能：對外，保護本國社會的安全，使其不受其他獨立社會的暴行與侵略；對內，保護本國人民不受其他人的欺侮或壓迫，設立一個嚴正的司法行政機構；此外，建立並維持某些公共機關和公共工程。這類機關和工程，對於一個大社會有很大利益，但如果由個人或少數人辦理，那所得利潤絕不能償其所費。所以這種事業，不能期望個人或少數人出來創辦或維持，只能由政府來舉辦。至於對經濟運行本身，政府是無須進行調控或施加影響的。

3. 二戰前後各國政府對經濟實施宏觀調控

遵循亞當·斯密的理論，在自由競爭時代，政府確實很少調控經濟，都是由經濟規律自發地調節國民經濟的運行。但1929—1933年西方國家發生了一次世界性大危機，使整個西方經濟陷入谷底不能自拔。其實從1825年開始，西方市場經濟國家就開始了週期性的經濟危機，每10年左右就會發生一次，但那時每一次經濟危機，都是靠市場經濟自身的力量進行調控，擺脫危機，進入下一輪循環，而政府不予干預。但1929—1933年這次經濟危機，市場機制自動調控經濟的功能失效了，全社會陷入一片混亂之中，遲遲無法走出危機。

在此背景下，美國第32任總統羅斯福就任，他一反歷屆政府不干預經濟的傳統做法，推出了著名的「羅斯福新政」，大刀闊斧地對美國經濟進行全面干預，將美國從經濟危機的泥潭中拯救了出來。參看資料連結12-1：

資料連結 12-1

羅斯福新政

在西方國家政府調控經濟的歷史上，美國的第32任總統羅斯福的「新政」，提供了一個政府進行宏觀調控和干預經濟比較成功的早期案例。大危機爆發后，1929—1932年三年間，美國的國民收入減少了一半，工業生產下降了55.6%，下降到1905—1906年的水平；美國國內生產總值從1,044億美元下降到410億美元；進口貿易從1929年的45億美元銳減到1932年的13億美元，出口則從53億美元下降到17億美元。道·瓊斯工業指數從1929年到1932年暴跌了85%；失業率從1929年的3.2%驟升到1933年的25%；從1931年到1935年，淨投資為負；從1929年到1932年，貨幣供應量減少了20%，銀行存款減少了約30%。面對經濟急遽衰退，羅斯福總統放棄了傳統的占主導地位的「市場可以自動實現均衡」和「經濟和諧論」等市場自由主義理論，轉而採取政府宏觀調控干預經濟的政策。

在羅斯福「新政」採取的政府干預措施中，重點是實施擴張性財政政策，包括：

加強公共設施建設，如治理田納西河流域、建立協調一致的鐵路運輸系統；成立國民工程管理署，成立公共工程建設局，以工代賑，修築、改善公路和教學樓；增加工資和軍事開支，包括建造航空母艦；降低低收入者的稅率；對農民實行各種補貼，以增加農民的收入；對工會讓步，以刺激工業生產恢復。同時加強社會保障，保證全體公民的最低生活水平。在運用這些財政政策措施的同時，還有貨幣政策和其他政策的配合。這些措施的主要特徵是強化政府對經濟的積極干預，而不是讓市場放任自流。

由於「新政」採取了變「無政府狀態」為「有政府狀態」的措施，美國經濟從1929—1933年的蕭條之中走了出來，出現了1935—1936年的相對繁榮。1935年美國農民的全部現金收入由1932年的40億美元增加到70億美元。失業人數比1933年初減少了400萬；1936年工業生產上升了1倍多；道·瓊斯股票指數上升了80%；國民收入和公司利潤增加了一半以上。從1933年到1937年，實際GNP增長率接近9%。我們當然不能因此而誇大政府干預的作用，但是，政府的確做了市場當時做不到的事情。

（資料來源：韓琪. 中國經濟論綱（修訂本）[M]. 北京：中國對外經濟貿易出版社，2002）

羅斯福新政是在實踐上對政府調控經濟的全面嘗試。在理論上，英國著名經濟學家凱恩斯1936年發表了其代表作《就業、利息和貨幣通論》。該書的出現引起了西方經濟學界的震動，認為這是一場經濟學的「凱恩斯革命」。凱恩斯抨擊自由競爭時代的傳統經濟理論，對資本主義經濟進行總量分析，提出了有效需求決定就業量的理論，主張政府對經濟實行干預。

有效需求包括消費需求和投資需求，主要由三個基本心理因素即消費傾向、收益預期、流動偏好決定。凱恩斯認為現代資本主義社會之所以存在失業和蕭條，就是由於這些因素交互作用而造成的有效需求不足。據此，他提出加強政府對經濟的干預，採取財政金融政策，增加公共開支，降低利率刺激投資和消費，以提高有效需求，實現充分就業。

凱恩斯主義認為，僅靠市場機制的自發調節作用不可能實現經濟的平衡和充分就業，必須依靠政府干預來刺激總需求，政府通過財政、貨幣、福利政策影響市場，以達到經濟平衡，實現充分就業目標。

第二次世界大戰結束後，凱恩斯理論成為西方國家的主流經濟學理論。各國政府都開始不同程度地對經濟實行干預。凱恩斯主義的盛行，確實造就了戰後西方發達國家將近20年的繁榮和輝煌，雖然此後經過幾十年國家干預的實踐，又出現了滯脹、效率降低、官僚主義等問題，但直至今天，儘管國家干預的手段和方法在不斷地調整改善，國家干預卻從未從經濟生活中退出過。

（三）現代經濟的發展需要政府的作用

在現代社會，無數經驗證明，無論是在社會生產還是在社會生活中，每一個企業、每一個個人都需要政府，都離不開政府的幫助。例如1998年，中國的長江流域出現了百年未遇的全流域性洪災，松花江、嫩江也出現了歷史上罕見的大水災。在如此嚴重的水災面前，如果沒有政府強有力的領導和組織，大規模地垮壩必不可免；如果沒有

政府和社會的有效救助，災民的生活、生產就難以很快恢復。從這個角度看，政府對國民的生活和生產是必不可少的。

在經濟運行機制的選擇上，人類花幾百年的時間選擇了市場經濟。從20世紀20年代到70年代，許多國家都進行了非市場經濟道路的探索，包括選擇計劃經濟的道路。但不管是哪一條道路，這些國家在不同的經濟條件下都證明，現代經濟發展不能走「無政府狀態」的道路。計劃經濟的失敗只能證明政府不能替代市場，卻不能證明市場不需要政府。被認為市場自由主義色彩最濃的美國，也有包括聯邦儲備銀行和財政部在內的這些「政府機構」經常對經濟進行強有力的調控。中國發展社會主義市場經濟，並不意味著政府退出市場，而是政府必須在市場的基礎上對經濟進行調控。

二、宏觀調控的類型和特點

政府對國民經濟實行宏觀調控可以採取不同的方式，概括起來可分為直接調控和間接調控兩種類型。

（一）直接調控

1. 定義

所謂直接調控，是指政府主要運用行政手段，通過指令性計劃，針對每個經濟目標、經濟活動過程進行直接調節和控製。

2. 特點

直接調控的主要特點是調控目標微觀化、調控過程直接化、調控手段行政化。中國在計劃經濟條件下，這種直接調控就是國家對一切經濟活動，包括生產領域活動、流通領域活動、分配領域活動和消費領域活動實行直接控製。即使在今天發達的市場經濟國家，在某些特定的情況下，政府在短期內有時也會採取直接調控的手段。

（二）間接調控

1. 定義

所謂間接調控，是指政府主要運用經濟手段和法律手段，通過市場機制的作用引導和調節微觀經濟活動，最終實現宏觀經濟目標。間接調控是宏觀調控的一種方式，主要是根據市場變動規律和長期趨勢，通過對市場參數施加影響，來調整企業的經濟行為，達到保持市場穩定、均衡和間接導向的目的。

2. 特點

間接調控的特點主要是：①以總量控製為主，即主要目標是調控國民經濟總體活動，而不是直接干預企業的活動。②以控製價值平衡為主，即政府主要通過調整經濟參數（利率、匯率、稅率等）來影響市場，調控財政、信貸和外匯的收支平衡，為市場提供一個大的框架，以調節企業的經營和投資活動，而不是審批產量指標和調撥物資。③調控的直接對象是市場，最終作用對象是企業。國家通過規定市場運行方向，糾正市場偏差，補充市場不足，使市場成為社會供求規律和結構的顯示器、轉換器，為企業經營決策提供可靠的信息，創造良好的競爭環境。

(三) 兩種調控類型的優缺點

1. 直接調控的優缺點

直接調控的優點是：能夠把國家宏觀經濟目標與達到目標的手段以簡明的形式結合起來，減少宏觀調控政策發揮作用的仲介環節，相對縮小政策效應的「滯后」時間，因而控製速度較快，比較容易在預定時期內達到政府所期望的目標值。缺點是：國家直接規定市場信號，破壞市場機制的內在邏輯，導致市場功能的紊亂或喪失；很可能背離市場發展的內在規律，並且使調整過程中的震盪加大，出現人為的非常規波動。一般來講，直接調控的成本比間接調控的成本要大。例如在中國，每一次實施直接調控都要付出巨大的宏觀調控成本，形成大量的「半截子」工程等。

2. 間接調控的優缺點

間接調控的優點是：政府利用經濟參數調控市場，通過市場影響價格信號變動，企業根據價格信號的變動作出反應，從而通過市場機制的作用來實現政府的宏觀調控目標；間接調控對經濟機體的傷害比較小，符合市場經濟的要求，對企業和個人的損失也相對較小。其缺點是：間接調控必須以市場機制的充分發育和完善為前提，在未發育或扭曲的市場條件下，政府用於調節供求關係的各種參數的輸入，往往因市場不健全而不能輸出符合宏觀調控意圖的市場信號，使間接調控落空或達不到應有的效果；從市場運行過程來說，即使傳導機制暢通，要想達到預期效果一般也比直接調控需要更長的時間，例如通過調節利率來影響投資，比政府直接下令收縮貸款規模要慢得多。

宏觀調控方式與經濟體制有著密切關係。一般說來，實行計劃經濟體制，更多的是採取直接調控方式，而實行市場經濟體制，更多的則是採取間接調控方式。

(四) 中國經濟中政府調控的兩個階段

新中國成立至今，中國經濟中的政府調控大致可以分成兩個大的階段：

第一階段是 1978 年改革開放以前在計劃經濟條件下的政府直接調控。嚴格地說，這是一種比直接調控更加嚴厲的直接管制。在這一階段，市場被視為洪水猛獸，市場機制被認為是與資本主義私有制相聯繫的制度，強調政府在社會經濟活動中的絕對支配地位，把一切經濟活動直接納入計劃軌道。社會生產和再生產的全過程都由政府決定，不僅直接決定生產什麼、怎樣生產和直接控製交換過程，而且包攬分配和消費的決策，以計劃指令取代價格，以行政分配取代市場選擇，政府對經濟活動的一切領域進行統一管制，政府的作用被推至極端。這種極端的政府干預，持續了 25 年之久，后來被證明是不成功的，所以，不得不選擇市場經濟的道路。

第二階段是 1979 年改革開放以來在計劃經濟向市場經濟轉軌過程中，政府逐漸從直接調控轉向間接調控。從計劃經濟轉到市場經濟不是一件容易的事情，需要整個社會經濟機制的全面轉變，政府調控也經歷了這一轉變。這一階段的基本特徵是政府對經濟活動直接發揮影響的範圍逐漸縮小，在直接生產過程中的干預力度逐漸減弱，干預方式逐漸改善，由以直接調控為主轉向以間接調控為主，經濟參數（利率、稅率、匯率、貨幣供應量等）調節的作用增大。

隨著宏觀、微觀調節機制的改革，中國原來以直接調控為主的模式正在向以間接

調控為主的模式轉變，政府對經濟的影響越來越多地借助於參數管理。間接調控正在越來越強化，直接調控正在越來越弱化。隨著市場經濟的全面發育，特別是隨著微觀經濟主體的多元化，間接調控機制將逐步取代直接調控機制，在經濟生活中起主導作用。

三、政府的經濟職能

政府在經濟發展中有什麼作用？政府應該如何發揮其促進經濟發展的作用？這些都是引起曠日持久討論的經濟理論和經濟政策的論題。

各國的經濟發展史均提供了許許多多的成功經驗和失敗教訓，使人們懂得：一方面，如果沒有一個明智政府的積極促進，任何國家要實現經濟發展和社會進步都是不可能的；另一方面，政府干預過多而帶來經濟災難的例子也可謂汗牛充棟，以至於經濟學家阿瑟·劉易斯感嘆道：「政府的失敗既可能是由於他們做得太少，也可能是由於他們做得太多。」因此，討論政府的經濟職能，實際上就是探索在經濟發展過程中政府所應扮演的角色，這使我們能夠既認識到政府的經濟職能所在，又能夠將政府作用界定在適宜的範圍內。

總結歷史經驗，我們可以原則上把政府的具體經濟職能界定在以下四個方面：

（一）政府的管理調節職能

政府的作用首先是保護產權，維護市場的競爭性和規則性。據此而提出的政府經濟職能，主要有建立市場規則和實施反壟斷法。

1. 制定管理和限制措施

政府通過這些措施來提高社會範圍內某些群體的福利水平，以保護其利益。如立法反對壟斷、減少市場的外部性、保護消費者和勞動者的利益；設置公平交易局、壟斷與兼併委員會、反污染立法機構等，規定各種工作條件、安全指數等。

2. 制定價格和收入政策

政府通過這些政策調節公用事業收費和國有行業的價格等。在許多自然壟斷行業裡，市場上生產者和消費者的地位和力量是不對等的，政府必須以第三者的身分進行調節，保護消費者的利益。

（二）政府的資源配置職能

一般而言，資源配置主要是由市場進行的，但如前所述，市場不是萬能的，在公共物品生產等領域，市場是失靈的，需要政府來彌補。政府要採取適當的方式，參與建設和投資於一些具有公共效益、私人企業不願投資建設的產業或部門，如那些需要較大規模的初始投資和需要較長建設週期的基礎設施建設項目以及科教文衛等社會事業。這是政府資源配置職能的主要內容，是彌補市場失靈的必要措施。除此以外，政府的資源配置職能還指通過公共部門收支活動以及相應政策的制定、調整和實施，實現對社會現有的人力、物力、財力等社會資源結構和流向的調整與選擇。在市場經濟條件下，政府一般會採用財政手段進行資源配置。具體手段一般有兩種。

1. 公共支出

（1）政府可直接提供某些市場供給不足的產品，如公共物品、準公共物品等。政府就像是一個提供公共物品的特殊「公司」，為公民和社會提供安全和秩序，保護每個人的人權和產權，這是政府提供的最重要的公共物品。還有科教文衛等準公共物品等。

（2）財政補貼。財政補貼分為兩類：一類補貼是以財政支出的形式直接提供的財政援助，對接受補貼者會產生激勵作用，如對生產者的特定生產投資活動的補貼，像財政補貼、財政貼息等，可直接增加生產者的收入，從而提高生產者的投資和供給能力。又如對消費者的補貼，目的在於直接增加消費者的可支配收入，鼓勵消費者增加消費需求。另一類是以減少應上繳的公共收入的形式間接提供的財政援助，如減免農業稅、對外商投資企業「兩免三減」和外貿出口退稅，都屬於財政補貼。補貼服務於特定的目標，具有鮮明的政策意圖。

（3）政府支出。這既包括政府投資，也包括政府消費和政府採購。政府投資指財政用於資本項目的建設支出，最終將形成各種類型的固定資產。在市場經濟條件下，政府投資的項目主要是指那些具有自然壟斷特徵、外部效應大、產業關聯度高、具有示範和誘導作用的基礎性產業、公共設施以及新興的高科技主導產業。政府消費和採購是市場上不可小覷的購買力，也是政府影響資源配置的重要變量。

2. 政府稅收

政府可通過調整稅率或稅基來鼓勵或限制某些產品的生產或消費。如固定資產調節稅、利息稅等，以體現政府的政策意圖。這也是政府在資源配置領域發揮職能的具體表現。

(三) 政府的分配和再分配職能

市場競爭的結果必然是收入差距拉大，出現兩極分化現象。政府為了改善收入分配不平等狀況，採取各項措施進行分配和再分配。這些措施主要有：

1. 徵稅—轉移支付制度

徵稅—轉移支付制度指按照支付能力原則設計的稅收制度和按照受益能力原則設計的轉移支付制度。政府通過徵稅強制性地把財富從那些高收入者手中集中起來，再通過補助金或救濟金制度，用貨幣或實物形式把財富轉移給低收入者。這是一種典型的劫富濟貧的再分配手段，有利於緩解市場競爭造成的貧富懸殊和社會衝突。

2. 政府將稅收籌集的資金用於公共事業投資

政府將稅收籌集的收入用於公共事業投資，以增進社會福利，使不同階層的人們都可以在一定程度上分享經濟增長帶來的成果。例如西方福利國家實行的就是在全社會範圍內進行大規模的再分配、所得稅率和社會保障程度較高的福利制度。

3. 政府通過稅收和補貼調整不同收入階層的負擔

政府對奢侈品以高稅率徵稅，對必需品進行補貼，以調整不同收入階層的負擔。政府的這種分配與再分配職能，對於保持社會的安定是十分必要的。

(四) 政府的穩定職能

政府作為宏觀經濟調控者，有責任採取獨立的貨幣政策和財政政策，以降低經濟

發展過程中的過度波動，保持宏觀經濟的總量平衡和結構優化。一般來說，財政政策和貨幣政策在履行政府的穩定職能方面發揮著至關重要的作用。

1. 靈活自動的財政政策

這是指通過調整預算收支來調節社會總需求。在經濟過熱時，財政可以減少支出或增加稅收；在經濟蕭條時則相反。以財政收支的不平衡來換取整個社會總供求的平衡，從而實現經濟穩定的職能。

2. 自動穩定器

這是指通過財政的某些制度性安排來發揮對經濟的自動穩定作用，如實行累進稅、失業救濟金制度。

3. 利用貨幣政策實現穩定職能

通過調節貨幣供應量來影響利率，通過調節存款準備金率、再貼現率、再貸款率和公開市場業務來影響社會的投資和消費，都是政府利用貨幣政策實現穩定職能的具體手段。

另外，政府利用產業政策實現產業結構優化、實施反貧困政策、為失業者提供失業救濟和再就業機會等，都是政府穩定職能的體現。在這些方面，政府的作用是非常明顯的。

第二節　中國政府宏觀調控的目標

一、政府宏觀調控的政策目標

1. 經濟增長

經濟增長是指在一定時期內社會所創造的總產量、人均產量和人均收入等的增長。經濟增長意味著社會生產力的提高，意味著社會物質財富的增加，為不斷提高人民群眾的生活水平和福利水平提供了物質基礎。經濟持續穩定增長，是國民經濟全面發展的主要標誌，是經濟結構合理、比例協調、效益提高的結果。經濟增長可以用國內生產總值（GDP）、國民生產總值（GNP）、國民收入（NI）的增長率等來表示。在中國，主要使用 GDP 或人均 GDP 指標。

經濟增長率多高為適宜，這在不同經濟條件下是不同的。一般說來，在發展中國家，國民生產總值年均增長率 1%~3% 屬低速增長，4%~6% 屬中速增長，7%~9% 屬高速增長。而在發達國家，相應的增長率指標就要低一些。而在中國，1979—2004 年 GDP 年均增長率為 9.6%，2005 年為 9.9%，保持了 20 多年的持續高增長。

2. 充分就業

充分就業是指所有願意工作的勞動者都能按照他們願意接受的工資找到職業，這是與一定的自然失業率相適應的就業狀態。充分就業並不等於沒有人失業。在充分就業狀態下，社會上還會有一部分勞動者失業，存在著包括摩擦性、結構性和自願性失業等在內的「自然失業」。摩擦性失業和自願性失業是一種正常現象，它們在勞動力大

軍中所占的比重,稱為自然失業率。實現充分就業,就是要把失業率保持在自然失業率的水平,使摩擦性失業和自願性失業以外的所有願意工作的勞動者都能找到工作。

充分就業是勞動力總供求平衡的標誌,也是社會經濟繁榮、穩定、健康發展的標誌。因而各國都把控製失業率,實現充分就業作為宏觀調控的重要目標。在中國,社會主義制度本身要求社會盡可能為具有勞動能力的勞動者提供就業機會,但受現有物質基礎條件的限制,同樣難以使全體勞動者完全就業。中國政府在解決就業問題方面面臨三重壓力:一是國有企業改革帶來的「制度性失業」;二是由二元經濟發展階段轉換帶來的失業;三是由出生高峰形成的人口過剩帶來的失業。在這三重壓力下,單靠市場力量,很難實現充分就業目標,政府必須對此進行宏觀調控。

3. 物價穩定

物價穩定是指物價總水平基本穩定,而非所有商品價格靜止不變。在市場經濟條件下,商品種類繁多,商品價格漲落是客觀存在的正常現象。實行宏觀經濟調控並不期望各種商品價格靜止不變,它所追求的目標是保持一般價格總水平的穩定,把物價控製在經濟運行、社會心理所能承受的範圍內。

物價穩定是國民經濟總量平衡、結構協調、健康發展的綜合反應。如果商品供求總量、貨幣供求總量平衡,經濟結構協調,經濟增長速度合理,則物價總水平就會穩定;相反,如果貨幣供求總量不平衡,就會導致社會總供求不平衡,直接影響物價水平的穩定,或者導致物價結構性波動。物價穩定狀況用市場價格的指數來表示。物價基本穩定的標誌是:物價綜合指數每年自發上漲率保持在2%～3%。出現兩位數的物價上漲率則可認為物價穩定的目標沒有實現。中國近年來在經濟增長保持9%左右的增長速度的同時,物價一直保持在較低水平上,是十分難得的。

4. 國際收支平衡

國際收支平衡是指國際收支項目(包括經常項目、資本項目和官方儲備結算項目等)不利用調節性交易而能達到的平衡。這種國際收支平衡不僅包括國際貿易收支、勞務貿易收支和單方轉移,而且包括長期資本移動、短期資本移動的資本項目以及儲備結算項目。

在國際收支平衡中,政府要做的不是消除短期非均衡、不是讓每年的進出口絕對相等,不是消除赤字和順差,而是降低長期動態意義上的進出口波動程度。當然,短期的非均衡程度也不能太高,特別是逆差不能太大,否則就會造成比較明顯的市場不穩定、通貨膨脹或通貨緊縮和由貿易赤字推動的經濟危機。所以政府調控國際收支的目標是實現國際收支在動態意義上的相對平衡。

一般來說,外匯儲備的合理規模是3～4個月的用匯需求。但是,對中國而言,由於面臨對國民經濟的整體性技術改造、逐步實現人民幣資本項目下的自由兌換、適當開放證券市場和外匯市場等方面的任務,政府手中掌握的外匯儲備比常規規模應當大一些。中國2005年年末的外匯儲備為8,189億美元,已超過日本而成為世界第一大外匯儲備國。國內理論界一般認為,該外匯儲備量偏大。

另外,社會分配公平、產業結構調整、人口規模、固定資產投資規模等,也是政府宏觀調控的目標。

二、宏觀調控目標的矛盾衝突

上述宏觀調控目標中，有些目標表現出獨立性，即一個目標的實現與另一個目標的實現互不相關，有些目標之間卻存在著密切關聯。這些關聯有的是互補關係，即一個目標的實現能促進另一個目標的實現；有的是交替衝突關係，即一個目標的實現對另一個目標的實現起排斥作用。

1. 經濟增長與物價穩定之間的交替關係

增加投資是推動經濟增長的主要途徑之一，要增加投資就必須提高投資者的預期利潤率，而為了提高投資者的預期利潤率，就需要維持較低的利息率水平，或者使實際工資率下降。可要維持較低的利息率水平就必須使貨幣供應量增加，而貨幣供應量增加容易引起物價上漲；要使實際工資率下降，也需要刺激物價上漲。在各部門增長不平衡的情況下，即使總供求關係基本平衡，個別市場的供不應求也會產生連鎖反應，引起通貨膨脹。為了控製物價，就要收緊銀根，這又會使經濟滑坡。因此，在充分就業的條件下，經濟增長目標與穩定物價目標之間存在著相互矛盾的交替關係。

2. 充分就業與物價穩定之間的交替關係

為了實現充分就業目標，必須刺激總需求，擴大就業量。這一般是通過增加投資和消費、實行赤字財政政策，增加貨幣供應量等途徑來實現的。由此必然引起物價總水平上升；為了抑制通貨膨脹，就必須緊縮貨幣供應量，縮小投資規模，由此又會引起失業率上升。失業率與通貨膨脹率的交替關係一般可用菲利浦斯曲線（The Phillips Curve）來表示。

3. 充分就業與國際收支平衡之間的交替關係

充分就業意味著工資率的提高和國內收入水平的上升，其結果是：一方面，較高的工資成本不利於本國產品在國際市場上的競爭，從而不利於國際收支平衡；另一方面，由於收入水平上升對商品的需求增加，不僅使商品進口增加，而且要減少出口，把原來準備滿足國外市場需求的產品轉用於滿足國內增大了的需求，於是國際收支趨於惡化。要消除國際收支赤字需要實行緊縮，抑制國內的有效需求，從而又不利於充分就業目標的實現。

4. 平等和效率之間的交替關係

此處的平等是指社會成員收入均等化，效率是指資源的有效配置，是投入與產出的比較。效率原則要求對提供和創造不同效率的人們給予有差別的報酬；平等原則要求縮小人們的收入差距。嚴格說來，市場經濟是一種以追求效率最大化為目標的競爭經濟。在這種經濟中，存在差別是一種自然的事情，而且極易出現兩極分化。這不僅是一個制度現象，也是一個由於人們之間存在能力差別而產生的必然現象。有能力差別，就會有貢獻上的差別，應該「等量貢獻獲得等量報酬」。如果要完全消除這種差別，就必須以犧牲效率為代價，即強調效率的結果會拉大收入差距，但收入均等化又會因缺乏足夠的動力而影響效率。然而，如果使人們感受的差別太大，容易導致社會不穩定。因此，在同一時點上，效率和平等不可能兼而有之。強調效率，就要容忍收入不均等；要實現收入均等化，就必須犧牲一些效率。

經濟政策目標之間的交替關係決定了政府必須對各種目標進行價值判斷，權衡其輕重緩急，斟酌其利弊得失，確定各個目標值的大小和各種目標的實施順序，並盡量協調各個目標之間的關係，使所確定的目標體系成為一個協調的有機整體。

第三節　宏觀調控的基本手段

一、計劃引導

計劃引導既包括中長期規劃，又包括年度計劃，即在年初政府對全年經濟發展的基本宏觀指標提出一個計劃值。綜合起來看，需要就國內生產總值增長、全國零售物價上漲率、失業率、第一產業特別是農業增長、糧食產量、第二產業特別是工業增長、第三產業增長、全社會固定資產投資增長、全社會商品零售額增長、進出口規模和增長、外資引進規模和增長、財政收支增長（包括赤字和債務規模）、貨幣供應量及其增長、儲蓄和信貸投放規模和增長、城鄉人均收入增長15項指標提出計劃值。

對這些指標的計劃，在1998年以前作為控製指標，1999年開始作為預測指標成為政府追求的意願值。一年之中，實際的政策操作圍繞計劃的意願值進行，但是可以根據情況作調整，實際值可以比計劃值高一些，也可以低一些。因此，宏觀經濟的計劃屬於指導性的，只是指明一個大體的方向，具體的政策操作可以有彈性。這就在宏觀經濟管理層次上與原來的計劃經濟區別開來，這樣的宏觀計劃指導，既有別於改革以前的社會主義計劃經濟，又不同於西方的市場經濟，對於提高市場經濟運行的效率和穩定，是有積極意義的。

從「十一五規劃」開始，「計劃」進一步改為「規劃」，以區別於計劃經濟的提法。

二、政策調控

就其約束力而言，政策是一種處於法律和計劃之間的約束機制，它代表政府的意願和偏好，而且這種意願和偏好的實現有相應的實施手段予以配合，因此，政策不是藍圖，而是自上而下的行動。就時間長度而言，既有長期經濟政策，又有短期經濟政策。就具體內容而言，既有貨幣和財政政策，又有產業和外貿政策；既有收入政策，又有消費政策。國民經濟運行的宏觀協調，需要一個互補的政策體系，在這個互補的政策體系指導下，保證國民經濟在政府預期的軌道上運行。其中，運用最廣泛的是財政政策和貨幣政策。

（一）財政政策

1. 財政政策定義

財政政策是通過改變政府支出與稅收來調節總需求與經濟活動總水平的經濟政策，是需求管理中的一項重要內容。在20世紀30年代凱恩斯主義出現以前，財政政策的目的是為政府的各項支出籌資，以實現財政預算平衡，它影響的主要是收入分配以及資

源在私人部門和公共部門之間的配置。在凱恩斯主義出現之後，財政政策被廣泛作為需求管理的重要工具，以實現既定的政策目標。

2. 財政政策工具

財政政策工具主要包括稅收、政府支出、轉移支付、國債和預算。

（1）稅收

稅收既是政府組織收入的基本手段，又是調節經濟的重要槓桿。稅收作為一種財政收入形式，將民間的一部分資源轉移到政府部門，由政府進行重新配置，以彌補市場機制的缺陷。

稅收調節總供求的關係，主要是通過自動穩定政策和相機抉擇政策發揮作用的。在經濟繁榮時，國民收入增加，以國民收入為源泉的稅收收入也會隨之自動增加，這就會相應減少個人可支配的收入，在一定程度上減輕需求過旺的壓力。此時，如總需求仍然大於總供給，政府則可採取相機抉擇的稅收政策，或擴大稅基，或提高稅率，或減少稅收優惠等。相反，在經濟蕭條時，稅收收入會自動減少，相應地增加個人可支配的收入，在一定程度上緩解有效需求不足的矛盾，有利於經濟恢復。此時，如果經濟仍然不景氣，政府可進一步採取縮小稅基、降低稅率或增加稅收優惠等措施。稅收收入的變化對經濟的影響具有乘數效應，即稅收的增加或減少，會引起國民收入更大幅度的變化。

稅收調節收入分配，主要是通過累進所得稅和財產稅實現。經濟學家認為，收入再分配最直接的辦法是推行高額累進稅和高比例財產稅，即對一些高收入者和擁有較多財產的家庭徵收更多的稅。這樣，一方面減少了高收入者和富有者的收入與財富，另一方面還可以為低收入者或其家庭提供補助。

（2）政府支出

政府支出是政府利用國家資金購買商品和勞務的支出。這種支出對GDP的形成和增加具有重要影響。政府支出，從最終用途上看，可分為政府消費和政府投資兩大部分。政府消費是為了保證政府履行管理職能花費的開支，如用於國防、外交、治安、行政管理以及文化、科學、教育、衛生等社會事業的財政支出。政府投資是由政府利用來源於稅收或國債的資金對市場機制難以有效進行資源配置的基礎設施建設和事關國計民生的一些投資項目進行的投資。

政府支出的增減直接影響市場的供求，這種影響，既表現在消費品市場上，也表現在資本品市場上。增加政府支出，將直接擴大市場需求，減少政府支出，將直接縮小市場需求。這種影響的大小程度取決於乘數。調節政府支出是進行需求管理的有效辦法。

（3）轉移支付

轉移支付是指政府不以獲得商品和勞務為目的的支出。這種做法不是政府直接到市場上購買商品或勞務，而是把財政資金轉移到社會和財政補貼等上面，由接受轉移資金的地方、企業和個人去市場上購買商品和勞務。政府用於農業服務、社會保險、福利、貧窮救濟、失業救濟等方面的開支都屬於轉移支付。增加或減少轉移支付，都會影響社會總需求。

(4) 國債

政府實行赤字財政政策，靠發行國債來彌補財政赤字，可以擴大政府支出，從而調節國民經濟。不過，從源頭上看，政府只有將國債賣給中央銀行，才能真正擴大總需求。政府將公債作為存款交給中央銀行，中央銀行給政府支票。政府可以將支票作為貨幣使用，或用於增加公共工程，或用於增加政府購買，或用於增加轉移支付，這些都可以擴大社會總需求。中央銀行拿到政府債券後，將其作為發行貨幣的準備金或作為運用貨幣政策的工具，在金融市場上進行操作。

政府也可以把國債賣給居民戶、廠商和商業銀行。從理論上說，這樣會減少居民戶、廠商和商業銀行的支出，不能起到應有的擴大總需求的作用。但從中國的實際來看，由於子女教育、退休養老等方面的預期支出壓力，民間消費意願不強，造成消費不足；又由於國有資本對許多行業的壟斷和外資的大量進入，對民間資本有「擠出」作用，造成民間投資不足，因此由政府通過發行國債把居民儲蓄借過來，代替民眾消費和投資，使即期總需求增加，這也是中國運用國債手段擴大總需求的有效方式。

(5) 預算

預算是國家財政收入與支出的年度計劃，包括中央預算和地方預算。預算作為一種政策工具，是通過年度財政收支計劃的制訂和執行來實現調節功能的。預算的調節功能主要體現在財政收支規模和差額上。從總規模上講，既定的財政收支規模可以決定民間部門可支配的收入規模，決定政府的生產性投資規模和消費總額，可以影響經濟運行中的貨幣流通量，從而對整個社會的總需求和供給產生重大影響。從差額上看，有三種形態，即赤字預算、盈餘預算和平衡預算，它們各具不同的調節功能。赤字預算是一種擴張性財政政策，盈餘預算是一種緊縮性財政政策，平衡預算通常是一種中性財政政策。在有效需求不足時，赤字預算可以對總需求的增長起到刺激作用；在總需求膨脹時，盈餘預算可以對總需求的膨脹起到抑制作用；在總需求與總供給相適應時平衡預算可以維持這種狀態。

(二) 貨幣政策

1. 貨幣政策定義

貨幣政策是中央銀行為實現一定的宏觀經濟目標所採用的調節貨幣供求的金融措施，是國家宏觀經濟政策的重要組成部分。貨幣政策也叫金融政策。在現代經濟活動中，各國都利用不同的信貸工具和匯率的變化來影響貨幣供給總量，進而影響宏觀經濟的走勢。

2. 貨幣政策工具

在現代西方國家，中央銀行調節經濟的主要貨幣政策工具有三種：法定存款準備金率、貼現率和公開市場業務政策。中國目前在宏觀調控中越來越多地使用了這些政策工具。

(1) 法定存款準備金率

存款準備金是指金融機構為保證客戶提取存款和資金清算需要而準備的在中央銀行的存款。金融機構按法律規定向中央銀行繳納的存款準備金佔其存款總額的比例就

是法定存款準備金率。存款準備金制度的初始意義在於保證商業銀行的支付和清算，以后逐漸演變為政府的貨幣政策工具。存款準備金率的高低直接影響商業銀行的放貸能力，因此，中央銀行通過調整存款準備金率能夠間接調控貨幣供應量。

中國從1984年開始建立存款準備金制度。該項制度初建時其形式與國外基本相同，但功能存在明顯差異。中國人民銀行集中存款準備金，不是用於金融機構保證支付和日常清算資金的需要，而是將這部分資金用於發放再貸款，支持農副產品收購和某些重點行業、重點項目的政策性資金需要。可見這種存款準備金制度的主要功能不在於調控貨幣總量，而在於發揮集中資金、調整信貸結構的作用。與此同時，國有商業銀行一方面以較高比例向中央銀行繳存準備金，並按規定保留一定的備付金用於資金清算，另一方面又向中央銀行大量借款，這不僅加大了商業銀行的經營成本，而且嚴重扭曲了中央銀行和商業銀行之間的資金關係。

鑒於以上問題，中國人民銀行決定自1998年3月21日起對存款準備金制度實行改革。其主要內容是：將各金融機構法定存款準備金帳戶和備付金存款帳戶兩個帳戶合併為一個準備金存款帳戶；法定存款準備金率由13%下調到8%。這是中國人民銀行調節貨幣供應量、促進經濟發展的重要舉措。此舉規範了存款準備金制度，恢復了存款準備金支付、清算和作為貨幣總量調控工具的功能。

隨著貨幣政策由直接調控向間接調控轉化，中國存款準備金制度不斷得到完善。存款準備金制度已經成為政府調控宏觀經濟的有力手段。

繼1998年下調法定存款準備金率后，中國政府根據調控宏觀經濟的要求，多次調整存款準備金率。最近的一次是2006年8月15日上調存款類金融機構存款準備金率0.5個百分點，農村信用社（含農村合作銀行）存款準備金率暫不上調，繼續執行現行存款準備金率。

存款準備金率調高，意味著金融機構要將更多的存款存入中央銀行，這就會減少發放貸款的規模。例如存款準備金率為7%時，商業銀行每吸收100萬元存款，要存入中國人民銀行7萬元準備金，其余93萬元可作為貸款發放；而存款準備金率由7%調高到8%后，商業銀行要存入中國人民銀行8萬元準備金，就只能發放92萬元貸款了，這就縮小了貸款規模。反之，存款準備金率調低，就可以擴大貸款規模。貸款規模的擴大或縮小，會直接影響投資的擴張或收縮。所以調整存款準備金率是政府調控宏觀經濟的重要手段。

（2）再貼現率

再貼現是中央銀行向商業銀行提供資金的一種方式，是商業銀行在貼現基礎上向中央銀行融通資金的活動。

購貨單位為購買銷貨單位的產品而簽發商業匯票，經自己的開戶銀行同意承兌后，該商業匯票變成銀行承兌匯票；此票據到期后，開戶銀行承擔無條件支付的義務。銷貨單位收到這一銀行承兌匯票后，可據此去商業銀行申請資金，這就是貼現。當商業銀行資金緊張時，可以持已貼現但未到期的銀行承兌匯票到中央銀行申請資金，這就是再貼現。由此可見，貼現是商業銀行向企業提供資金的一種方式，再貼現是中央銀行向商業銀行提供資金的一種方式，兩者都是以轉讓有效票據為前提的。

再貼現率就是中央銀行對商業銀行貼現時的利率。中央銀行可以通過再貼現率的調整影響商業銀行的融資成本，以實現政府的宏觀調控目標。例如，當經濟過熱時，政府要抑制投資，於是可以通過中央銀行提高再貼現率，使商業銀行的融資成本提高。商業銀行不可能自己承擔這部分提高的成本，必然要相應提高貸款利率以轉嫁給貸款企業。貸款利率提高，企業自然會減少貸款，這樣就抑制了投資。從 2003 年 9 月至 2006 年 8 月，中國人民銀行一直在提高再貼現率，這反應了抑制經濟過熱、加強宏觀調控的政策導向。

（3）公開市場業務

公開市場業務是指中央銀行在金融市場上公開買賣各種政府證券和銀行機構發行的有價證券，以控製和調節貨幣供應量和利率的活動。中央銀行在公開市場上賣出國債、金融債券等有價證券，意味著從金融市場回收資金，使流通中的貨幣量減少，在其他條件不變的情況下，引起利率上升，從而抑制投資；中央銀行買進國債、金融債券等有價證券，意味著向金融市場投放資金，使流通中的貨幣量增加，在其他條件不變的情況下，引起利率下降，從而刺激投資。所以中央銀行可以通過公開市場業務活動，調節整個社會的貨幣供應量。

中國的公開市場業務是從外匯操作起步的。1994 年實行銀行結售匯制度后，為了保持人民幣匯率的基本穩定，中國人民銀行每天都要在外匯市場上買賣外匯。1996 年 4 月，中國人民銀行又開辦買賣國債的公開市場業務。

改變法定存款準備率、調節再貼現率和公開市場業務操作，是發達國家中央銀行調節貨幣供應量的三大傳統政策工具。一般說來，改變法定存款準備率是力度最大的政策手段，公開市場業務操作是微調手段，調節再貼現率是西方國家運用最多的手段。中國在宏觀調控過程中引進了這三大政策工具。隨著中國整個經濟體制向市場化方向的轉軌，三大政策工具已經在發揮越來越大的作用。

三、直接投資

政府還可以通過財政的直接投資和政府採購來實現宏觀目標。在社會主義市場經濟條件下，政府要從競爭性投資領域逐步退出來，但是，這並不排除政府對某些產業承擔直接投資責任。在市場經濟條件下，宏觀不平衡的結構性表現主要是：由於企業的投資動機服從於利潤最大化原則，因而部分短期不贏利和長期利潤預期不高的產業、行業和產品的發展滯后，形成制約其他產業、行業和產品持續增長的瓶頸短線。目前，中國的瓶頸產業供給狀況雖已有明顯緩解，但在交通基礎設施、能源、部分原材料、水利、環保和公用事業等領域仍然存在。這些產業瓶頸可以通過增加政府對這些產業、行業和產品的直接投資來改善，因為提供公共產品本來就是政府的重要責任之一。

四、法律手段

法律手段是指國家依靠法律的強制力量來保障宏觀調控目標實現的一種方法。法律手段一般具有普遍的約束性、嚴格的強制性、相對的穩定性等特點。國家通過經濟立法和經濟司法活動來規範各類經濟活動主體的行為，限制各種非正當經濟活動，使

國民經濟正常運行。

五、行政管制手段

行政管制手段是國家行政管理部門憑藉政權的威力，通過發布命令、指示等形式來干預經濟生活的經濟政策手段。其主要包括信用管制、進門管制、外匯管制、工資管制和投資許可證制度等。行政管制具有強制性、縱向隸屬性、強調整體經濟利益的特點，忽視微觀主體的利益，從而會影響效率。在以間接調控為主的條件下，這只是種應急或輔助手段。

中國正處於從計劃經濟向市場經濟轉軌的過程中，政府要面對的不僅僅是一個市場發育不充分、不成熟的市場經濟——這一點與西方發達國家政府面對的發達、成熟的市場經濟完全不同，而且政府自身也存在一個政府職能、思維方式、工作機制、政府組織機構和組織結構等全面轉軌的問題。如果政府的職能不轉變，思維方式、工作機制也不轉變，仍然用計劃經濟的那一套調節市場經濟，很難想像宏觀調控能取得完全的成功。因為政府是宏觀調控的主體，擁有制定政策和實施政策的權力，如何運用這種權力構成了宏觀調控方式的核心。如果國家強制地把微觀經濟主體的活動和目標納入宏觀控製範圍，那麼只能建立起直接宏觀調控方式，顯然這與社會主義市場經濟對政府調控的要求是格格不入的。只有國家主動轉變政府職能，主要運用經濟手段，集中精力調控社會總供給與總需求總量與結構的平衡，才能真正建立起有效的間接宏觀調控體系。

第四節　中國政府宏觀調控的分析

一、中國的政府機構

按照《中華人民共和國憲法》，中國一切事業的核心是由中國共產黨領導的。經濟事務的重大決策，也要在中國共產黨各級組織領導之下。例如，制定中長期國民經濟和社會發展計劃時，通常都是黨中央首先提出建議，然后由國務院具體制定。全國人民代表大會作為最高的立法和監督機構，擁有決定國家重大事項的權力。在經濟事務方面，全國人民代表大會審查和批准國民經濟和社會發展計劃及其執行情況、國家預算及其執行情況的報告，批准省、自治區、直轄市建制，批准諸如興建長江三峽工程一類的重大建設項目，授權國務院在經濟體制改革和對外開放方面制定暫行規定或條例等。每逢有重大的經濟決策，全國人民政治協商會議都就此進行討論、表達意見。而國務院代表中央政府，通過對綜合及專業部、委、局以及省、自治區、直轄市政府的領導，履行中央政府的經濟職能。

觀察中國政府機構，我們可以簡要表述中央政府經濟決策的組織程序。

中共中央擁有經濟工作的最高領導權和重大經濟決策的最終決定權；全國人民代表大會通過經濟立法、審查批准國民經濟和社會發展計劃、國家預算以及重大經濟決

策，實施對政府（國務院）經濟工作的監督；國務院直接作出及實施經濟決策，並通過所屬的綜合及專業機構以及地方政府來執行。

1998年第九屆全國人民代表大會通過國務院機構改革方案，決定國務院按照市場經濟體制的原則調整其組成部門。除國務院辦公廳外，調整後的國務院組成部門由40個減至29個。2001年又進一步撤銷9個國家專業局，從政府結構上消除了政府直接管理企業的職能。

改革后的政府主要包括四類部門：

（1）宏觀調控部門；
（2）專業經濟管理部門；
（3）教育科技文化、社會保障和資源管理部門；
（4）國家政務部門。

中央政府管理經濟事務的職能大多數由前兩類部門履行。宏觀調控部門包括國家發展和改革委員會、財政部、中國人民銀行（中央銀行）、國有土地資源管理局（新增）等。其主要職責是：保持經濟總量平衡，抑制通貨膨脹，優化經濟結構，實現經濟持續快速發展；健全宏觀調控體系，完善經濟、法律手段，改善宏觀調控機制。

專業經濟管理部門包括相應經濟領域的專業部、委、局，其主要職責是：制定行業規劃和行業政策，進行行業管理；引導本行業的產品結構進行調整；維護行業平等競爭秩序。與改革以前專業經濟管理部門的職能相比，新的專業經濟管理部門實行政企分開，不再直接管理企業。

二、中國1993年以來的三次宏觀調控

在中國，宏觀經濟決策是由政府作出的，並且主要是由中央政府作出的。當提及中央政府時，既是指國務院這一狹義政府，同時也指中國共產黨中央委員會、全國人民代表大會。

中國社會主義市場經濟初步形成於20世紀90年代末和21世紀初。1978年前是計劃經濟，那時候不叫宏觀調控，叫綜合平衡、計劃平衡。1978—1992年是計劃經濟向有計劃商品經濟過渡時期，但基本上還是計劃經濟。1992年正式提出向建立社會主義市場經濟體制過渡以後，市場經濟意義的宏觀調控逐漸走上歷史舞臺。20世紀90年代以來，中國宏觀調控有三次成功的實踐。

（一）1993—1997年：緊縮型的宏觀調控對中國經濟的影響

1992—2003年，中國經濟走過兩輪方向相反的宏觀調控。一輪是針對1992年的經濟過熱，從1993年起實施的緊縮型的宏觀調控，大約持續到1997年，連續5年反通貨膨脹；當時在改革開放的有力推動下，從1992年開始中國進入了新一輪的經濟增長期。1993年、1994年、1995年國內生產總值增長速度分別達到14%、13.1%和10.9%。與此同時出現了嚴重的通貨膨脹。商品零售價格指數1993年上升到13.2%、1994年21.7%，1995年14.8%。1993年下半年，國家針對房地產和開發區熱、金融秩序混亂、固定資產投資增長過快並引發通貨膨脹等問題，採取了加強宏觀調控的一系

列措施。最初是採用緊縮的金融政策，用行政手段緊縮銀根，關死貨幣供應閘門，然後持續加息，並推出通貨膨脹補貼；1994年的財政政策是比較鬆的，1995年后進行了調整，並隨后在宏觀經濟領域進行了多項改革，使通貨膨脹得到控制，過高的物價漲幅逐步回落，1996年降為6.1%，1997年降為0.8%。與此同時經濟增長速度緩慢回落，1995年、1996年，1997年經濟增長速度分別為10.9%、10%和9.3%，沒有出現大起之后的大落，實現了經濟「軟著陸」。軟著陸的含義是既消除了經濟過熱，又能保持經濟的較快增長。

(二) 1998—2002年：擴張型的宏觀調控對中國經濟的影響

第二輪宏觀調控是針對1997年由國內供需格局逐漸轉變為買方市場和國外東南亞金融危機帶來的外需不足，從1998年開始實施的擴張性的宏觀調控。1998—2002年連續5年反通貨緊縮。這幾年由於受亞洲金融危機的影響，加上國內有效需求不足，出現了通貨緊縮趨勢。經濟增長速度下降到了一位數：1998年為7.8%；1999年為7.6%；2000年為8.4%；2001年為8.3%；2002年為9.1%。

中央政府該輪的宏觀調控主要是實行擴大內需方針和積極的財政政策，到2002年累計發行長期建設國債6,600億元，並相應配套增加銀行貸款，主要用於農業水利、交通通信、城市公共設施、城鄉電網改造等方面的基礎設施投資，由此帶動經濟景氣回升。發行國債是最重要的財政政策之一。在改革開放的初、中期，中國發行國債的主要目的是為經濟建設籌集資金，發行國債的第一目標是政府向老百姓借錢上項目。那個時候的國債叫做「建設國債」。但從1998年以後，在預算投資之外增發國債的第一目標並不是為了上項目，而是為了調控經濟，為了調整普遍性供大於求的失衡狀況，引導和刺激投資需求。增發國債之所以成為「積極的財政政策」的主要組成部分之一，就在於這個政策行為是用於調控經濟運行的不平衡狀態的。發行國債籌集的錢，投資於農村電網改造、公路及機場基礎設施建設等。同時採取鼓勵民間投資和增加公務員工資、提高低收入人群的收入等啓動消費需求的政策措施，以及提高出口退稅率等鼓勵出口的措施。這一輪擴張性的宏觀調控使GDP增長速度由1998年的7.8%提升到2003年的10%，使CPI（消費者價格指數）由1998年的0.8%上升到2003年的1.2%。在亞洲金融危機衝擊和隨后世界經濟低迷的不利條件下，1998—2002年中國經濟仍保持了年均8.24%的較快增長，被譽為「一枝獨秀」。

與以往歷次對付經濟波動採取行政性直接控製的手段相比而言，這兩輪調控比較主動地採用了間接的經濟手段。前一輪調控儘管初期採取較多的直接行政操作方式，以治理當時混亂的金融秩序，但后期逐步更多運用緊縮的貨幣供應、利率槓桿、從緊的財政政策以及財稅體制改革等，以達到控製總需求的目的。后一輪調控更鮮明地採取擴張性的積極財政政策和謹慎穩健的貨幣政策，同時採取了必要的行政手段和組織措施，解決了擴大社會總需求的問題。這兩輪宏觀調控都成功地對經濟過熱和經濟偏冷進行了治理。

(三) 2003—2006年的宏觀調控對中國經濟的影響

建立市場經濟以來的第三次宏觀調控是2003年下半年至今。從2003年開始中國進

入了新一輪的經濟增長週期，國內生產總值 2003 年增長 10%，2004 年全年 GDP 增長 10.1%，2005 年增長 9.9%，2006 年第一季度為 10.3%，連續 4 年在高位運行。

中國 1998 年開始實行積極的財政政策和穩健的貨幣政策，到 2003 年年中，轉而實行緊縮性的宏觀調控，2004 年以來基本實行的是中性的財政金融政策。所謂「中性」的宏觀經濟政策，是相對於擴張性政策和緊縮性政策而言的，它是一種有保有壓，有緊有鬆，上下微調，鬆緊適度的政策。中性宏觀經濟政策實質上是要「雙防」，既防止通貨膨脹苗頭的滋長，又預防通貨緊縮趨勢的重現。這一政策的實施使中國經濟做到了三個避免：第一，避免了局部問題演變為全局問題；第二，避免了經濟運行出現大起大落；第三，宏觀調控避免了物價迅速上漲、惡性通貨膨脹的發生。但是同時帶來了三個問題：一是貨幣與信貸投放過多、增幅過大；二是煤電油運全面緊張，到處拉閘限電；三是上游產品特別是原材料產品價格漲幅過高。這就是 2003—2004 年的情況。2004 年以後，又出現了全國範圍內尤其是大中城市房地產價格持續上漲的現象，中央政府又出抬了一系列政策對此進行治理。

三、地方政府的宏觀調控職能

地方政府，是指「在國家特定區域內，依憲法或中央法令規定，自行處理局部性事務，而無主權的地方統治機關」。按照中國的行政區劃，地方政府指省、自治區、直轄市及其以下各級政府，包括地級市、縣及縣級市、鄉（鎮）等層級的政府。一般而言，現代任何類型的地方政府均具有雙重身分，既是中央政府的下級機關，又是地方自治團體的執行機構。在這一點上，中國的地方政府與其他國家的地方政府並無本質的不同。

(一) 計劃經濟體制下地方政府的職能

計劃經濟體制下，中央與地方經濟關係的基本模式是：在國民經濟管理方面，中央政府絕對主導社會經濟資源配置和國民經濟管理活動，中央政府集中國民經濟發展的統一領導和全面計劃權、集中重要物資的分配權和大型項目的審批、投資權。地方政府成為中央政府計劃經濟的執行者；在財政方面，中央政府實行「統收統支」，中央財政預算和收支占國家財政預算和收支的絕大部分，並且中央政府完全控制地方預算的使用範圍和方向。地方政府僅成為一級財政核算單位，而不具有獨立的財政資金管理權。

(二) 改革后地方政府的宏觀調控職能

改革至今，從財政的「分竈吃飯」、財政大包干到分稅制的推行，極大地調動了地方政府發展本地經濟、增加財政收入的積極性，地方政府在經濟生活中的地位和職能有了很大變化。地方政府一方面繼續承擔著原有的公共經濟管理職能，另一方面又增加了搞活經濟的職能，成為推動地方經濟增長的重要力量。這是中國的地方政府與發達市場經濟國家的地方政府的不同之處，也是中國經濟保持持續增長的重要原因之一。

1. 中國地方政府的宏觀調控職能

（1）與整個國家經濟職能的轉換同步，通過政企職責分開，各級地方政府逐步成

為全國宏觀管理體系的中觀層次的調控主體。作為多層次的中觀調控環節，地方政府承上啓下，擔負著雙重任務：對上，貫徹宏觀調控的統一意圖，實現整個國民經濟的穩定增長；對下，發揮地方的主觀能動作用，促進地方經濟的合理發展。為了實現上述目標，地方政府既要落實全國統一的方針、政策和調控措施，又要結合當地實際情況，使這些對策具體化、靈活化，具有可操作性。

（2）地方政府實行調控，也是以逐步完善的市場體系為對象，通過調控市場來引導企業，實現宏觀、中觀、微觀經濟活動的一致。地方政府的調控手段，同樣以經濟手段為主，綜合運用財政、稅收、信貸和指導性計劃等，輔以必要的行政手段，並要有地方特徵的產業政策和投資政策、分配政策與之配套，但不能與全國的調控要求相抵觸。地方政府同時擁有一定的立法權和充分的執法權。

2. 中國地方政府宏觀調控中存在的突出問題

（1）各級地方政府成為主導地方發展的經濟活動主體

由於中國歷史上實行的不是市場經濟，而是由計劃經濟體制向市場經濟體制的過渡，最初是由政府，包括地方政府推動的，是經濟學上所講的強制性制度變革。地方政府肩負著推動市場化的重要責任，具體表現為地方政府為市場發育創造條件、樹立典型、奔走呼號，直到直接招商引資、經營資本、投資上項目。這種政府推動市場化進程的行為，在很多場合又是以政府直接參與市場活動的方式進行的。例如，地方政府直接招商引資，直接參與商務談判，審批土地，甚至直接上項目。特別是有了「財政分竈吃飯」的制度安排和以 GDP 作為考查地方政府主要領導政績的主要指標後，GDP 的增長影響到官員的升遷，一些地方政府對 GDP 的追求就到了不擇手段的地步。於是在全國範圍內形成了大量的、對於經濟發展呈負面效應的開發區和耗費了大量投資的半截子工程，造成巨大的資源浪費。參看資料連結 12-2：

資料連結 12-2

鐵本案例

鐵本是江蘇常州民營企業家戴國芳 1996 年成立的鋼鐵企業。2003 年，鐵本的鋼產量約為 100 萬噸，銷售收入為 20 多億元。由於對市場前景看好，戴國芳計劃把產量擴張到 200 萬噸。由於鐵本附近沒有鐵路和港口，運輸全部依靠陸運，加上在環保等各方面的因素，戴決定鐵本尋求新的地方發展。戴擴張規模的想法和常州市政府不謀而合。2002 年前後，江蘇省在全省範圍內號召進行沿江大開發，作為沿江城市的常州則更顯積極。因為改革開放初期，蘇南的三個城市蘇州、無錫、常州，基本處在同一發展水平，但經過 20 年的競爭和發展，蘇州大大超過無錫，無錫又把常州遠遠地拋在了後邊。在這種情況下，出於政績考慮，常州政府和官員自然憋著一口氣。時任常州市委書記的李靈林曾雄心勃勃地表示，要加快推進常州建設特大城市的舉措，要追趕蘇南發達城市，成為沿海第一集團軍。要加快常州發展和超常發展，吸引或建立大型企業則為其中的一條有效途徑，這也是常州市政府不遺餘力支持鐵本發展的根源。鐵本在常州市政府的支持下，其項目得到了江蘇省發改委的批准。在地方政府的一再鼓動

下，戴國芳把該鋼鐵項目規模擴大到840萬噸。

鐵本決定在江邊興建840萬噸項目后，引起了內部的爭論。鐵本自成立以後，一步步穩健發展。而在江邊建立新的基地，則涉及巨額投資和人員的引進，給鐵本帶來極大的風險。據估計，鐵本臨江基地建成以後，需要1.5萬名員工，至少要160億元的投入，這對註冊資本只有3億元、5,000名員工的鐵本無疑是個黑洞。

有專家分析，鐵本公司違規違法有兩大事實，而這兩個事實，都與政府有關。

一是化整為零，分散報批。即採取欺騙手段，把投資100多億元、計劃占地9,000畝、實際占地6,500多畝、建設規模840萬噸的大鋼鐵項目分為七個小項目，分散上報審批。鐵本公司最初計劃年產200萬噸，按相同的比例計算，投資只有23.8億元，占地也只有2,000多畝，實際為1,000多畝。本來用不著化整為零，分散報批。現在在地方政府的鼓動下，建設規模搞成840萬噸，不用化整為零，分散報批的手段是批不下來的。對於地方政府來說，創造政績最便當的辦法就是上大的建設項目，只要一個大項目上去了，一切就都有了。鐵本的規模從200萬噸加到400萬噸，再翻番到840萬噸，就是在地方政府和官員的一再鼓動、勸說下，一步一步膨脹起來的。

二是違法圈地，侵犯農民權益。這個問題也是存在的。這裡有一個程序問題。農戶的耕地要變成非農業用地，先要經過政府的徵用，從集體土地變成國有土地，才能用於工商業目的。沒有政府的行動，鐵本公司本事再大，一寸土地也拿不到手。

2004年4月末，國務院公布對江蘇鐵本項目的處理結果，給這個項目定性為「是一起典型的當地政府及地方有關部門失職違規，企業涉嫌違法違規的重大事件」。江蘇鐵本成為中央宏觀調控第一個「祭旗首級」而被叫停。鐵本創始人戴國芳也因偷逃稅被拘。根據國務院精神，江蘇省委、省政府和銀監會對涉及失職違規的8名政府和有關銀行的相關責任人分別予以了黨紀、政紀處分及組織處理，包括常州市委書記、江蘇省國土資源廳副廳長和中國銀行常州分行行長在內的各級官員，或受嚴重警告，或責令辭職，或被撤免。

（資料來源：根據經濟觀察報記者胡情林2004-05-02「鐵本教訓」改寫）

地方政府作為經濟活動主體造成一系列弊端，因為地方政府也是政府，政府作為市場主體由於缺少產權約束而具有先天性的缺陷：地方政府不可能完全掌握與市場經濟運行相關的知識和信息，並且地方政府與真正的市場主體追求的目標不同。真正的市場主體產權是人格化的，他們必須如履薄冰地經營自己的企業以追求盈利，商品的命運、企業的命運就是商品生產者、企業所有者的命運，所以他們不能盲目地擴張和衝動，因為由此造成的損失必須由自己來承擔。如果破產，破的是自己的產。而地方政府作為市場主體，由於產權約束的缺失，缺少相應的、人格化的產權約束，並不承擔盲目投資、盲目擴張所造成的損失。地方政府追求的主要是政績目標，所以不惜成本地追求輝煌，盲目地、低水平地重複建設，幾乎成了一種普遍的行為特徵。地方政府作為經濟活動主體進行投資擴張，對於地方政府官員而言，這是一個投入最小、風險最小、收益最大的選擇。這就如同計劃經濟體制下的國有企業。計劃經濟下的國有企業之所以患有投資饑渴症，並由此導致了普遍的低效率，就是因為它們可以從盲目

的擴張中獲得好處，並由於產權缺失而不可能承擔相應的責任。需要進一步指出的是，由於地方政府擁有行政權力，比傳統體制下的國有企業的擴張行為負面影響更大，因此地方政府不應該成為市場主體和投資主體。

（2）地方政府既當裁判員又當運動員

按照市場經濟的游戲規則，政府不能既是裁判員又是運動員，作為裁判員的地方政府，應當堅決地執行中央政府制定的游戲規則，這是不言而喻的。但中國目前的地方政府還做不到這一點，2003年下半年至今的新一輪經濟高速增長，在很大程度上與地方政府的積極推進是分不開的。

之所以如此，從深層次分析，第一是政府對重要經濟資源的配置權力依然較大。例如由於地方政府可以依靠行政權力任意徵用土地，土地成為各級政府發展地方經濟最有效的資源。目前中國的土地交易在二級市場已基本上實現了市場化方式運作，而在一級土地市場上則基本上還是依靠行政命令以協議方式轉讓，中國至今有70%的土地供給仍然依賴於行政手段。第二是現行財稅體制仍以增值稅作為主要稅種，只有發展工業，尤其是發展重化工業，才能增加地方稅收。在中央和地方實現分權和要素價格扭曲的條件下，促使地方都搞產值大、收入多的產業。如果開徵物業稅，政府不發展工業，也有穩定的稅源，地方政府就會比誰的社會治安好、誰的空氣好、誰的水好，政府職能的定位也就對了。第三是GDP增長仍是考核幹部的主要標準，為了追求GDP的高速增長以顯示地方政府的政績，擴大投資是地方政府的必然選擇。地方政府不僅自己直接參與經濟活動，而且為了鼓勵企業發展地方經濟，往往給予企業過多的政策優惠，嚴重扭曲了要素市場的價格信號，造成企業投資的要素成本、土地成本和環境成本嚴重低估，從而不適當地降低了企業的投資成本，誤導了企業的投資預期與投資決策。

（3）地方政府忽視公共管理職能

結合中國的現實情況來看，相對於地方政府熱衷於推動經濟發展而言，地方政府對公共管理職能的重視程度不夠。本來政府在公共服務上相對於個人、相對於企業具有比較優勢，制定和執行制度及規定是公共服務的重要內容。政府在明確和保護產權、打擊仿冒偽劣，維持良好市場秩序和社會秩序，創造良好投資環境方面，具有得天獨厚的優勢。事實上，只要政府提供了上述的公共產品，就提供了一個廠商、個人和真正的市場主體能最大限度地挖掘自我潛力的環境。在這樣的環境中，企業會充滿活力，經濟會健康發展，市場主體自然會創造出比政府直接作為市場主體更高的生產力。但中國目前存在的地方政府的職能錯位，使其在防範和監督環境污染、打擊假冒偽劣商品上的力度不夠，不能有效地建立和維護市場秩序，在這方面存在一系列突出問題。只有政府與企業各自扮演各自的角色，優勢互補，我們的市場經濟才能成為既充滿活力又井然有序的市場經濟。因此地方政府的定位亟須調整。

四、進一步完善中國政府宏觀調控

各國的經驗都證明，政府對宏觀經濟進行適當調節是現代市場經濟穩定運行的必要條件。然而從中國的實際情況看，存在對「宏觀調控」範圍理解過寬的問題。

(一) 對「宏觀調控」範圍界定過寬

所謂對「宏觀調控」界定過寬,是指政府機構或官員把針對具體行業、區域甚至企業微觀層面的干預,擴展理解為「宏觀調控」。我們看到,無論是政府有關部門通過行政手段壓縮紡織、冶金等行業長線生產能力,還是在糧食收購環節引入壟斷性管制政策,或是主管部門在若干競爭性行業出抬價格自律政策,通常都以宏觀調控為依據。一些省或市級地方政府設計和實施經濟政策,也以宏觀調控為依據。甚至農村中有的鄉鎮幹部向農民收費,也要以「搞一點宏觀調控」為理由。實際情況是,宏觀調控邊界已遠遠超出這一概念內涵範圍,在相當大程度上變成行政機構干預經濟生活的同義語。

把行業或區域性干預泛化為宏觀干預,首先是一個概念誤解。宏觀經濟變量作為經濟學一個基本概念,指的是內涵外延能夠覆蓋經濟的整體變量,如一般物價水平、失業率、利率、匯率等。宏觀調控(尤其是間接宏觀調控)指通過調節宏觀經濟變量達到某種政策目標的干預行動,因而不存在僅限於某個具體部門(如農業或紡織部門等)的宏觀調控問題,也不存在僅限於某個地區的宏觀調控問題。即便是具有宏觀調控職能的政府宏觀經濟管理部門如中國人民銀行、財政部,也不是說它們的任何一種行動都具有宏觀調控性質。宏觀調控應當由干預對象特點和干預內容性質來界定,而不是由干預主體的地位來界定。

其次,宏觀調控概念理解過寬不利於完善市場運行機制。科學界定「宏觀調控」顯然不是一個單純的概念問題。中國既然已經確立了建設社會主義市場經濟體制的目標,顯然就應當充分利用市場機制配置資源功能,把集中計劃體制下政府對經濟的「全能性干預」逐步轉變為「有限性干預」。從經濟學理論和發達市場經濟國家一般經驗看,政府職能極為重要,不可或缺,但其直接干預行動的合理性應有明確界定。如果一方面要發展市場經濟,另一方面不注意科學界定「宏觀調控」的對象和範圍,把行政控製手段隨意運用到可競爭性部門,運用到一般商品市場供求領域,甚至運用到微觀企業行為層面,則會模糊市場經濟和計劃經濟之間的本質區別,不利於盡快實現建立和完善社會主義市場經濟體制的目標。

最後,過寬界定會導致過多干預,而過多干預則會發生控製結果與動機不一致的干預失靈情況。這是因為:國家控製經濟必然要通過行政職能部門來實現;在信息、決策、技術、能力和激勵機制方面存在的缺陷,行政部門貫徹政府政策意圖時往往會出現過度或不足現象,從而出現事與願違的干預結果。

(二) 中國的市場經濟機制還不夠完善

宏觀調控是市場經濟條件下的宏觀調控,它的基本前提是市場經濟的體制是健全的。健全的市場經濟體制包括最基本的兩層含義:一是產權約束是硬化的,利益主體從自身利益最大化出發觀察和審視信息,並能對各種市場變化作出及時的反應;二是市場與政府有各自的正確定位,政府不扮演市場主體的角色,不能既當裁判員又當運動員,各自在自己具有比較優勢的領域發揮作用。有了這樣健全的市場經濟體制,才能形成宏觀調控發揮作用的機理,即超脫的中央政府根據經濟運行狀況,制定出相應

的宏觀政策，引導微觀主體的行為，實現宏觀調控的目標。

這就是說，在完善的市場經濟體制中，主要是市場機制自發地調節經濟主體的行為。具有自我調節功能的經濟增長機制的顯著特點是：第一，能盈利的時候就進入，不能盈利的時候就退出，這就是市場經濟的資源配置方式；第二，有強烈的產業升級衝動，以期獲得更多的超額利潤。在這種具有自我調節功能的經濟增長機制中，企業必須是產權約束硬化的真正的企業。它們在逐利目的的驅動下，按照「看不見的手」的指引，選擇投資項目，分配資源流向，並最終達到資源的合理配置。有利就進，無利就退，加上優勝劣汰、破產、重組，這就是「看不見的手」的自我調節。如果企業不是真正的企業，例如產權約束軟化，就不會對市場信號有靈敏反應，市場機制就很難發揮作用。請參見資料連結 12-3：

資料連結 12-3

中國必須有一個健全的市場經濟機制

中國經濟體制還不是典型的市場經濟體制，其典型表現是國有企業的產權約束還沒有硬化；地方政府不適當地扮演了市場主體的角色；對於有關宏觀調控的政策，例如利率政策等不能作出積極的反應。相反，倒是利率再高都敢借，借了就不想還。當經濟槓桿起不了作用的時候，中央政府不得不使用行政手段，或抑制經濟過熱，或啟動經濟發展。於是，中國經濟總是在大起大落之間走鋼絲，熱了降熱，冷了治冷。這樣的運行總是要付出巨大的宏觀調節成本。看來為了使宏觀調控更為規範、更為有效，我們就必須有一個健全的市場經濟的機制。

（資料來源：根據《中國經濟時報》2004 年 8 月 6 日發表的李義平「建立具有自我調節功能的經濟增長機制」整理）

(三) 宏觀調控方面中央與地方的博弈

宏觀調控客觀上會產生一種利益再分配的后果。從現實情況看，宏觀調控已經鮮明地反應出中央政府與地方政府的利益博弈格局。一方面，中央擔心地方、企業和銀行聯合起來騙中央，擔心物價全面上漲，擔心宏觀經濟可能產生過熱的后果，因此推出各項調控政策促使經濟降溫；另一方面，地方和民間卻希望搭上本輪經濟增長的快車，特別是要趕在中央關門之前擠進去，這大大加劇了目前的投資擴張態勢，至於投資所導致的過剩與經濟下滑的威脅，並不在地方和企業考慮之內。

顯然，在這樣一種博弈格局下，中央不搞宏觀調控，則最終的呆、壞帳就要由中央銀行來買單；中央搞調控，所帶來的損失和成本則幾乎完全由地方來承擔。中國的宏觀調控究竟有效與否，不僅要看調控目標是否現實，在很大程度上還要看中央所承受的未來成本與地方所承受的眼前成本孰高孰低。

參考文獻

[1] 林毅夫. 中國經濟專題 [M]. 北京：北京大學出版社，2008.
[2] 李邦君. 中國經濟概論 [M]. 北京：中國商務出版社，2007.
[3] 吳敬璉. 當代中國經濟改革教程 [M]. 上海：上海遠東出版社，2010.
[4] 吳曉波. 激盪三十年 [M]. 北京：中信出版社，2008.
[5] 劉斌，張兆剛，霍功. 中國三農問題報告 [M]. 北京：中國發展出版社，2004.
[6] 吳敬璉. 現代公司與企業改革 [M]. 天津：天津人民出版社，1994.
[7] 譚崇臺. 發展經濟學 [M]. 太原：山西經濟出版社，2001.
[8] 韓琪. 中國經濟概論 [M]. 北京：清華大學出版社，2007.

國家圖書館出版品預行編目(CIP)資料

中國經濟概論/ 何峻峰 主編. -- 第一版.
-- 臺北市：崧博出版：財經錢線文化發行, 2018.10
　面 ；　公分

ISBN 978-957-735-579-9(平裝)

1.經濟發展 2.中國

552.2　　　　107017092

書　　名：中國經濟概論
作　　者：何峻峰 主編
發行人：黃振庭
出版者：崧博出版事業有限公司
發行者：財經錢線文化事業有限公司
E-mail：sonbookservice@gmail.com
粉絲頁　　　　　網　址：
地　　址：台北市中正區延平南路六十一號五樓一室
8F.-815, No.61, Sec. 1, Chongqing S. Rd., Zhongzheng
Dist., Taipei City 100, Taiwan (R.O.C.)
電　　話：(02)2370-3310　傳　真：(02) 2370-3210
總經銷：紅螞蟻圖書有限公司
地　　址：台北市內湖區舊宗路二段121巷19號
電　　話：02-2795-3656　傳真：02-2795-4100　網址：
印　　刷：京峯彩色印刷有限公司（京峰數位）

　　本書版權為西南財經大學出版社所有授權崧博出版事業有限公司獨家發行電子書及繁體書繁體版。若有其他相關權利及授權需求請與本公司聯繫。
定價：350元
發行日期：2018年 10 月第一版
◎ 本書以POD印製發行